悦读MOOK

第三十二卷

主编 / 褚钰泉

一本关于书的书 阅读趣味尽在其中

32

二十一世纪出版社
21st Century Publishing House
全国百佳出版社

图书在版编目(CIP)数据

悦读MOOK. 第三十二卷/褚钰泉主编.--南昌:二十一世纪出版社,2013.4
ISBN 978-7-5391-8504-0
Ⅰ.①悦… Ⅱ.①褚… Ⅲ.①书评-选集 Ⅳ.①G236

中国版本图书馆CIP数据核字(2013)第058791号

悦 读MOOK(第三十二卷)

主　　编　褚钰泉
责任编辑　熊 炽　张海虹
特约编辑　林 韵
美术编辑　徐 泓
出版发行　二十一世纪出版社
(江西省南昌市子安路75号　330025)
yuedumook@126.com
出 版 人　张秋林
经　　销　新华书店
印　　刷　南昌市红星印刷有限公司
版　　次　2013年4月第1版　2013年4月第1次印刷
开　　本　730mm×1092mm　1/16
印　　张　13
字　　数　290千字
书　　号　ISBN 978-7-5391-8504-0
定　　价　20.00元

如发现印装质量问题,请寄本社图书发行公司调换　0791-86524997

卷首语

首都北京，是全国人文精华荟萃之地。阳春三月，在《悦读》出版三十卷之际，由二十一世纪出版社张秋林社长促成，在北京举行了一次座谈会。

是日，京城风轻云淡，艳阳高照，一派春回大地景象，来自人文社科不同领域的学者专家，欢聚一堂，畅抒己见。既给予这本杂志书以热情肯定和鼓励，又提出了不少改进的意见和建议，气氛热烈融洽，令编者得益匪浅，本卷摘编若干发言，以飨读者。

开拓视野，寻求真谛。是学者专家们对《悦读》办刊宗旨的建设性定位。说真话，写真事，持真理，将《悦读》办成一份具有高品位、富有思想性的人文杂志书，是大家的殷切期待，也正是编者梦寐以求的境界。内容兼容并蓄，历史性、现实性、知识性、趣味性兼顾，形式大中小结合，雅俗共赏的风格，表达了作者、读者与编者的共识。

事在人为，办好刊物的前提是良好的人脉。要拥有一批优秀的作者(包括老中青各年龄层次)，团结作者越多，涉及知识面越广，刊物就办得越多姿多采。对此，与会者献计献策，语重心长，令编者深受感动。

《悦读》创办至今，一路摸索前进，积累了一些经验，但要坚持办刊宗旨，满足作者和读者多方面的需求，还存在不少差距。俗称“三十而立”。进入而立之年，如何使这本杂志书更上层楼？专家学者们诚挚而热情的话语，使我们如沐春风，如饮甘泉，不仅帮我们清醒地认识今天，更激励我们勇敢地迎接未来。我们愿将这次聚会作为起点，进一步确立为实现“梦想”而奋斗的信心，努力缩小差距，以答谢大家的厚爱。

目 录 Contents

开拓视野 寻求真谛

——《悦读》出版三十卷座谈会

(二〇一三年三月三日)

主持人:《悦读》出版已有三十卷了,一直想听听北京的作者、学者们的意见。今天才得以有这样的机会,欢迎大家畅所欲言,希望在大家的帮助下,《悦读》能进一步提高质量。

张秋林:二十一世纪出版社主要是以出版青少年读物为主的出版社。我们为什么要出版《悦读》?因为我本人有人文出版的情怀,加之遇上了褚钰泉老师这样好的主编,所以就有了三十卷的《悦读》。通过出版《悦读》我们开始介入人文出版领域,在这方面布局,希望聆听诸位专家的指教。

需要文化的坚守

董秀玉:我非常敬佩《悦读》这本杂志书的文化坚守。这些年,出版行业发展很快,大家可以看到各种各样的读物,各种各样的封面,各种各样的题材,都很漂亮,但是对文化的坚守却越来越弱了。但是《悦读》这本杂志书坚持办了这么多年,认认真真地思考,认认真真地办刊,这一点是最基本的,也是很难做到的。我要向张社长致敬。他的出版眼光和经营智慧都很突出,他们社发展这么快,而且还能够把一部分精力用在办《悦读》上来。培植一个读书的舆论阵地真的很难。这些年我们都看到,原来十七八家电视台都有读书节目,现在只剩一两家了。这是我要向《悦读》致敬的原因。

第二,这本杂志书很有思想性。我看《悦读》觉得很亲切,它透过书思考了很多问题,有很多很好的文章。我觉得一本杂志书能够突出思想性,而且坚持不懈,这非常重要。

有一点建议,希望关于书的评论和关于中国书的推荐能多一些。我们过去买不到书是因为没有书，现在我们不知道选什么书，一年将近出版四十万种书，可以说是世界第一了，但哪些书是好的？哪些是真正值得看的？大家都不太清楚。有些新的作家有很多好的思想、理念和学问，但不为人知，读者很难了解。《悦读》里关于国外的书介绍还不少，但是关于国内的，关于书的导航希望再加强一点。

从《悦读》可以看出，这本杂志书的编者很平实，很朴素，是冷静思考的人。这样的编辑现在不多了。我看《悦读》的卷首语，我感觉到编者的思考，编者的愤怒，以及编者的关切。看得出他们是有理想，有理念，有追求的文化人。这样的人在当今社会里越来越珍贵。借这个机会，感谢他们办这本杂志书。

编辑要有理念，有眼光

资中筠：我平时收到各种各样的杂志有几十种，我大体知道在人文社科思想方面的刊物是怎么样一个情况。我觉得其实好的东西还是不少，各有各的特色。《悦读》创办以来，我觉得是越办越好。《悦读》的特点是什么？特别的兼容并蓄，什么样的文章，小文章、大文章，思想性、历史性、现实性的都可以容纳，但是不是杂的，都是开拓视野、寻求真谛，围绕着这样一个宗旨。我收到的这么多杂志，很多只是翻一翻，有的只是看标题，有的稍为多看几篇。而《悦读》的可看度最高，差不多每篇都可以看，这就很不容易。

有人提到中国有没有思想的问题。假设中国根本没思想的话，杂志就根本不会有，它是无源之水，巧妇难为无米之炊。根据我的感觉，特别是这些年来，最近的几年，中国的思想还是很活跃的，只不过表达不出来。在网上就可以看到好多不知名的年轻人写的东西，相当不错的。因为都用网名，有的写得相当犀利，能看出是读了不少书。

杂志办得怎么样，就要看能不能坚持你的宗旨，能够根据这个宗旨搜索到很广泛的很有深度的东西。《悦读》在这方面，这些年越来越好，在视野开拓和知识丰富、思想的容纳性方面都相当不错。杂志书主持人的判断力非常重要。编辑自己要有理念，主编的眼光和经验很重要。我们现在争取宪政，争取法治，希望我们这些国家不要人治，而要法治。但是在小的单位就是要"人治"。我常常看到一个出版社或者一个文化单位，只要换一个人，慢慢就不行了。实际上，在小范围里都是"人治"，因为我们就没什么可用的法，就看你这个人怎么样去做了。一家杂志在保持一定的知识、思想、品位、理念方面，体现出来的眼光和视野，就是看这个主持编辑部的人，包括编辑同仁们的理念，包括出版社的负责人，这些都是非常重要的。所谓思想性，就体现在这个方面。

根据我的接触，我觉得这些年大家思

想越来越活跃，我就怕死水一潭，而现在是浪潮涌动。所以不要妄自菲薄，说现在没有思想了。上世纪八十年代有过一阵涌动，那时活跃的青年现在都六十多岁了。我们应该让社会上代表时代前进的思想发扬出来，往前走，我相信大家都有这样的理念。

《悦读》范围非常广，这个很好。我常常从里面得到一个新的了解和新的情况，能给人以新的知识，了解各种各样的资讯，同时又有深度，也能够容得下比较长的文章，对作者有足够的尊重。希望大家能爱护这本杂志书。希望它的发行量能够更多，希望能够更多地做一些促销、宣传的工作。当然更重要的是维持质量，这比发行量更重要，因为这是一个细水长流的工作。

含蓄的、鲜明的

汪家明：一本刊物，恰似一个人，总有自己的个性。《悦读》的个性，我认为首先是含蓄的历史感和鲜明的时代感。含蓄和鲜明、历史感和时代感，看着是矛盾的，可是恰恰就结合在《悦读》身上了。即以最近印出的第三十一卷为例——

主要篇目：《人性·文化·制度》（资中筠）、《俄国人眼中的康生》（蓝英年）、《从半步桥到剑桥》（巫宁坤）、《西方历史中的秘密会社》（萧文泉）、《中国第一颗原子弹爆炸前前后后》（李旭阁）、《“林彪集团”的下一代》（章剑锋）、《长江上的大型水电站》（陈启文）……其历史感是不言而喻的。但为什么说她“含蓄”呢？主要是作者的表达方式。一是，这些文章中没有过于情绪化的东西，甚至不明确表态，虽然内在观点是不容置疑的；二是，文字简洁朴素，内容深入厚重。用更少的文字讲述深厚的内容，文章自然就含蓄了。为什么说有鲜明的时代感呢？这些文章涉及的事件虽已过去很多年，却都是今日读者仍旧十分关心的，对现实有直接的借鉴意义。《悦读》有越来越多的“粉丝”，被口口相传，上畅销书榜，正可证明其鲜明的时代感。

《悦读》个性的另一方面，是摇曳多姿、错落有致。内容虽偏重历史，但涉及极广，凡政治、经济、文化、艺术、生活等无所不包，栏目轻重均衡，文章篇幅则长短兼顾，重视卷首语和补白，虽然自称MOOK（杂志书），其实是规范而严谨的期刊。如今，期刊泛滥，办刊随意，这样规范严谨的期刊已经很少见了。

说实话，不说空话套话

蓝英年：我先认识《悦读》的主编，后读到《悦读》。其实不能算“认识”，只能算“打过交道”。上世纪九十年代以前，我没写

过文章。也不是没写过，而是不写了，只翻译作品。为评职称也写过几篇空话连篇的“学术论文”，现在想起来都脸红。从苏联教书回来，同两位已故的朋友放肆纵谈，讲我对苏联文学的反思。他们闻所未闻，鼓励我一定把所讲的写出来。我写了《冷月葬诗魂》和《重提贝利亚》。一篇投给《读书》，另一篇交给到北京出差的《文汇读书周报》的编辑。而《文汇读书周报》正是如今《悦读》主编主持的报纸。《重提贝利亚》是一篇与我们对贝利亚通常看法不同的文章。我们知道的贝利亚是他与赫鲁晓夫争夺权力失败后赫鲁晓夫炮制出来的贝利亚，我所写的是真实的贝利亚，这位主编竟整版发表，对我是鼓舞。我感觉到我们还是可以不写套话，按自己的意思来写文章，于是我又写起文章来。投给北京、上海和广州报刊，渐渐也成为《文汇读书周报》的撰稿人。

如今他以一人之力编辑《悦读》实非易事。能办得有人看，抢着看，自己看完转借给别人看，就更非易事了。现在报刊无数，没人看，不爱看的并非少数。《悦读》为什么有读者呢？我想，说实话，不说空话套话，对历史上的人物和事件说实话，对现实说实话，使人读过有收获，是重要原因。我对很多历史人物和事件一直存疑，对不少现实问题无法理解，很想多少弄清楚一点，使自己明白一点，不能糊涂到老。《悦读》的文章解答了我不少疑问，所谓开卷有益吧。连《悦读》的补白也能开阔思路。现在大家都很忙，谁去读那些空话连篇的文章呢？还有一点值得一提的是编者同作者的关系。《悦读》的主编和特约编辑把我当朋友，我也把他们当朋友。这本应是极正常的事，朋友之间才能交流。可是现实中并非如此。有的编辑高高在上，要作者求他，花钱买版面。名望高的老年朋友未必感觉得到。可为提职称而投稿的人太清楚了。他们有时向我抱怨，我听了很气愤。不管多大出版社，如果有这种编辑，我决不同他们来往。

我唯一操心的是《悦读》的发行渠道，我知道很多人想读《悦读》却找不到《悦读》。中小城市的读者到哪儿去找《悦读》？我的两份《悦读》总被来做客的人“借走”。我不好意思老找编辑要呀！

希望能为更多的读者知晓

陈铁健：《悦读》已出版三十卷。二〇一一年夏，我看到这本杂志书时，已是第二十二卷了。捧读之后的第一印象如同惊艳之遇，相见恨晚，倦恋之情油生。

封面清醒，篇幅厚重，有文有质，图文并茂。那枚印刷精美的彩色书签，每期各异，尤能拨动读者乐于观书的心弦。二〇一一年十一月，《悦读》的主编和我在上海淮海路边一家小菜馆促膝晤谈时，他说这枚书签的设置，是想给人一点儿阅读的愉悦和兴致。

编辑主旨，以开放包容、新旧兼收为路径达致客观公正、多元竞放的目标。文章内容涉及文化、思想、艺术、社会、经济、政治，多从历史着力，不忌涉及现实。文章形式多样，有长篇专论、短篇细事，更有大量知识性、掌故性的补白，新鲜生动，闻所未闻，启人深思。

与友人谈及国内文史刊物，多数读者对《悦读》尚未接触，源于发行渠道尚待改善。希望这位藏于深闺的美少女，为更多的读者知晓，并愉快地诵读着。

我看《悦读》

陈四益：《悦读》是一本“杂志书”。杂志书从字面看就是杂志和书的“混搭”。英语的“MOOK”本来就是“杂志”与“书”两个单词的拼接。顾名思义它应当兼具二者的特点。简略地说，它既有杂志的“杂和快”，也有书籍的“深和久”。大概就因为此，近年来“杂志书”颇为流行，我以为《悦读》是其中的佼佼者。读过的朋友，都赞它好。以为是杂志的，向我打听，在哪里订阅；告知以是书，则问我哪里可以买到。只可惜杂志书在今天还遭遇到体制性的发行两难：因其是书，邮局不办发行；因其是杂志，不走图书订货渠道。就像寓言里的蝙蝠，动物与鸟类都拒绝它加入。我总希望能有更多读者认识它，否则，会有明珠暗投的遗憾。

我喜欢《悦读》，一是因为它的大气，所载虽多属人物、文史一路，但议论不离现实，思考的也非那些闲适玲珑的小趣味，读来于我心有戚戚焉。二是它的驳杂，内容的多样性是杂志不同于书的一面。《悦读》每期的“海外书情”与“书海巡游”，每则文字皆短而选择皆精，即便“补白”也不是信手拈来，看得出编者的匠心，于开阔眼界，了解舆情大有裨益。三是编者眼光的广阔与锐利，能抓住社会遭遇问题的种种症结，从各个侧面加以解析，给读者多方面的启发。四是文风平实晓畅，文章大多深入浅出，就是一些考证性文字也读来兴味盎然，这在今日也是难能的了。

一本杂志书有如一桌菜肴，荤素、咸淡、凉热、干湿、大小、色泽、配料都要得宜，才能成其佳肴。连续出版的杂志书，又如每日菜肴，既要有总体水准的连续性，又要有不同的风味与食材，这样才能成其丰富。当初在学校听陈望道先生讲美学，以为美就是“繁多的统一”。于《悦读》，我亦作如是观。

回归阅读的乐趣

潘振平：不知不觉中，《悦读》已经出版三十多卷了。记得二〇〇六年九月，接到这本杂志书的主编来信，称“《悦读》已重获新生”。此前，他主编的这份读物已经出版过三卷，不幸中途夭折。他没有放弃，三年来不断寻找机会。他在信中还说："想把她办成一本大众的文化读物，让更多人享受读书乐趣。"我想，这也许就是他坚持不懈的内在动力。

当年《悦读》的封面最上方有一行字：一本关于书的书，阅读趣味尽在其中。很好地概括了编辑宗旨。说实话，我没有读过《悦读》的所有文章，一般只是挑出有兴趣的翻阅，感觉中像是定期见到一个识见敏锐、资讯丰富、谈吐风趣的老朋友，轻松而愉悦。近年来，仅就资讯获取而言，纸质图书明显处于下风，读者不断流失或老化，所以不断有人大声疾呼，将阅读定义为全民运动，请求国家行政部门出面支持。作为出版界的一员，我们自然乐观其成。但内心深处也不免担心，读书这种相当私人化的事情，如何由行政机关来推动？读书的乐趣，在于精神层面的享受和内在修养的提升，也依赖于潜移默化养成的习惯，仅仅为了功利的目的，是很难坚持的。

现在各个出版单位都在拼命扩张，全国一年出版的新书已经有三十七万种，可是真正有价值有内涵有趣味的好书并不多见，而且淹没在茫茫书海之中，让爱书人难觅踪迹。所以，与其发动大轰大嗡的群众运动，靠立法，靠权力部门下指标，不如采取一些切切实实的办法，为不同层次的读者提供不同类型的图书资讯，让好书在图书市场受到尊敬，让鱼目混珠者迅速被淘汰，让更多人真正享受读书的乐趣。

读《悦读》杂感

王得后：二十一世纪出版社社长、总编辑张秋林先生，和《悦读》主编怀抱出版了三十卷的佳绩，阳春三月，冒着北国的余寒，不怕灰霾，来"首善之区"开作者座谈会，是小小的庆贺，更是听取批评，决心更上层楼。

忽然感到，张社长他们来自故乡——我读完初中高中的"洪都新府"，我该格外高兴才是。不是有诗曰："君自故乡来，应知故乡事。来日绮窗前，寒梅着花未"么？但我却感到那么遥远，那么生疏。毕竟离开她整整一个花甲了。尽管我常常慨叹：唐宋八大家，我江西拥有其三！骄人的文脉而今何在？

三四年前，我的大师兄蓝英年老跟我称赞《悦读》和她的主编，拜读而又拜读，的确是好。大约前年，"我的朋友"陈四益先生，有一天打电话聊天，提到：你可以给《悦读》写点稿子呀！那时，我正碰钉子，还是没完没了的"华盖运"，手头有一篇稿子，就冒昧投给了《悦读》。主编第二天即复示：我喜欢鲁迅。下期刊用。愉悦之情，不言而喻。

这回奉陪末座，第一次见到《悦读》的主编，自然，更有张秋林社长。听了许多前辈和朋友的发言，和自诩高明只图说得痛快的宏大的全称判断，我也有点杂感。我觉得《悦读》办得好，是因为守法度，有志向，讲真话，求实学。

朋友们说得好：《悦读》稳健；温润如玉。是的，首要是它谨守《宪法》，《著作权法》等法律，尽其所能用好了《宪法》第三十五条赋予的“言论、出版”的“自由”；也谨守第五十一条“不得损害国家的，社会的，集体的利益和其他公民的合法的自由和权利”。这是建设法治社会所必须的。不良法条及恶法，另当别论。

有志向，这无须多说。志向是一个刊物的指南。主编和他的领导——社长的志向决定一个刊物的品位和质量。在商潮滚滚、向钱看齐的今天，能不为所动，而有志于文化建设，投资出版一份高品位的刊物，是非常难能可贵的。

讲真话。“真话”不一定正确，更不等于“真理”。我所说的“真话”，是心里话。这是一个知识者安身立命的根柢。也是一个社会可能改革的要件。当知识者甘为“托儿”，助“官魂”“匪魂”日益跋扈，迫使“民魂”苦苦挣扎，社会改革渺渺茫茫矣。鲁迅有言：“盖惟声发自心，朕归于我，而人始自有己；人各有己，而群之大觉近矣。若其靡然合趣，万喙同鸣，鸣又不揆诸心，仅从人而发若机栝；林籁也，鸟声也，恶浊扰攘，不若此也，此其增悲，盖视寂漠且愈甚矣。”我读《悦读》，感到作者大都说的是“真话”；而编者更能不拘一格，使《悦读》多有异彩。

最后，是求实学。言之有物，而不无病呻吟；持之有故，而不作空谈。

愿《悦读》长命百期，长命百岁。

《悦读》——再启蒙的读物

郭启宏：启蒙就是开发蒙昧。《风俗通》云：“亦足以祛蔽启蒙矣。”《辞海》因之作出解释：“指教育童蒙，使初学的人得到基本的、入门的知识。亦指通过宣传教育，使后进的人们接受新事物而得到进步。”若是，则前者应指一些蒙书，比如从前的《百家姓》《千字文》《唐诗三百首》《千家诗》《幼学琼林》《龙文鞭影》之类；而后者则是我所体认的启蒙。

启蒙是思想的变革，变革是不停顿的运动过程，不可能一次完成。倘说“五四”新文化运动是一次大启蒙，那么今天面临的或许是更大的启蒙运动。启蒙运动需要思想家，需要力行者，需要“被启蒙”的每一个人，当然，也需要包括纸质传媒在内的载体，此中，《悦读》是佼佼者。

《悦读》创办至今，已出版了三十卷，我每卷必读，且几乎每文尽读，连标点符号都不放过。依在下愚见，《悦读》在再启蒙运动中起着良好的作用，《悦读》至少做了两件大事：

一是告之以真相。无论摭旧，还是翻新，抑或“横空出世”，真相总是令人惊奇，复令人深思，往往把被颠倒了的历史再颠倒过来。

以刚印出的一卷——第三十一卷期为例。补白里，李锐写到毛泽东对知识分子的一些看法，作为执政党领袖的毛氏怒骂大学教授，“应以狗屁视之，等于乌有，鄙视，藐视，蔑视”，想一想他在一九三九年身为革命党魁首，公开发表《大量吸收知识分子》一文的情状，此一时耶，彼一时耶，相距何遥！蓝英年在他的读书札记里谈到俄国人写的一本书《中国的贝利亚——康生》，“觉得作者所使用的材料大部分来自中国，有一种‘出口转内销’的感觉。尽管‘出口转内销’，但有些材料我还觉得新鲜。”在下要说，所以觉得新鲜，是因为真相曾经被壅蔽。

二是明辨了是非。或者来自统治集团政治上的需要，或者出于利益集团经济上的考量，社会思潮总是变动不居，不但标语口号翻空出奇，而且奇谈怪论也花样翻新，因此，这个社会需要再启蒙！

杨天石根据蒋介石日记的资料，写就《寻找真实的蒋介石》，传达出颠扑不破的真理——“一个腐败的政权不可能真正反腐败”。资中筠的《人性·文化·制度》是一篇最具启蒙意义的、比之百科全书派略无逊色的大文章。陈四益的《信仰的隳败——读〈僧家竹枝词〉》，则从文史的幽深处读出历史关口的大题目——“希望只在于是否有自我净化的能力”。眼下许多被“识时务的俊杰”拿出来吆喝的玩意儿，诸如官商一体、权色交易、金钱万能、潜规则等等，并不是新鲜的货色，无非是沉滓泛起。诸君，再启蒙竟然始于否定之否定。

我为《悦读》叫好，感谢《悦读》可敬的同仁。

三十而立

王学泰：《悦读》已经出满三十卷了，它两个月左右出版一卷，历时逾五年，是一个完全有自己定位的成熟的杂志书了，说它“三十而立”是恰如其分的。

作为一本综合性的杂志书，《悦读》做到了“杂”，但这“杂”不是杂乱无章，而是条贯分明，丰富多彩。它以随笔杂文为主，内容涉及到文学、历史、哲学等方面。所发的文章大多是有品格、有文采、有趣味的，不仅值得阅读，而且有收藏价值。它自创刊便送我，至今我都珍藏着，一卷不缺。而其他许多刊物，都是保留个一两年也就处理了。

《悦读》给我留印象最深的是它所刊登谈历史掌故的文章。像《毛泽东的最后岁月》《改变中国历史的一夜》（1976 年 10 月 6 日抓捕江青）《南方大山间的小小苏联——“苏维埃运动”侧影》《西南联大五十载纪事》《俞平老杂忆》《想起胡绳》《钱锺书邀请钱穆，尴尬与无奈》等都给我留下很深的印象。对有争议的热点问题，编者也很重视，例如《我读〈论语〉——丧家狗》（其实争的只是书名，很少人对书中内容提出异议），以及关于三峡、鲁迅精神、网络文学、春节晚会、档案解密等问题都吸引过各界人士的注意，《悦读》也不失时宜地刊登过综述或不同观点的文章介绍给读者。这些文章开拓了读者的视野。

《悦读》中的许多文章，让我知道了许多过去不知道的事情，有些给我以启发，引发我思考。例如张建魁《揭开秦城监狱的面纱》、章功《贪腐官员的服刑地》就引我思考社会主义社会的法制建设问题，这两篇文章所反映的问题（监狱中对于高官犯人的优待——牢房较大，设有“写字台，卫生间，坐式马桶，洗衣机”；身体欠佳的“饮食可一日四餐，用餐标准和费用由国家规定和支付，家属也可以私下打理”；“监狱虽有统一囚服，但这里的囚犯一般可以不穿”）使人震撼。就高官所受的特殊优待曾请教法律专家，问可有法律依据，他们说没有。他们推测可能是有关部门的具体安排。我想之所以有这种规定，大约与传统的等级观念有关，似乎高官坐监狱已经很受委屈了，宽待一些，也属人情之常。当年对待国民党高官、日本战俘中的高官，不是也这样吗？其实这违背了法治的根本精神——在法律面前人人平等。

《悦读》的作者以老年人为多，在题材与文风上都受到局限，最好多发一些青年人的稿子。

多保留一些正人心、贬薄俗的声音

林冠夫：时下，是个文化连续出现怪圈的时代。一边，追求大数字或高百分比，形成出版物数量大规模出现；另一面，质量如何，恐要打上若干问号。人们热衷于列出诸多刊物的数量，乃是为了说明文化的繁荣昌盛。可见，追求出版物数量也是有来由的。于是，出版物出现，风起云涌，泛滥成灾，也是习见现象。可是，出版物数量虽多，但真正可读的，如《悦读》者固然亦有，却委实不多，以寥若晨星来形容，也不为过。

《悦读》大受欢迎，这是有目共睹的，但它的长期存在，却颇出人意外，甚至有点尴尬。别的不说，其名称为“杂志书”，就很别致，这说明一份出版物的生命力，或者其存在价值，并不在乎身份和名称，而主要在乎它的性质，它发的是些什么文章。从这个角度来说，我并不担心《悦读》被乱流淹没。

几年来，《悦读》所发的文章，堂堂正正，一直坚守学术和文化立场，不投少数人所好，不哗众取宠，不发惊人而又稀奇古怪的议论。做到这一点，在时下是极为不易的。因此，我不能不对这份出版物的主编、主办方和各路作者，表示由衷的敬意。我希望，《悦读》能够照现在的样子一直办下去，为社会多保留一些文化和学术的精华，多保留一些正人心、贬薄俗的声音。

《悦读》感言

林东海：座谈会的墙上挂着八个大字：“开拓视野，寻求真谛。”这就是《悦读》的办刊宗旨。这本杂志书已经出版三十卷了，回顾这五六年的历程，确实是在践行这个宗旨，向来敢于说真话，写真事，求真

理，从而使之成为一个高雅的文化出版物，在大众读物和学术刊物之间独树一帜。这个出版物拥有一些高品位的作者。这些作者不是应声虫，能独立思考，有独立人格，对于人间万象都有自已的视野和视角，所以写出来的文章言之有物而且真实，在中外古今文化领域的方方面面，为读者打开眼界和启迪心智。在说假话卖假货成风的当今社会，在文化界的知识分子当中，能拥有这样一些敢于说真话写真事的作者，乃是该刊成功的基本保证。可喜的是，这些作者老中结合，而且正在向年轻化过度，队伍也日渐壮大。这个出版物发表一些高水平的文章。有些文章打开尘封历史旧案，向读者展示历史真相，并重新审视和论定，以求其真谛之所在；有些文章介绍文化界知名人士，不阿私，不偏袒，不苛责，不诽谤，力求作真实的介绍，并作求是的评论，使读者对公众人物有较为真切的了解；有些针砭时弊，入木三分，揭示政界弊端，抨击社会歪风的文章，充满正气，大义凛然，而且很富于中华本土的幽默感。这个出版物赢得一批高情趣的读者。该杂志书的读者群，既不是普罗大众，也不是专家学者，而是具有相当文化水平高情趣的文化人。这个读者群，说多不算太多，说少也不算太少，总之是一个相当规模的文化圈。这个文化圈，似乎不必再扩大了，以免使该刊定位下移。需要做的工作是，让这个圈内的读者，都能买到，因此发行部门还需要做些推广的工作。总而言之，从作者、文章、读者三方面看，《悦读》确是一个高雅的有品位的成功出版物。

博而不杂

冯克力：比起《老照片》《读库》《温故》等那些杂志书，《悦读》在结构和面貌上更像是一本杂志。但正像刚才资中筠老师所概括的，《悦读》的特点却是“博而不杂”。一种杂志也好，一种读物也好，总是要表达点什么。到底想表达什么，对于主事者来说，至关重要，也是一种杂志或读物的“魂”之所在。《悦读》能做到“博而不杂”，便得益于主办者的洞明与坚守。《悦读》的内容很丰富，历史、政经、文化，中外古今，无所不涉。文章的体裁也五彩纷呈，从洋洋万言的长篇，到百十字、几十字的补白，看似很驳杂，但读物的主旨与追求却十分鲜明，那就是对“自由民主”的向往和“还原历史真相”的诉求。

我自己也在主持一种杂志书，也略知其中的甘苦。互联网空前的普及，对像杂志书这类随机、消闲性的阅读构成了很大的冲击。如今没有什么信息和观点是网上看不到的，并且由于网上发布基本没有审查的门槛，不受什么限制，信息无所不有，观点则锐之又锐，似乎更能吸引人们的眼球。像《老照片》当年一面世就创下二三十万册发行量的情况，在互联网空前普及的今天，恐怕已很难再出现。然而，如今杂志书虽然受到互联网的冲击，但只要选准了定位，生存的空间还是有的，关键是要清楚自己要干什么，要牢牢守住自己的那个“魂”——就像《悦读》正在做的。

不可没有的《悦读》

李兆忠：目前众多的刊物中，《悦读》有着特殊的意义和价值。它的存在与运作方式，与一般的刊物大不相同，具有偶然性与特殊性。它实际上是由一个人独立编成的，主编的眼光、学养、操守、人脉、办刊经验，还有他的敬业精神，使它具有不同寻常的价值与品位，在中国阅读界乃至知识界占据一个醒目的位置，而二十一世纪出版社为它提供了坚实的平台，可以抵抗意外的风浪。可见，这是一次成功的合作，个人与体制形成一种微妙的优势互补。《悦读》的存在与运作方式，在某些方面（指它的自由与独立的品格）令人想起民国时期的刊物，为中国社会转型时期如何办刊物，提供一种宝贵的范式，值得好好总结。

《悦读》是一本有灵魂、有格调、风格平实、雅俗共赏的的杂志书，它的最大价值，我以为在一个真字。近代以降，西力东渐，中国文化遭遇三千年未有之变局，震荡、冲突、分裂、躁进，最后陷于文化虚无主义的困境，关于历史的讲述，更是迷雾重重，似是而非。因此，正本清源，还原历史的本来面貌，就变得十分迫切。正是在这方面，《悦读》下足了力气，刊登了大量好文章，去伪存真，许多具有震聋发聩之功，起到“打假”作用，对于我们反思历史，思考未来，具有巨大启示作用。

《悦读》内容丰富，栏目众多，集知识性、趣味性、学术性于一体，适合多层面的读者。而贯穿其中的一条红线，则是对中国当下社会现实的高度关注，体现出了一种可贵的精神担当与强烈的忧患意识。对于普通的民众，它具有极好的启蒙作用；对于知识者，它能激发思想，促使人们更加深入地反思历史、正视现实、思考未来，对社会的文明进步起着积极的推动作用。我相信，《悦读》的价值将随着时间的推移而愈加彰显。

有品味的杂志与有趣味的生活

李建军：杂志不同于书籍。书籍是不期而至的邂逅，而杂志则是如约而来的嘉会。如果说，普通意义上的一本书是一眼泉水，那么，一个杂志就是一条淙淙奔流的小溪；如果说，一本书是一个临时安排的狂欢节，那么，一份杂志就是一个又一个固定的节日。

鲜明的个性风格，是杂志的生命。个性是趣味和魅力的前提。无个性的杂志必然使人觉得无趣。有趣的杂志，只要一卷在手，便可百虑捐掷。如果一个杂志是另一份杂志的重复，那么它的存在便等于不存在。杂志的个性决定于主编的个性，杂志的气质折射着主编的气质。然而，当下，有个性的主编实在太少了，无个性的杂志实在太多了；那些无个性的杂志，都仿佛按照一个模式克隆出来的——面孔模糊，态度暧昧，了无生气，亦无趣味。

拓宽知识边界与提高认知能力的启蒙性，是一份好杂志的基本功能。好的杂志，既提供可靠的判断，提供发人深省的启示，读者会一边静静地读读，一边频频点头，并在心里说："就是这样子的，就是这样子的。"它通过组编言之有物的文章，通过对尘封往事的刮垢磨光，给读者提供新鲜的信息和翔实的资料，帮他看清真相，甚至会使他惊讶得叫出声来："噢，原来如此！原来如此！"好的杂志能帮助读者少一点蒙昧和无知，多一点清醒和明白，能使人变得更加成熟一些。

一份好杂志的风貌，最终体现为一种优雅而亲切的文风。这种文风自然、朴实，而又优美、蕴藉；它绝不故作高深，绝不以艰涩来遮掩思想的贫乏和情感的苍白；它含着个性的锋芒和冲决的力量，但绝不颟顸和恣纵，绝不用独断的充满攻击性的语气说话——它知道，那种盛气凌人、唯我独尊、唯我独是、唯我独革的文风，实在是最糟糕、最讨厌、最要不得的。

在我看来，《悦读》就是这样一份高品位的杂志，这样一份让人喜爱、让人期待的杂志。每次拿到新的《悦读》，我都有一种很迫切的阅读冲动，总是要先粗粗地翻一遍，再细细地读一遍，其中的好文章，还会反复品读。在《悦读》里，你很少看到不痛不痒的官样文章，很少看到不知所云的八股文章。其中的几乎每一篇文章，都打动你、吸引你，都能带给收获感和满足感。《悦读》的文章是"杂"的，所涉及的知识领域和话题范围都很广泛，但它"杂"而不乱——在它的多姿多态的文章后面，有一个"吾道一以贯之"的灵魂，那就是，通过反思性、批判性和启蒙性的话语建构，帮助读者揭去一层一层的遮蔽物，为他们寻求照亮心灵的精神光芒。

外在的装帧、设计和印刷，也是构成杂志风格的一个方面。高品位的杂志具有秀外慧中的品质；所谓"秀外"，就是说，从外在形态来看，它具有令人愉悦、爱不释手的美感。《悦读》就属于这种"长得很好看"的杂志。在一大堆花花绿绿或者面孔呆板的杂志里面，它挺然秀出，显得分外妩媚。

在胶胶扰扰的日子里，有《悦读》不负相期，如约而来，不亦乐乎！

快乐之读，读而悦之

李洁非：《悦读》刊名让人欣赏。快乐之读，读而悦之。说起阅读，我是快乐主义者，思想、见地固然重要，但我觉得还在其次，一本书，一篇文章在手，首先要文字语言使

人觉得好，读来是享受。就此谈一点意见。

就像歌理应乐听，画理应美目，提笔写作的人，总该在语言上讲究。言而不文，行之不远。文章文章，“异色成彩之谓文，一色昭著之谓章”，总之是美的意思。古人不论写什么，哪怕一张便条，都当文章来写。这个“文章”意识，现在消失得差不多，或变得很狭窄，似乎特定文体才应作为文章来讲究。其实我们读民国时期梁启超、胡适、鲁迅、蒋廷黻乃至郭沫若等好些人的学术著作，都注重笔墨。后来大陆以外的学者，像黄仁宇、唐德刚，一边做学问、谈见解，一边也不忘文字，通过良好的有教养的文字，显示一个知识分子应有的精神向度。思想见解有益，却伴以鄙陋的文字，那本身就是自相矛盾。

说起来，文字语言的退化，是个深层次问题。汉语在二十世纪，特别是后半叶，毁得不轻。从语言美恶文野角度，普遍讲，现代不如古典、当代不如现代、大陆不如港台。语言品质的差异，背后是教养道德的差异，还有文化的流失。

如今中国GDP上去了，人民一般也比从前有钱，但文化的质地显然没有随之上去。可见，经济好文化自然跟着好，仓廪足而知荣辱，并非必然的道理。文化有其单独的传承，靠辛辛苦苦的积累，一旦破坏，恢复起来很艰难。欧洲文艺复兴是这样，汉儒恢复被嬴秦毁坏的先秦文化，也是这样。

近一百年，中国一直有一个对自有雅正文化传统的破坏过程，高潮就在“文革”。现在高潮虽然过去，但因为涤荡太狠，造成很多惯性。这当中，汉语是重灾区。眼下汉语的粗俗、粗鄙、粗糙，有目共睹，美恶文野，似乎没人在乎，对母语不存敬惜。

语言是文化载体，是礼义廉耻或一国民众精神伦理的具体形式，是社会根柢。古时讲敬惜字纸，就因认识到它们是文物风流所系。我们书写汉字、运用中文，总要心怀敬诚，务求精美。

《悦读》的文章，往往有真知灼见，文字普遍也不错，但还可以更好，比如有意识地办成注重和讲求语言的刊物，为挽回民族语言质地树一面旗帜。

《悦读》的特色和编者的眼光

王培元：“一本关于书的书，阅读趣味尽在其中。”这句写在《悦读》这本杂志书每一卷封面和内封上的话，真倒是名符其实的。这本杂志书之所以能够吸引读者，赢得人们的喜爱，就在于它具有“阅读趣味”。要说这“阅读趣味”从何而来，便不能不提到它的栏目设置。《悦读》的常设栏目，竟有十二个之多，如：“特稿”、“读书献疑”、“人物志”、“议论风生”、“忽然想到”、“文坛记痕”、“悦读一得”、“书与插图”、“我和书”、“域外风”、“海外书情”、“书海巡游”等。假如读者是一个爱书人，乍一看这些斑斓多姿的栏目，恐怕便会产生极浓厚的趣味吧。创办至今，《悦读》出版了三十卷，与眼下一些同类读物比照起来，不能不说它已形成了自己的鲜明特色。我以为可以用八个字来概括，即：“内容丰富，信息量大。”内容丰富，你从其栏目设置之多，即可看出些眉目来。信息量大呢，就说“书海巡游”这个栏目吧，里边又有“有此一说”、“评论选刊”、“历史往事”、“四面八方”、“国情点滴”、“图与文”等一些小栏目。而且，每一卷还有为数不少的“补白”呢。这些小栏目中登载的内容和辑入的文字，大都很精短，但其提供的信息量却非常之大、非常有价值。其实《悦读》的内容还有一点更是异常可贵的，即它不是鲁迅说过的那种“二花脸艺术”色彩的刊物——“忽而怨恨春天，忽而颂扬战争，忽而译萧伯纳的演说，忽而讲婚姻问题；但其间一定有时要慷慨激昂的表示对于国事的不满”，而是一直坚定执著地拥抱和关注社会现实。在“一方面是庄严的工作，另一方面却是荒淫与无耻”的严峻复杂的社会情势中，这本杂志始终不渝地以自己的方式和风格，关心着国计民生，关心着世道人心，其现实人生关怀的精神指向是十分明确、毫不含糊的。这一点当然与编者的眼光和情怀是密切相关的，尤其令人敬重。

《悦读》三读

陈子伶：《悦读》，可读，耐读，悦读。三读中，耐读最为不易。

《悦读》是关于书的书。当今书刊出版量浩如沙瀚，从中确定题材，既须选家眼光，又须披沙淘金功夫。可读与否，与文辞固然有关，要紧的却首在题材。选取题材与书刊定位有关，但也可从阅读心理及趋向去提炼。处于文化层面的阅读心理，不是自发形成，而是历史与现实的折射反映。《悦读》相当一部分题材，可分有三：一是社会欲了解而又不清不楚不明不白的事；二是看来仿佛正确但心里存有疑惑处的观念及其理论探讨；三是新知绍介。三类题材，对应的社会阅读心理，是求实求真求知。这个“三求”，也便是《悦读》剪裁题材的标准，合则留，不合则去，所提取的文化内容，亦往往是原书的关节处，自然精彩纷呈。但探骊得珠，岂是易事。

《悦读》诸多文章耐读，让人回味，再读。细细探究，在于文章有见识，有思想。其见识或思想，基于什么？《悦读》叙事状物写人论理，有一基点，就是正视现实，尊重事实和历史，据实而论。讲事实，全面占有事实材料，从事实出发，这是研究问题的前提要求——马克思恩格斯说过多次。讲事实，从事实出发，移于历史和现实，便是要尊重历史，正视现实，乃是最起码道理。如果不尊重历史，忌讳事实，或有意无意掩饰，甚至颠倒事实，在这类事实判断上建立的价值判断，诸如是与非、对与错、正与邪等等，都难免荒谬，甚至颠倒。

由于思想基点正，《悦读》能眼界宽广，取材无类，并能直面现实，探求真谛，更能正视历史，辨明得失。文章多能事溯其源，物究其本。由于沿波讨源，虽幽必显，予人以警策，仿如醍醐灌顶，或探源竟委，通其流变，辨伪正纬，洞见私利潜踪，因而有益激励社会正气。耐读背后，是唯实求真的思想力量，可以催人反省，求真去伪，立诚知耻，培育自信。

读《悦读》，能增益心智，教人神清气爽，豁然朗然，能不悦读么?!

为新世纪的启蒙尽一己之力

郑雷：从《悦读 MOOK》创刊起，我就一直饶有兴味地追踪阅读，定期收藏。MOOK 是个起源于日本的新词，由 MAGAZINE 与 BOOK 两字合成。虽然较早在国内使用这个概念进行编辑，《悦读》却与国外的杂志书有所不同，在信息量之外，一直注重思想性，越办越稳定，越办越成熟，逐渐形成了自己鲜明的特色。一卷在手，就可以体会到，《悦读》的“悦”是一种智慧的愉悦、灵魂的愉悦，而与时下“娱乐至死”的各种大众文化商品的轻薄恶俗迥异其趣。这有一个重要的表征，就是《悦读》中历史类文字占有很大的比重。契诃夫名作《打赌》里说起，一个因和人打赌而自行监禁在小屋里的律师为了解闷开始读书，最初读的是消遣性的小说之类，后来便开始阅读历史、语言和哲学书籍，最后读到神学和宗教，终于悟彻了尘世生活的虚幻。由此不难看出，历史是通向精神天国的重要阶梯。实际上，具有历史意识的个人往往也同时兼具深刻的思想和对现实的洞察力。孔尚任自述写作《桃花扇》的用意，是要使观者“知三百年之基业，隳于何人，败于何事，消于何年，歇于何地。不独令观者感慨涕零，亦可惩创人心，为末世之一救。”（《桃花扇小引》），这种自觉而清醒的历史意识与悲悯情怀，令人莫名感动。从已经出版的三十卷《悦读》中，可以十分清晰地感受到这种历史意识、这种救世热忱。读《悦读》更大的感受，是编者、作者将自身携带的文化气息完整地赋予了这本杂志书，使之显现出一种温润的品质。《红楼梦》第二十二回黛玉问宝玉说：“至贵者是宝，至坚者是玉。尔有何贵，尔有何坚？”《悦读》的至贵之处，在于它始终秉持理性、秉持知识者的社会良知，以多样的生动方式向广大读者推介普世价值；至坚之处，在于它择善固执，在众声喧哗、文化界思想高度分化的当下，不随波逐流，不急功近利，不哗众取宠，以从容的姿态、坚定的信念自行其是，冷静、平和、耐心而不失锋芒地完成着思想文化批判的任务，为新世纪的启蒙尽一己之力。至贵至坚，温润如玉。《桃花扇》第一出《听稗》有云：“一声拍板温而厉，三下渔阳慨以慷。”这两句话，《悦读》足以当之。《悦读》连续出版三十卷的事实可以让人明白很多问题，重新思考知识者在现代社会中的作用。有两句大家耳熟能详的话：“天下兴亡，匹夫有责。”它出自顾炎武的《日知录》，经过近代革命家的发挥，与政治紧密联系在了一起，甚至于一些文化史研究者也误解了它的本意。其实，顾炎武的原话是说：“有亡国，有亡天下。亡国与亡天下奚辨？曰：易姓改号，谓之亡国；仁义充塞，而至于率兽食人，人将相食，谓之亡天下。……是故知保天下，然后知保其国。保国者，其君其臣，肉食者谋之；保天下者，匹夫之贱与有责焉耳矣。”（《日知录》卷十三“正始”条）可知顾炎武所谓的“天下”，其实是一个文化而非政治的概念，他着眼的不是一朝一代的兴衰，而是整个民族文化的存毁。知识者应当坚守自己的立场，理性地对待历史与现实，保持独立人格和自由思想、超越一时的是非得失，“为天地立志，为生民立道，为去圣继绝学，为万世开太平”（张载《张子语录》中），这是《悦读》给我们的一个最重要的启示。钱锺书先生论文论史，有“善运不亚善创”（《管锥编·左传正义》四六）之语，准乎此，我们也可以说“善编不亚善撰”，希望《悦读》能几十年如一日长久地“善编”下去，后先相继，为垂绝的中国文化留下最后的根脉与未来的生机。

兼容并蓄，吸引更多作者和读者

黑马（毕冰宾）：这本杂志书是国内第一本用MOOK命名的，大多数学英文的人都不知道MOOK这个词的意思，这就先声夺人，引领了时尚，把时尚与阅读巧妙地结合了起来。封面设计把悦读两个字嵌入两个O中，很形象地象征一双读书的眼睛，给人印象很深。自从看到这本杂志，我写书评时都会不自觉地使用“悦读”二字，比如说某本书是劳伦斯研究的悦读文本，就是说这样的书虽然是研究类专著，但却不属于那种佶屈聱牙、引经据典的学院式文风，而是有美文韵致的文学研究文本。早年读杨绛的文学论集《春泥集》就感到那是将学问写成美文的文本，一直推崇备至，我相信或许这也是这本杂志书对作者写作风格的要求吧。

《悦读》的主编还很注意关注我们这些作者的博客，居然偶然发现我为作家萧也牧的悲惨遭遇唏嘘感叹的一小篇博文，就启发我好好利用自己在中青出版社曾经供职时的所见所闻，写一写这位文学前辈。于是我这个所谓的劳伦斯专业学者竟然一连数日埋头于萧也牧的生平历史中，写出了一篇长文，释放了心中长期的块垒。这种跨界写作是我一个意外的收获。后来我也注意到该杂志书的作者中不少人都在进行跨界写作，这样的写作可能因为是“杂交”，读起来更有趣味，也算是悦读吧。

希望这本杂志书越办越好，兼容并蓄，吸引更多领域的人进来进行跨界写作，以悦读心情写出悦读的文章来，尤其在我们这个缺乏真正独立的文化和文学批评，很多书评都沦为为出版利益所绑架的可耻的吹捧奉承的时代，我们需要用有趣、俏皮、机智的写作对时下文化和文学现象进行理性的讽刺和鞭挞，这才是我们这个时代所需要的批评精神，而这样的文字也才称得上“悦读”。

补白

毛泽东在“十大”开幕式

据人民出版社出版的《毛泽东诗词的另一种解读》一书披露：林彪“九一三”事件之后，毛泽东两个多月高烧不退。事后不久，中共“十大”在筹备时，周恩来曾很委婉地劝说毛泽东不要亲自出席“十大”。这一劝，反使毛泽东坚持要出席。他说：“我不光要亲自去，还要亲自主持。”周恩来只好找到人民大会堂主席台旁边的一一八厅，辟为毛泽东的临时住所，并且让毛泽东提前搬进去适应。之后，把输氧管送到主席台正中央座位底下，随时防止毛泽东缺氧。这个事情只有周恩来和毛泽东的医疗小组知道，其他中央领导都不知道，毛泽东也不知道。

“十大”的开幕式由毛泽东主持，一开始说了四个字：“会——议——开——始”，说得很不清楚。他这个时候是思维清晰，但是语言严重障碍，已经不能完整清晰地表述“中国共产党第十次全国代表大会现在开始”这样的句子了，然后，右手食指点着周恩来，磕磕巴巴地说：“下面请周恩来同志作报告。”周恩来站起来对他鞠了个躬，之后等于半弯着腰作了一个很短的报告。开幕式不到一个小时就结束了。会议完了后，全体起立热烈鼓掌，主席台上的其他人，包括朱德这些年事已高的人，都被搀扶着慢慢地下去了，直到主席台上人全部走光，毛泽东还纹丝不动地坐在那里，微笑着鼓掌，周恩来陪着他鼓掌，但心里纳闷这到底是什么意思呢？一千多人都站在那儿热烈鼓掌。五六分钟过去了，毛泽东终于憋不住了，大声喊出一句话：“你们不走，我也不好走嘛。”周恩来一听就明白了，马上说：“各位代表，请你们赶快退场，毛主席要目送大家退场。”大家一听，噢，主席要送我们退场，那就赶快走吧。等人都退场以后，上来四五个人抬着毛的椅子，连人带椅子一块儿抬下去了。真实的原因是毛泽东不能站起来了，他没法站起来，又不想让大家看到他身体是这样子，所以出现了如上一幕。

伟大的事物，可能是危险的事物

——中国农业合作化始末

◎胡　平

从农家乐到统购统销

二十世纪五十年代初，在一般农民心目中，毛主席是具象的共产党和人民政府，是可感可触的生活化的政治。

土地改革后，无论是在南方，还是在北方，毛主席画像的销路真是好极了。许多农家的堂屋里挂上了毛主席像，两侧贴着“翻身不忘共产党，幸福牢记毛主席”的对联。孩子们在像下欢歌笑语，老人们因看到了画像上一片金色的祥云而喃喃自语。男主人公出工之前，常常向它投去深情的一瞥……

农民在一起谈天，一提到毛主席，像一只火把挥向了幽暗的山洞，人们的脸上一下亮堂起来。一听说哪位干部或记者是从北京来，农民们马上围个水泄不通：“毛主席可好？”“您看见毛主席没有？”……

毛泽东在将土地给了农民的同时，也将一种从未有过的生产方式、精神方式，给了中国的农村——

黄河两岸的农民，到处都在为眼前的好年成而欢欣鼓舞。从冀中平川到晋东南山地，在广阔的田野或层层的梯田里，高粱深红，玉茭金黄，在蓝得几乎透明的天穹下，像是一束束竞相追逐的火苗，在放肆地生长……

几乎能与农民的欢乐一起婆娑起舞的土地，其苏醒的性灵，源自于农民的精耕细作，加工加肥。不少农家地里的大粪、豆饼都比往年上得足。在晋东南石厚土薄的山地，农民们犁、锄、耙各三遍，施肥由过去的每亩三十担，猛增到八十担，才把荒地变成了熟地。

在无数的大小河流交织的苏南，河底里不断淤积起来的河泥，成了农田里最好的乌金。在土改结束后的一九五一年春天，触目皆是罱河泥的小船。夕阳西沉的时候，每个村子的周围都是三三两两满装河泥的归船……没有船或一时借不到船的农户，便多多收垃圾或粪便。人们都在感叹：今年早起拣狗屎的人比狗屎还多！

在各地蓬蓬勃勃的生产热潮中，二流子、懒汉、和尚，大部分也像离开厕所一样头也不回地离开了昔日的生活。京郊的槐房村里有十六个二流子，过去因为没有土地，没有职业，过着坑蒙拐骗、吃喝赌嫖的日子。土改后，除一人外，都参加了劳动。改邪归正的二流子高玉禄说：以前我连个地渣儿也没有，不偷没有办法，现在有了土地可得好好种了。

上世纪 50 年代初，在土改运动中分得土地的农民，兴高采烈地烧毁旧日的地契。

满怀新生活憧憬的农民，必然会对文化有热烈的要求与渴望。

常熟县，一九五〇年冬有六万多农民参加冬学，农村的小学教室都快被挤破了。在东北农村，农民们在冬学中如此地用心，以至于你到处可以看见歪歪扭扭的粉笔字迹，他们把所有可以写字的东西：雪地、门板、柜门、灶台、墙壁等等都当成了黑板。平时过日子是很节俭的，甚至舍不得点豆油灯，在冬学中农民们却点起了煤油灯，两盏、三盏，把灯心捻得大大的，让满屋子亮堂堂的。就在这温暖了一个冬天的橘黄色光芒里，从前一个大字不识的人，已经学到能够记简单的账和写简单的字了……

老家湖北省浠水、土改时正值少年、日后做了新华社记者的杨继绳先生回忆道：

从我亲身经历的情况来看，中国农民真正舒心的日子是一九五〇年到一九五三年。土地改革实现了耕者有其田。我目睹并亲身享受到了“农家乐”：交完了公粮都是自己的，多余的粮食可以自由上市。吃饱了饭的农民，唱着歌把最好的粮食送给国家。我们这些系着红领巾的孩子，在长长的送公粮的队伍旁边奔跑、雀跃，分享着大人们的快乐。（《邓小平时代——中国改革开放二十年纪实》）

毛泽东成了一个庇佑天下农人发家致富的“神”。

神龛，则是上世纪四十年代起他就在文章、讲话里屡屡提及的新民主主义阶段。

普列汉诺夫说过一句名言：可以在俄国烤出社会主义大饼的面粉，俄国的历史还没有磨出来。进城之前，开国之初，毛泽东也认为，能够在中国煮出喷香的社会主义大米饭的稻谷，中国的历史还没有收割。社会主义要在中国开始全线进攻，也许要到共产党人坐了天下的十五年之后，在这十五年里，得有一个被称之为新民主主义、既有社会主义因素又有资本主义因素存在的过渡阶段。

刘少奇似乎特别热衷诠释这一阶段，有勇气不避这一阶段在意识形态上的重大风险。他去天津，对资本家们发表了要将他们从冰封的疑虑中拖出来的著名讲话，内有“剥削有功”、“剥削越多越好”的言辞，他保证共产党与民族资产阶级至少“可搭伙十年至十五年”，如果过早消灭了资本家，“消灭了以后，你还是要把他请来的”。他反对过早地“动摇、削弱、直到否定私有制”和过早地采取社会主义步骤，在城市里如此，在乡村里亦如此。

一九五一年七月，他在中南海春耦斋里讲：“私有权在今天中国的条件下，一般地还不能废除，并对提高社会生产力还有其一定的积极性”，在农村对私有制“又动又不动是不对的。太岁头上动土，你去动摇一下，削弱一下，结果猪牛羊杀掉”，是对生产力的破坏……（《中国共产党的历史任务》）

农民们在这来自北京、带有浓重湘音的承诺里，荡桨般荡着自己的发家致富之梦。又伴着滚落的串串汗水，将它们撒播进脚下的黄土地、黑土地、红土地。

农民的堂屋里，高挂的毛主席像有着观世音般大慈大悲、丰耳隆鼻的面相，一家人天天沐浴在他祖父般慈祥的目光下；可他们又离他很远，无法触及到他那“树欲静而风不止”的心弦——总是在变，难得不变，愈是强调长久不变，愈是朝不保夕在变……

一九四五年，毛泽东曾向西方记者介绍，未来的新中国，将实现孙中山先生的“三民主义”，林肯的民有、民治、民享的原则，与罗斯福的“四大自由”；到了一九四八年九月，眼看蒋介石王朝已成强弩之末，即将灰飞烟灭，他便决定新生政权的性质应该是无产阶级领导的、以工农联盟为基础的人民民主专政。

一九五二年九月二十四日的一次中

上世纪 50 年代初，浙江农民上缴公粮的长队列。

央书记处的会议上，当周恩来汇报完关于第一个五年计划的轮廓问题与苏联商谈的情况后，毛泽东就讲了一段话，大意是：我们现在就要开始用十年到十五年的时间，基本上完成社会主义的过渡……（参见薄一波《若干重大决策与事件的回顾》上卷）

刘少奇当然是个成熟的政治家。十一届三中全会后，共产党又将“资产阶级”给请了回来，决心和他们“搭伙”走很长一段被称之为“社会主义初级阶段”的历史时期，农村里包产到户，责任到田，农民们发家致富的欲望以及各级干部诱发这欲望的欲望，恰如板结的土壤里蚯蚓在执著地蠕动，缺水的田垅中泥鳅在叭叭地蹦跶……已经证明他对新民主主义阶段情有独钟，的确是有着某种历史预见性的。

刘少奇又显得不够成熟。

为着对新民主主义阶段的垂青，以及在那几年里他讲的诸如“剥削有功”、“确立新民主主义秩序”一类让毛泽东听起来颇为可疑的话，渐渐地在他与毛的关系上打下了个冰冷的榫子，直至“文革”，被视为毛身边的赫鲁晓夫而遭到全面清算。

同样出身农家的刘少奇，当然不会忽略乡下的情况：

一九五二年里，五亿多从未吃过饱饭的乡下人，敞开胃袋，在这一年里，足足多吃掉一百七十五亿公斤粮食，一些地方开始有了存粮，孩子不再啼饿，老人不再叹饥。男人的脸上血色在渐渐地驱赶菜色，阳物也趁机在女人的肚皮上作乱起来，一九五一、一九五二两年里，全国农村共生下四千二百五十四万九千七百四十个孩子……（参见凌志军《历史不再徘徊——人民公社在中国的兴起与失败》）

但刘少奇，显然不像毛泽东一样抡圆了双眼，充分注意起土地改革后农村新一轮分化的现象——

在北方，河北省中共沧县地委在一份报告中称：

经过几年来生产运动的开展，农业生产已有相当的恢复，有的农民已开始添置调整土地，生产逐渐上升。但也有因贫困出卖土地，生产也就随着下降，农村的阶级关系亦随着开始了新的分化，主要表现在买卖土地上。肃宁、河间、任邱、建国等县，一九四九年、一九五〇年出卖土地的有一百三十八户，占总户数的百分之十点七，共卖出土地占总亩数的百分之二点一九。从出卖土地的原因上看，河间、任邱两个典型县调查，计出卖地户六十二户，用于盖房子的五户，远地换近地的十二户，买牲口的六户，共二十三户（这些因调整生产卖地是正常现象）；因生产生活困难及丧失劳动力而卖土地者三十九户，占总户数百分之五十四。（见《中国农报》第二卷第四期）

在南方，一九五三年，浙江省海宁县政府对仲乐乡东王村的农民作了一次调查——

在农村中，开展批斗地主、富农等“五类分子”的斗争。

> 在土改以后，由于劳动互助运动的发展，百分之七十四点一的贫农上升为中农，但因遭受天灾人祸而出卖土地的贫农也有几户，借债的十六户（其中，中农4户，贫农12户），卖工的三十户（中农3户，贫农27户）。少数中农却上升为富裕中农，其中有五户放债，十户开始雇工，买进土地的有八户。个别中农如该乡九龙村的中农朱荣堂，随着经济的上升，打起六条木船，放租经商，趋向新富农。（见张乐天《告别理想——人民公社制度研究》）

这次调查有多大的典型性虽不得而知，但在海宁县作了多年实证调查的张先生可以肯定，此次调查中发现的土地买卖、高利贷、雇工等现象，当时在海宁县其他乡也有发生，只不过程度有所不同而已。土地私有，家庭经营，延续了千百年的传统生产工具与传统的农家作物，巴掌大的土地规模，鸡嗉般逼仄的自然资源，男耕女织型的家庭经济，几乎一挑货郎担就可以挑起来的乡村市场，这一切必然导致家庭之间的竞争。而且，土地有好坏，劳动力有强弱，经营是否得法，再加上若逢婚丧疾病……竞争和后者间所形成的差距，必然会产生农村中新一轮的贫富分化和土地的重新兼并。这便是历史的逻辑。

此外，“平等”——在不平等的社会中，作为一面社会变革的旗帜，具有强有力的动员、鼓舞作用。在很大程度上，中国革命就是在这面猎猎飞扬的旗帜下进行的。但平等一旦成为制度了，制度内部的平等者们争取不平等的争斗，就在一片无形无味的硝烟中展开了。当地主、富农之所以成为地主、富农的教训在打倒了地主、富农的喜悦中，渐渐淡去了脑后，只要有百分之一的可能，人们便要百分之二百地表现出超越他人、让自己多一些经济优势的倾向，这大抵在人性上亦有根源。

毛泽东是位哲学家。如同他的心弦，变是长久的，不变是暂时的，他洞见农村中平等是暂时的，不平等是长久的。列宁称这种新的不平等，为“小生产是经常地、每日每时地、自发地大批产生着资本主义和资产阶级的。”（《共产主义中的“左派”幼稚病》）毛泽东则常常将此称为“阶级斗争”，并且在阶级斗争要“年年讲、月月讲、天天讲”的口号下，为维持中国社会制度化的平等，为挑战那总像蝉虫一样要攀上高枝去承接更多风露的人性，作出了巨大的努力，愈近暮年，愈是如此。最终，“文革”使民族蒙上一场千古未见的浩劫外，也使他颇有几分像希腊神话里那个要推巨石上山顶的大力神西绪弗斯，获得了悲怆的失败……

但是，早有论者注意到，土改之后，毛泽东日益为农村中新一轮的分化而忧虑重重，并非仅仅因为他不懈地追求革命意识形态的纯洁性，或是他对于在分化中一部分再度被抛向了窘困境地的农民满怀着同情。

尤让毛泽东阢陧不安的是，堪称是一个大丰收年的一九五二年之后，中国的不少城市却为缺粮所困扰，到了一九五三年夏季，国库存粮已经所剩无几，各级政府声嘶力竭号召厉行节约，但也只够城里人维持两个月。虽然还有田间小麦尚可指望，但这个夏季，长江流域洪水肆虐为百年罕见，夏粮的减产已成定局。粮食部于六月二日呈报中央，经济专家和各省巨头齐集北京会商对策。对策没有拿出，拿出的只是一个“形势严峻，难以为继”的结论……

毛泽东的案头上，告急的报告还在纷至沓来。

从一九五三年七月一日开始的一个新的粮食年度里，京、津二市原本需要十五亿斤小麦，可是收上来的只有十亿斤，而且从七月一日开始，三个月里已卖掉五亿多斤，尚剩下的四亿多斤，却要维持此后九个月的生计。九月四日，令人担心的事情终于发生，私商在探得政府的焦头烂额之后，麇集一处火上加油，在两个小时内，把除去仓库里的粮食统统买去。他们还想断后，又蜂拥至徐州，抢购刚刚收上来的黄豆，一个叫王雨农的家伙，一个人便买去五十万斤……

堂堂一国之都，那开国隆隆的礼炮声，和“中国人民从此站起来了”的宣告，还回荡在耳边，现在却有可能站不起来了，不是被明火执仗的敌人，却是被一场粮荒所打倒。北京急电东北，需调四十二亿斤粮食火速进关，素有“粮仓”之誉的东北三省，因为也局部受灾，答复是只能调集十四亿斤，而且不知何时才能启程……

造成粮食匮缺的局面，有着诸多的原因。

如农民放开了肚皮吃，一九五三年秋天在华北，过去山区农民一年只能吃上约十顿的白面，现在则每个月可以吃到四五顿，面粉需求量空前增大了。还有，由于发展工业的需要，城镇人口大量增加，除自然增长的以外，绝大部分来自农村，昔日他们是粮食的生产者，现在他们是粮食的消费者。此外，还有天灾的影响，以及私商们囤积居奇，待价而沽，与国家明中暗里斗法……

最重要的，仍然是列宁在十月革命胜利后所面对的一个老问题：

一方面，农民总想将更多的粮食存在

自己的粮囤里，在他们眼里，这是一条载着他们渡过各种危机、并驶向发家致富彼岸的方舟。过去没有这条方舟的农民，一旦有了它，他们对于粮食的呵护更为精心，必要时，他们会在一番坚壁清野后，装出一副灶冷锅凉、可怜巴巴的模样……

另一方面，昔日乡村社会的结构性阶级——地主，日益变成抽去了骨头的软体动物，国家尚没有一个有效且强力的组织，对农民的生产活动进行全程的督促、监管，并让他们将所收获的粮食，按照国家经济建设的要求，老老实实地交出或卖出足够的数量。眼下，与农民打交道的，只是蝗虫一样密密麻麻活动于集镇与乡村之间的上百万粮贩子，后者又像蝗虫一样在疯狂吞噬共和国幼小的身架。农民却乐意把粮食卖给他们，因为他们给出的价格，高于国家征收的商品粮的价格。在一九五二年七月一日到一九五三年六月三十日这个粮食年度内，全国农民共卖出粮食三百四十八亿斤，其中，国家和供销社只收购到近百分之七十，私商则收购到了百分之三十。

眼看一座座正在大失血的城市，毛泽东显然对列宁当年派出由武装的工人组成的粮食征集队下乡，多了一层理解。仅仅在土地改革结束一年之后，对当年用血肉之躯，还用独轮车和扁担，将中国革命推进了城市的农民，毛泽东的看法有了一个很大的变化。

在当年十月二日召开的政治局扩大会议上，陈云详细分析了粮食购销的严峻形势，对八个应对方案的可行性逐个作了说明。他说：

我这个人不属于“激烈派”，总是希望抵抗少一点。我现在是挑着一担“炸药”，前面是“黑色炸药”，后面是“黄色炸药”。如果搞不到粮食，整个市场就要波动；如果采取征购的方法，农民又可能反对。两个中间选择一个，都是危险家伙。

（《陈云文选》）

毛泽东深深地为陈云的话所震动，在会议最后，他讲道：

马克思、恩格斯从来没有说过农民一切都是好的，农民有自发性和盲目性的一面；

现在是“青黄不接”，分土地的好处，有些农民开始忘记了；

这也是要打一仗，一面对付出粮的，一面对付吃粮的，不能打无准备之仗，要充分准备，紧急动员……

（以上引自薄一波《若干重大决策与事件的回顾》上卷）

在陈云拟出的八个方案里，中央政治局毫不犹豫地选择了其中最为严厉的一个方案——统购统销。

所谓统购，即生产粮食的农民，应按国家收购的粮种、收购价格和计划收购的分配数字，将余粮售给国家。粮种和价格由中央统一规定。价格的规定，大体维持在当时城市出售价格的基础上，以不赔不赚为原则，并须长期固定，以打消农民囤粮待涨的心理。

所谓统销，即城市居民必须按照国家规定的数量、品种和价格购买粮食，其配给之数量，因人的性别、年龄、职业以及居住地区的不同而有不同。当时城镇居民大约组成了五千万户家庭，每户均有一个购粮本，凭本方能取得粮票。

粮票，此后又传宗接代，牵蔓扯藤，扯出了更多的票证：油票、布票、肉票、饼票、豆干票、糖票、烟票、酒票、煤球票、火柴票、肥皂票、工业券……头上纷扬着五颜六色票证的大雪，每一个城里人举步维艰，动辄掏票。无票，你就要饿死冻死，回到穴居时代；有票，你也不可能欢蹦乱跳，活色生香。这场将老百姓维持在最低生活水准的“大雪”，一直下了二十二年之久，“大雪”之中，则是政府高度膨胀了的无所不在无所不管无所不服的权力。

“大海的怒涛”

政府是强大的，当时乡下多达一亿一千万农户也是强大的。

农民如果不强大，便不会在一九五三年那华灯齐放、焰火飞升的国庆之夜，逼得共和国的最高领导者们放弃了与民同乐——天安门城楼下是一片浩瀚的歌海舞潮，城楼上紧关上门的一个会客厅里，他们面容凝重，神情峻切，讨论如何渡过眼下的粮食危机……

倘若不能将农民的强大关进笼子里，政府的强大就成了空中楼阁。

合作化在中国的问世，便是必然的了。

不管数以亿计的农民分布如何分散，自然条件各有不同，有着怎样的地域文化传统，统统都可以装进合作化这个笼子里。喜欢藏藏掖掖、颇有几分狡黠的农民，无论是他们的生产过程，还是每一户收成的多寡欠丰，一切都将变得透明起来。合作化只有一个出口，国家只需拎些麻袋来，靠着这出口，等着倾泄出金跃玉溅的瀑布。这笼子随时局更迁，不断变化着名称：互助组、初级社、高级社、人民公社，每变一回，笼子就收缩几分，笼子的出口，则阔大了几分……

没有合作化，就无法实施统购统销。

一九五三年十二月，是统购统销政策正式执行的日子，随即，中共中央通过了发展农业合作社的决议。一年以前，毛泽东已经将中国向社会主义过渡的日程表，提前为由即时开始的十年到十五年。一年之后，他又一脚将油门踩到底，随着第一个五年计划的实行，宣称开始了社会主义革命阶段，即可以向“资本主义”发动全线进攻！

那像传家宝一样压进箱底的土地证，顷刻间成了一张废纸。刚分到手的那会儿，常常夜半醒来也跑去抓回一把热土才睡觉踏实的土地，不过两三年后又收了回去……

随着新民主主义阶段成了苍天下一

1958 年，许多农民都吃不饱肚子，图为冬季里光着双腿的穷苦人家孩子。

痕渐行渐远的鸢影，农民们发家致富那鱼鳍般活泼泼在梦中划游的憧憬，却可能成为一具黑洞洞的被剖开的鱼腹。但是，从以《人民日报》为首的各级报刊，到作家李準的成名作《不能走那条路》，都在向农民庄严保证：共产党并不反对富裕，但少数人的富裕，只会建立在多数人的贫困上。

对于“共同富裕”，这美妙得听了几乎石头也会唱歌的保证，有些农民不信。为此，在统购统销政策的实施过程中，封门、搜查、捆绑、吊打的现象，在不少农村均有发生。据当时官方的《农业集体化重要文件汇编》中记载：“江西新余县莲溪乡党支部，在县委负责同志指示下捆绑农民，全乡捆绑了八十九个人，乡干部拿着秤，挨家挨户收粮食，不卖的当场绑起来。对一名用部分粮食喂鸭子的中农进行斗争。广东高要县第九区在购粮中捆打了五十三人，搜屋五十六户。湖南全省，因购粮问题被迫自杀者一百一十一人”……

自然，毛主席的威望，尚像午后的太阳一样，在人们心头散发着余热。而且，在中国的任何一个地方，几乎都能冒出陈永贵这样有着社会主义很高觉悟的带头人。除了极少数不识时务者，绝大多数的农民，对于那个庄严的保证，不管是真信，还是假信，口服还是心服了，统统给卷进了社会主义的滚滚洪流之中……

一九五五年，中南海里，毛主席十一天闭门不出，夜难成寐，眼看全国各地合作化的速度如“大海的怒涛，一切妖魔鬼怪都被冲走了”，比他期盼的还要快，他远比编自己的选集更有兴趣、热情，一气编好了即将下发全党的《中国农村的社会主义高潮》一书。他对自己的秘书说：家英呵，你知道，我现在的心情，比起一九四九年建国，还要高兴。

“大海的怒涛”里却悄悄地藏着一个秘密，这个秘密是——

当国家收购农产品时，其价格总是低于价值，国家向农民出售工业品时，其价格总是高于价值。在公开的农业税率，即交公粮外，农民那点有限的收入，还得在暗中接受“剪刀”这两翼的锋利剪切。

国家通过“剪刀差”，到底从农村从农民身上拿走了多少财富呢？二十年后，经济学家道破了“大海的怒涛”中这股真正滚滚的潜流，并从不同角度进行了计算，有两种说法——一种说法是，“剪刀差”的相对量一九五二年为百分之十二，一九五七年为百分之二十八，一九七八年为百分之二十八点一。从建国以后到改革开放前，农业通过“剪刀差”，向国家提供了六千亿元的资本积累，相当于一九八二年全国工业固定资产的原值。

又一种说法是，从一九五二年到一九八九年的二十七年间，国家通过“剪刀差”和农业税（扣除同期国家财政支农资金），从农村拿走了七千多亿元，这超过了一九八七年国营工业固定资产的原值。（以上转引自杨继绳《邓小平时代——中国改革开放二十年纪实》）

如此拿法，对于一个其主要成分来自农村、并且主要依靠农民打下了江山的党来说，不可能理直似竹，气壮如牛。“当时党内党外都有一些同志过于同情农民，不赞成统购统销”（薄一波《关于若干重大决策与事件的回顾》上卷），反对合作化的，更是大有人在。毛泽东在他热情洋溢编好的那本书的一则按语里写道：“一九五五年上半年，是那样的乌烟瘴气，阴霾满天……”

但一边，又必须理直似竹，气壮如牛。

打由农村进城市后，成了全国的执政党，茅坪八角楼和杨家岭的窑洞里，再也装不下共产党的目光。在人类文明的最高表达——城市里，她必须按照城市的思维方式，去思索中国日后的命运：西方早期工业化国家，通过殖民地的方式，转移掉国内的矛盾，又掠夺他国的资源推进本国的工业化。没有赶上早市的德国、日本，失去了这个机会，却又想瓜分前者的市场，便必然要挑起世界大战了。泥泞泥水里蹒跚步履、连晚市也没能赶上的中国，现在要靠外部的因素启动自己的工业化，更没有可能，只能靠内部挖掘、内部积累。在这个历来以农业为本、国民中农民亦占绝大多数的东方古国，若不去农业那里挖掘，若不多由农民积累，工业化便只能是纸上谈兵，画梅止渴……

没有合作化，就不能实现国家的工业化。

麻烦是，一边是不可能理直似竹，气壮如牛，一边又必须理直似竹，气壮如牛，心理上便不免磕磕碰碰起来，或者说心口有些发虚，给人的感觉是过于敏感，过于惕惧，乃至表现得有点歇斯底里……

在中国，大概没有什么人比毛泽东更清楚，只要把亿万农民在某一个有利于他们的口号下调动起来，就足以办成任何一件惊天动地的大事。从来自视为农民的最高利益代表者的毛泽东，最为警怵的事情，可能就是有人也口口声声以农民利益的代表者自居，哪怕这只是一个朦胧的影子般的幻觉，也足以让他的神经勃然陡立如黑暗中的刀锋……

最为著名的，便是一九五三年他在中央人民政府扩大会议上训斥为农民鸣冤的梁漱溟是“笔杆子杀人”；一九五九年他在庐山会议上称为农民叫苦的彭德怀是“王八蛋”。

或是刘少奇在政治悬崖边悄然退却，或是对毛提速进入社会主义的决策，他也渐渐口服心服：早点见到社会主义有什么不好呢，难道一定要搞上二三十年新民主主义，非等到第一代的共产党人，都鸡皮鹤发、齿动牙摇，或者魂归马克思那里，再去搞社会主义吗？

一个可资参考的例证是——

“公社”这两个字，诞生在一列南行的列车上。按照刘少奇的回忆，“公社”一词是“吹”出来的。“有我，恩来、定一、邓力群”，他说道：“我们四个人吹半工半读，吹教育如何普及，另外就吹公社，吹乌托邦，吹过渡到共产主义。”刘少奇对公社的热情，看来一点也不亚于毛泽东，以至于火车一到郑州车站，他便要吴芝圃回去实验。

据后来薄一波的考证，这一次火车上的海阔天空，是中国共产党内第一次设想用“公社”来取代合作社，时为一九五八年四月底。当时，这一列火车恰恰是开往广州去与毛泽东会合，可以想象，这几个人将把这个激动人心的设想向毛泽东转达……

（凌志军《历史不再徘徊——人民公社在中国的兴起和失败》）

一个颇值得后人玩味的词：吹

播下龙种，收获跳蚤

那些看到了毛主席的画像，眼前便浮现出一朵朵金色祥云的农民呢？那些一提起毛泽东的名字，黧黑、粗糙的脸膛上，犹如火把投向了幽暗的山洞，一下呼啦啦地亮堂起来的农民呢？

那些农民可能死在了河南。

至今没有见到吴芝圃的传记，比起时下书店、地摊上，那些用麻袋装也装不完的传记，这倒的确是一位值得作传、倘若现今没有人作传将来必定会有人大传特传的人物。

吴芝圃敢斗。身为河南省长的他，在“反右”运动中，斗倒了省委第一书记潘复生，自己取而代之，成为当时毛泽东召集的各种会议上的常客。

吴芝圃更敢斗基层干部与普通农民。一九五八年，河南的粮食产量只有两百八十一亿斤，他咬定为七百零二亿斤，由此，导致了全省范围的高征购。次年，借着庐山会议上毛泽东对彭德怀的触天之怒，他再度搞高征购，“反瞒产”，哪个基层干部完不成征购任务，就是“小彭德怀”，就会像土改时期斗地主那样被斗得落花流水；而哪个农民胆敢不交足粮食，便会被捆起来，吊打追逼，关押拘留，拆毁房屋。

在成立了全国第一个人民公社——嵖岈山人民公社的信阳地区，全区打人成风，手段千奇百怪，骇人听闻。仅从一九五九年十一月至一九六〇年七月，为追逼粮食，经专政机关逮捕的，就有一千七百七十四人，其中三十六人死在狱中；短期拘留的，也有一万零七百二十人，死在拘留所的达六百六十七人。在后来河南省委向中央的检讨中，也称这个时期的信阳，为“一时间，形成了一种恐怖世界，黑暗世界。”

吴芝圃敢唱。虽然什么“三面红旗”光芒万丈，亿万人民意气风发……成了当时官场的主旋律，但是在省一级领导人里，还是他唱得最为五音辉煌，声震屋瓦，即使不是在怀仁堂，面对着毛主席的一片如林高腔如锦花腔里，而是坐在异常务实的陈云同志面前。

1958 年，中国第一个人民公社成立。

时任中共中央副主席、国务院副总理的后者，一九六〇年十月间，来河南调查了一个星期。像是一位老师，教一个冥顽的学生算术，他一一扳着手指头说道：河南有多少耕地，能够生产多少粮食，有多少农村人口？按最低限度农村人口要吃多少粮食？种子需要多少？饲料需要多少？全省吃商品粮的人口有多少……几笔账算下来，陈云的结论是，我不希望河南调出粮食，你们农村能够征购的粮食，养活不了城市人口。吴芝圃仍坚持唱道：河南粮食产量比去年翻了一番还要多，不但不需要国家调入粮食，还可以调出粮食……

然而，就是陈云在河南的那几天，在北京，中共中央组织部、中央监察委员会的四名干部，将一份关于河南信阳地区大量饿死人和干部严重违法乱纪等问题的调查材料，送交了中央。

材料里披露，在信阳地区，正阳县原报去冬今春死一万八千多人，现初步揭发已达八万多人；新蔡县原报去冬今春死三万来人，现在增加到近十万人。遂平县嵖岈山人民公社，过去只报死六百余人，现在揭发死人近四千人，占总人口的百分之十，在有的队竟达到了百分之三十。各种惨绝人寰的暴行，不仅农村严重，而且城市、工厂、机关、学校、商店、医院都很严重。不论淮南、淮北，广大群众在经济上都遭受到了极大的摧残，生活异常困难，真正是十室九空，家贫如洗……

吴芝圃却绝对忠诚于党，忠诚于毛主席。他盼望毛主席常来河南走走，在郑州思考中国革命与世界革命的大事。一九五八年底，毛泽东两次在郑州主持召开中央工作会议。吴芝圃还盼望党中央能在郑州开一次中共全国代表大会，他已经从硬件上作了精心准备，在郑州北郊的黄河岸边，靠着高征购、高积累聚敛起来的资金，兴建了一片豪华的园林型的别墅群。别墅群内，除了按当时中央委员和中央候补委员的人数，以每人一个套间盖的一幢大楼外，还按当时党的七位领袖，每人有一幢别墅，从总书记到党中央副主席、主席，面积与舒适性逐级递增，以主席的别墅最为宽大考究……岂料落成后随之信阳事发，吴芝圃下台，尚未开张就打入了冷宫，而且像忌讳什么，此后，中央再也没有来过郑州开会。（参见肖冬连等著《求索中国——文革前十年史》红旗出版社）

那些农民可能死在了山东。

能想到"忆苦饭"成了"打牙祭"吗?

不过是红薯秧子掐去叶，切段洗净，撒上几粒黄豆，几只干辣椒，再加上一把盐，在生产队煮牛食的大锅里煮出来的糊状物。不会有什么口感，更谈不上什么蛋白质、维生素，不过就是混个囫囵的肚皮圆。在不遭灾逢难的年月，从上世纪五十年代末，一直到八十年代初，这种被称之为"渣稃"的东西，就是人们的家常饭；而到了"困难时期"，它就成了"打牙祭"了，除了成分不好的不敢来，全村的男女老少，一手持木筷，一手持海碗，宛如两件什么新式微型武器，其黑压压涌过来的阵势，颇像是当年协助我解放军打孟良崮。

一位有过这惊心动魄经历的记者，日后回忆道：

平时见面，总是按辈分"叔叔""大爷"相称、彬彬有礼的村民们，这时候六亲不认，真跟饿急了的牲口一样！年迈的老人被挤倒，妇女和孩子被挤得哇哇乱叫。村干部在旁边也真像吆喝牲口一样吆喝他们："抢什么？抢什么？跟猪拱食似的，成何体统？都排起队，慢慢盛！"但照例没有人听他这一套，锅前仍然乱成一团。过一会儿，每人盛出了冒尖的一大碗渣稃，各自蹲在地上，碗几乎扣在脸上，不换气地往肚里吞。烫着嘴，卡着喉咙，都不管不顾，仿佛有人拿鞭子抽着，催他们："快吃！快吃！"

哪个如果吃得特别快的话，还能再抢到第二大碗，第二碗是细嚼慢咽下肚的。一开始人们的争闹，就是为了这第二碗。中午抢到两海碗"忆苦饭"的人，晚上回家就不吃饭了，集体忆苦一顿，省下家里两顿……

今天的山东兵，站起来像棵松，坐下来像堵墙，精血丰茂，有大器之仪。无论是给首长挑保镖，还是天安门广场的国旗护卫队要征兵，山东肯定是视线中的热点之一。

要知道"文革"时期招来的山东兵么？前几年，一位"文革"中是连长、现今可能已是将军，见了早年吃过渣稃的那位记者的瘦瘦身条，一听对方是齐鲁口音，他旋即笑了："我想起了我连队带过的山东农村兵。他们一个个就好像前世是饿死鬼托生的，头一回吃部队的大锅米饭，疯抢！一个人肚子里，能填上五大碗！吃完了饭，你看看吧，什么事也不能干了，都七仰八叉躺在铺上反刍呢！至少得过个三天五日，你才能教会他们吃饭排队……"

"忆苦思甜"常常成了"忆甜思苦"。

当农民能吃上两海碗渣稃也成了最大的奢望时，他们就没有什么可担心失去的了；当政府对农民十几年眼花缭乱的诸多承诺，都化为了残花败柳，最终，连吃上一口饱饭的最低要求也无法承诺时，政府就拿不出什么办法，在他们的嘴巴上贴上胶布。

至今，山东，还流传不少当年“忆苦思甜”的经典段子。

有一则是，领导领着一位老贫农上了台，先介绍道：“他今天要给大家讲一讲，旧社会在地主家扛活时，他遭过什么罪，怎样吃的猪狗食，出着牛马力……”对着台下的几千听众，老贫农当即更正：“您快别瞎说，在地主家咱出力归出力，吃的可是比现在强，特别是到了割麦子这样的忙季，出去打短工，地主他要是不白面馒头管饱，俺们不会给他干！”台下一片哗然。领导急于要把他带下台去，他还一副悻悻然的样子：“你说咱在旧社会吃的是猪狗食，可现在这渣稃，连猪狗食都不如……”

一九六〇年，山东全省，因饥饿直接或间接致死的，约六十万人，其人口死亡率，为建国以来的最高峰值，达到百分之二点三六，比二十世纪五十年代初期高出了一倍。有人估计，整个大饥荒时期，山东饿死的人不下百万，他们几乎百分之百的都是农民……（见刘汉鼎《再闯关东》，刊于《中国作家》）

而在全国，民间最新的研究表明，这一时期饿死三千六百万人，是整个抗日战争死亡人数的两倍。仅在素为天府之国的四川，就饿死一千万人以上。（《廖伯康　我的大跃进》，刊于见《南方人物周刊》）

那些在蓬蓬勃勃的生产高潮中，连二流子、懒汉与和尚也改弦易辙、不甘人后的日子呢？

那些系着红领巾的农家孩子，在宛若游龙的送公粮的队伍边奔跑、雀跃，分享大人们丰收喜悦的日子呢？

那些好日子，成了一间储满沉重记忆的暗室里的点点碎金散玉，它们粲然而又温馨，却又是如此稀罕，少得要将它们拣起来，串成一条项链，或打造一枚钻戒，以烘托历史某一段成熟而又动人的曲线，都

人民公社的新社员集体进食

不太可能，只能让它们保留在记忆里。与此相反，沉重，倒是可以争先恐后涌出暗室的，但是在很长一个时期里，人们都给沉重戴上更沉重的脚镣，决不让它们出来。即使偶尔给它们放放风，也倍加小心。于是，直至新世纪的这些年，在举国大饥荒年代前后出生的且受过良好教育的某些精英们，却矢口否认这场大饥荒……

东方有一句谚语：播下的是龙种，收获的却可能是跳蚤。

换成西方一位哲人的话来说，便是"伟大的事物，可能是危险的事物。"（柏拉图《理想国》）

农民并没有站起来

土地改革，毁灭了乡绅阶级在乡村社会中的传统作用。农业集体化又尤其是人民公社，缔造出一支庞大的干部队伍，以填补乡绅消亡之后出现的空白。两者间，有不同的是——

乡绅是自掏腰包吃饭的，干部则是要吃大锅饭的，一般来说，还得吃上最香最软的一层；

乡绅里，多数人还是属于民间社会，少数人是告老还乡的前官员，可能身上有些半官方色彩，但总起来说，他们都注重代表本土本村的利益。干部中分两层，乡、社干部，是当然的国家在编干部，大队、生产队干部，身份上仍是农民，却拥有全部的行政管理职能。两者都奉国家的政令和原则为圭臬，负责将各级政府的生产计划和关于农村的各项经济指标，分解、落实到基层；

乡绅的传统作用，大抵是通过宗族与血缘联系，还有教化活动来实现的，它介于管与不管、实管与虚管之间。干部们仰仗着国家赋予的权力，事无巨细，悉揽无遗，诸如生产计划、分配原则、粮税征收、劳务派遣，以后又有自留地、宅基地、生儿育女，乃至邻里纠纷、分家析产、每户人家可以养几只鸡、种几棵树……大约除不能做出男女来，上帝要管的事，他们都要管，他们是准上帝。

乡绅们人数有限，乡绅之所以也称乡望，得在家族内、地方上享有一定的声望，还得有一定的经济实力与家学渊源。干部们是无须这些条件的，国家一般不是根据素质来决定其是否任用，而是因维持一个面对亿万农民的庞大的管束机制的需要，而将其逐级派发的。只有到了二十世纪八十年代，社会学者有条件作出了大量的田野调查后，人们才能从数字上把握这一庞大：

按当时人民公社的体制，每个公社约有干部三十人以上，生产大队为十人左右，生产队为五人左右。于是，在全国五十二万七千八百八十一个人民公社、六十九万个生产大队和四百八十一万个生产队当中，大大小小的干部，达到了六千万以上，占到了农村全部人口的百分之七。

数量上约与当时河南或山东等一个人口大省不相上下的农村干部们，坚决地守卫住了人民公社集体经济的"上甘岭"，让大寨红旗高高地飘扬在社会主义的"虎头山”上。而且，以一方方温情脉脉的面纱，诸如“爱社如家”、“社员之家”、“民兵之家”、“青年之家” ……麻醉了家庭功能几乎被冲击成一颗光光的鹅卵石的农民，也掩饰着在国家与农民之间日愈紧张得令人不安的气氛……

与此同时，在长达二十几年的时间里，他们从农民身上，或者说是嘴边，拿走了多少东西呢？这当然是一个天文数字，也肯定是一个永远打捞不出来的数字。

但有两件个案。一件在一个叫陈集的公社，在该公社解体前，全公社两万七千一百六十九人，不分男女老幼，每人须上交自己收入的百分之十点八三，作为公社内一千七百六十六名各级干部的补助，其中，一个大队七十六名干部获得的补助，达到了农民总收入的百分之十九点一。这个纪录还不是最高的，甘肃省的渭源县刷新为，一九七七年该县粮食的总产量中，有百分之三十为干部们“提留”走了，计一千九百五十三万五千九百十三公斤。此外，尚有八十四万八千零六十九公斤，在账目上列入“其他”一项，实则被干部们吃喝掉了。

这些个案，虽然不一定能够代表全部。但却能够证明，大约占总人口百分之七的公社官员，实际占有着大约百分之十至百分之三十的收入。如此少劳多得、甚至不劳而获成为常例，也就诱使愈来愈多的人进入可获“补助”的行列。直到一个中等规模的公社里面，拥有干部身份的人，可以多达两千多人，已超过旧时乡村保长保丁数量的十几倍甚至几十倍。所以，在人民公社社员中间，会流传着一句尖刻的话：“过去几个村养一个保长，现在一个村养一堆保长。”但是，这仍然不是农民所要供养的全部，另有民兵干部、妇女干部、共青团干部、会计、计划生育员、小学教师、赤脚医生、兽医、广播员、护路员、护林员、代销员、电工、农机员、供销员等等。这样，乡下劳动力中需由农户“补贴”的人就占到十之三、四。（凌志军《历史不再徘徊——人民公社在中国的兴起与失败》人民出版社）

倘若说农民养活了地主，地主却也付出了生产资料——土地，有时还有畜力、工具；那么，这主要靠农民“补贴”养活的

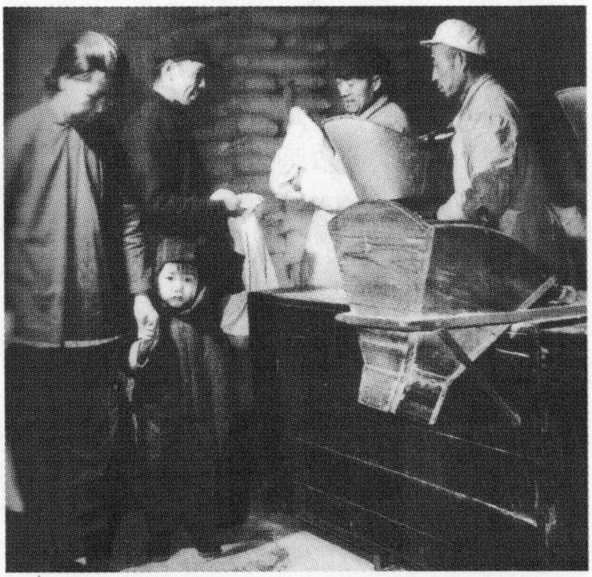

1959 年，天津城市居民凭票买米。

衮衮干部们，他们也不是两手空空，啥也没有付出。在上级面前，他们可能付出的有：赤胆忠心，八面圆通，胁肩谄笑……

在农民面前，他们可能付出的有：铁嘴钢牙，软硬兼施，恩威并重，乃至无毒不丈夫。在上级与农民之间，一些人如果还讲点传统伦理道德与宗亲关系，就像钻进了风箱的老鼠——两头受气，他们显然不可能将“革命”进行到底。当上层结构对下面农民的提取日益苛刻，随之对他们的压力也日益加重时，他们中的不少人，便会呈现出一种“痞子化”的倾向。

地主、富农作为“剥削阶级”被打倒了，背负着巨大的“剪刀差”与种种“补贴”、摊派的农民，却没有从土地上站起来——

一九七八年，全国八亿农民每人年平均收入仅有七十六元，其中，两亿农民的年平均收入低于五十元。当时农民年平均口粮不到三百斤毛粮。收入最低的地方，为山西省平鲁县，每人每天平均六分钱，可以买三盒火柴。

这一年，离兰州不过四十公里的榆中县上庄公社，生产队的人均口粮才四十至一百斤。全公社七千多人，有四千多人没有棉衣裤，或者，棉衣裤不过是一堆扯烂了的破棉絮。此地位于海拔两千多米的高寒阴湿地区，天空难得地放晴了，草堆、田埂上，满是孩子们的一片小屁股……

直到这年冬天，曾经驻过八路军总部的五台山的黎民百姓，吃的还是一种外表黑乎乎、由十分之七八的野菜、草类与一点点粮食揉制的团子。由五台山向东延伸，是河北省的武安县，这里的许多农民，靠出卖鲜血为生，在一个叫刘庄的公社里，六千多个社员中，常年卖血的有一千六百多人。

这一年，在南方，北京来的官员们在珠江三角洲搞调查，这里本该是中国经济的触处生花之地，一个劳作了一辈子、行将就木的老农，却拿不出一个好碗、一件不露肉的衣裤。

官员们问他：解放后对什么事情最不满意？

老人说：三十年了，人民公社一是不让我们吃饱饭，二是不让我们讲真话。

又问他什么时候日子最好过，他的回答是陈济棠时代。此人是上世纪三十年代因拥兵自重而当上的国民党广东省主席。官员们没有料到，快过去半个世纪了，当年的一个军阀，居然还在农民眼里德厚流芳……

最后，在国务院召开的高层会议上拿出来的数据，是令人震惊的：至一九七八年，全中国有三分之一的地区，农民的生活水平不如二十世纪五十年代，有三分之一地区的农民，生活水平甚至不如三十年代。

这使得忧心如焚、已在安徽实行“包产到户”的万里，在会上不至于孤掌难鸣，被沦为“资产阶级自由化”。李富春也说：“‘文化大革命’给了我们很深的教训，为什么那么多的民众把矛头对准我们的干部？因为共产党欠账太多了……”（引自凌

志军《历史不再徘徊——人民公社在中国的兴起与失败》)

二十世纪,地主、富农,终于走完了自己的不归之路。

无论是当上了地主、富农的,还是梦想着要当地主、富农的,都没有能够赶上好时候。北京人民艺术剧院有一出曾名噪京都的话剧《狗儿爷涅槃》,主人公狗儿爷,克勤克俭,终成了地主,其结局却是在发家梦想终化为了泡沫的一片凄凉中死去……

倘若说,这大约象征着地主、富农的悲剧;

那么,农民,中国的亿万农民,二十几年里,始终匍匐在土地上,颠踬在艰窘间,佝偻在卑微里,趔趄在悲凉中,他们的悲剧又是什么呢?

没有了资本家,没有了地主、富农,铲除了从头到脚、据说身上每一个细胞都在流出污浊血液的私有制,对脑海里瞬间而过的私有观念,也冰河铁马,大动干戈。所有的权力,所有的要害部门,几乎所有的重要岗位,都统统抓在了革命阶级及其阶级子弟手里。一次次运动、斗争,九蒸九晒,恨不能将每个人都嚼成药渣子,再吐出来。比夏草还要多的报纸、电台,比长城还要长的政工队伍,以语言的飓风,热情的暴雨,改造的鞭子,几乎没有间歇地叩击千家万户的窗棂,造访芸芸众生的灵魂……

中国,却依然落后、贫困,这造成落后、贫困的根源,究竟是什么呢?

于是,在举国欢腾、被称之为"第二次解放"的两年之后,一场"革命"来临了。

对许多中国人来说,这场对自身命运有转折意义的"革命",并不是发生在一九四九年,而是发生在一九七八年。

补白

庐山会议上的顶牛

据《党史博采》介绍,在一九五九年的庐山会议上,毛泽东发动对彭德怀的批判,在一次会议上毛泽东说:彭德怀几十年以来和我是三七开。就是说七分不合作,三分合作。这个话说得是很不客观的,而且说得太重,彭德怀不能接受。他回答说,五五开行不行?毛泽东说,不行,就是三七开。这时候就顶上牛了,互不相让,不可开交,几乎是对骂起来,彭德怀说:"在延安你操了我四十天的娘,现在我操你二十天的娘还不行吗?"毛泽东说:"(延安时)华北座谈会操了四十天娘,补足二十天,这次也四十天!满足操娘要求,操够……"朱老总听不下去了,想调节一下,刚没说两句,毛泽东把穿着老头布鞋的脚抬到桌上来了,敲着鞋帮子说:"朱老总,你在隔靴搔痒啊。"这一下让朱老总也不敢吭声了。

“三个和尚没水吃”的生存困境

◎王得后

紫砂雕塑 三个和尚

当我写完鲁迅笔下的“中国人”，其实是指汉族人；鲁迅锲而不舍批判的中国人的“国民性”，其实是指汉族的民族性(文见2012年第四期《书城》)之后，忽然想到，“一个和尚挑水吃。两个和尚抬水吃。三个和尚没水吃”，是一个极好的寓言，生动表现出汉族的民族性及其生存困境。例如，鲁迅指出：“中国国民性的堕落，我觉得并不是因为顾家，他们也未尝为‘家’设想。最大的病根，是眼光不远，加以‘卑怯’与‘贪婪’，但这是历久养成的，一时不容易去掉。我对于攻打这些病根的工作，倘有可为，现在还不想放手，但即使有效，也恐很迟，我自己看不见了。”

用“和尚”说法，我不知道原创者是有意，还是无意；是寺庙多在山间，容易简化问题，还是别有所指？究其根本并不在是不是和尚，而是平常的人，包括在家的人。也许是我思虑过头：和尚是有信仰的人，信仰的又是修炼自己而又“普度众生”的宗教，教理就是“以慈悲为怀，悲天悯人，关切众生；以博爱为怀，与人为善，宽宏大度；以超脱为怀，面对现世，脱离苦难。”(见《启功口述历史》中语)为什么竟至于没有水喝呢？

“三个和尚”，单独一个人，或在深山老林的庙宇，或者漂洋过海，都能刻苦耐劳，谋生过活，甚至发达致富。两个人也还可以像《易经》所说：“二人同心，其利断金”，抬水吃。一到三个人，三人为众，“三个和尚”不也就是一个“家”吗？“家家有本难念的经”，生存也就为难，没水吃了。

“三个和尚没水吃”，是懒惰吗？不！当只有一个人乃至两个人的时候，并不缺水吃。那么，为什么呢？往小里说，是贪图占点小便宜；往大处出，就脱不开“贪婪”了。大概确是民族性的一种吧？据说，有的民族，被迫漂流世界各地，彼此是帮衬互助的。或许，这倒是个例。而“三个和尚没水吃”倒简直就是一种人性？启功老师发挥老子的哲言写的一首古诗，就说：

老子说大患，患在吾有身。

斯言哀且痛，五千奚再论。

佛陀徒止欲，孔孟枉教仁。

荀卿主性恶，坦率岂无因。

佛不是中国的土产，先秦诸子时代，族群还没有成其为民族，该是一种人性的思考吧？至于是否“性恶”，说来话长，姑且不论。

于是乎，问题就来了。怎么办呢？这个观察深刻的寓言没有下文。我开始胡思乱想。

人是生物，是进化的产物，已经是老生常谈，不刊的事实。尽管还有几个生物学家的质疑。先秦诸子，智慧超群。庄子真是一个天才，他居然说：“种有几，得水则为㡭，得水土之际则为蛙蠙之衣，生于陵屯则为陵舄，陵舄得郁栖则为乌足，乌足之根为蛴螬，其叶为胡蝶。胡蝶胥也化而为虫，生于灶下，其状若脱，其名为鸲掇。鸲掇千日为鸟，其名为乾馀骨。乾馀骨之沫为斯弥，斯弥为食醯。颐辂生乎食醯，黄軦生乎九猷，瞀芮生乎腐蠸。羊奚比乎不箰，久竹生青宁，青宁生程，程生马，马生人，人又反入于机。万物皆出于机，皆入于机。”我读不懂这段论述，看全文的逻辑及文末的“程生马，马生人”，似乎猜测到了“人是进化的产物”吧。自然，庄子没有提出任何证据，猜测而已。我也毫无训诂的考证，望文生义而已，不足为训。

然而，人的生命是个体的。生存却是群体性的，是社会性的。而求生是生物的第一大本能，第一大欲望。“一个和尚挑水吃”，求生使然。“三个和尚没水吃”，只能暂时的冷战；盖谁也不愿坐以待毙，也未必甘愿同归于尽。当行将渴死垂死挣扎的时候，求生的内在动因必将推动问题的解决。“三个和尚”谁将按耐不住？谁将拍案而起？第一推动力在哪里？在佛吗？这是人类原始思想的课题了吧？

又是先秦诸子。韩非子距智人的产生以百万年计，但他天才的想像出——或许也是“述而不作”？——：“上古之世，人民少而禽兽众，人民不胜禽兽虫蛇，有圣人作，构木为巢，以避群害，而民悦之，使王天下，号之曰有巢氏。民食果蓏蚌蛤，腥臊恶臭而伤害腹胃，民多疾病，有圣人作，钻燧取火以化腥臊，而民说之，使王天下，号之曰燧人氏”云云。“圣人”是至高无上的称号。“有巢氏”“燧人氏”显然是“行业”的代名。正是“智者千虑必有一失”，韩非子没有想到先于筑巢的，理当是第一谋生手段的狩猎、采摘；同理，他们的高手也该是某某氏，“而民说之，使王天下”吧？

我不知道专家是怎样研究人类原始思想的，研究的结果怎样。我从鲁迅常常用动物做参照来观察人，研究人——如《男人的进化》的结论，反讽道："至于男人会用'最科学的'学说，使得女人虽无礼教，也能心甘情愿地从一而终，而且深信性欲是'兽欲'，不应当作为恋爱的基本条件；因此发明'科学的贞操'——那当然是文明进化的顶点了。呜呼，人——男人——之所以异于禽兽者！"得到启发，看动物世界，凡群居的如狮子、猴子、猩猩、狒狒之类，都是强者为王。自然而然形成弱肉强食的"森林法则"。老子有言："知人者智。自知者明。胜人者有力。自胜者强。""胜人者有力"，也就是有力者胜人。当"三个和尚"行将渴死，而求生的第一天性决不会令人坐以待毙的关头，必将有"有力者"奋起，自己去挑水；或强迫别人去挑水、抬水的。不需要圣人，生命力就是人类进化的最根本的"圣人"。鲁迅看猴子，说："猴子的社会是最专制的，猴王说一声走，猴子都走了。在原始时代酋长的命令是不能反对的，无怀疑的，在那时酋长带领着群众并吞衰小的部落；于是部落渐渐的大了，团体也大了。""三个和尚"之所以没有渴死，没有同归于尽，没有灭绝，其原盖在有一个强者，强者为王！他可以役使别的和尚。为什么那两个和尚斗不过一个和尚呢？这似乎又涉及民族性了。这就是"卑怯"，如鲁迅所申说："勇者愤怒，抽刃向更强者；怯者愤怒，却抽刃向更弱者。不可救药的民族中，一定有许多英雄，专向孩子们瞪眼。这些孱头们！孩子们在瞪眼中长大了，又向别的孩子们瞪眼，并且想：他们一生都过在愤怒中。因为愤怒只是如此，所以他们要愤怒一生——而且还要愤怒二世，三世，四世，以至末世。"这是鲁迅最痛恨的"奴性"。而"冰冻三尺非一日之寒"，鲁迅认为："自有历史以来，中国人是一向被同族和异族屠戮，奴隶，敲掠，刑辱，压迫下来的，非人类所能忍受的楚毒，也都身受过，每一考查，真教人觉得不像活在人间。"虽是和尚，一旦造反胜出，当起皇帝来，也是照样"屠戮，奴隶，敲掠，刑辱，压迫"百姓的。真是奇巧无比，明朝的开国皇帝朱元璋，不就是和尚出身么？人类发展到今天，号称二十一世纪了，依旧是"胜人者有力"，依旧是权贵当道，依旧是权贵的世界。所不同的，一着重用暴力，一着重用金钱而已矣，自然，也可以两者兼用，并外加"愚民"。

尽管猴子的世界就是这样，尽管这样的世界绵延了几千年乃至数以万计的岁月，但到孟子，已经不以为然了。他说："以力假仁者霸，霸必有大国；以德行仁者王，王不待大。汤以七十里，文王以百里。以力服人者，非心服也，力不赡也；以德服人者，中心悦而诚服也，如七十子之服孔子也。《诗》云：'自西自东，自南自北，无思不服。'此之谓也。"。尽管孟子反对霸道，霸道依然盛行，并绵绵不绝，人性中遗传的动物性如此，生产即人类谋生的手段低下如此，人道尚未觉醒到强有力的程度也如此。孟子又提出"民为贵，社稷次之，君为轻"的思想，直至面对齐宣王的质疑，毫不含糊，毫不中庸地对答："齐宣王问曰：'汤放桀，武王伐纣，有诸？’孟子对曰：‘於传有之。’曰：‘臣弑其君，可乎？’曰：‘贼仁者谓之“贼”，贼义者谓之“残”。残贼之人，谓之‘一夫’。闻诛一夫纣矣，未闻弑君也。”反“以力服人”的思想，反残贼民人的暴君的思想，何等彻底，态度何等坚决。本来，“篡位夺权”，“弑君”云云，都只是专制者的语言，专制者的政治伦理。在“民为贵，社稷次之，君为轻”的政治伦理的视野下，就完全颠倒过来了。更不用说在近代民主思想及其初级成功实践的世界了。鲁迅评论孟子说：“孟子生于周季，所以以谈霸道为羞，倘使生于今日，则跟着人类的智识范围的展开，怕要羞谈王道的罢。”更何况人类进入十九世纪，已经显现“人道的光明”，“向人道前进”。又更何况鲁迅逝去近八十年了，人类已经进入了二十一世纪了。

不过，“三个和尚”因为个个想占便宜，不愿别人占便宜，或进而要求平等，公平而不得，而一时没有水喝；因为像猴子、酋长那样“胜者为王”，施行专制而暂时有了水喝，但平等呀，公平呀，依旧不见，人道的理想还是觉悟者焦唇敝舌苦口婆心的纸上谈兵，怎么办的问题，还是没有解决。连日来我百思不得其解。于是，自己问自己：

抽签吗？谁来主持？能取得共识吗？如果谁的手气不好，总是或多数时候是某一和尚抽到挑水的签，不是也不公平吗？认命吗？

颇能显示个人智慧、技能的石头，剪刀，布？谁来保证公平？没人耍滑？谁来保证执行？执行不是也难吗？

1936 年，鲁迅逝世前半月摄于上海大陆新邨寓所。

选举吗？怎样避免纵横捭阖，合纵连横，拉帮结派？怎样消除恶质竞选，流氓政治？是选举出一个不用挑水的头头吗？那他不是坐享其成吗？还是选举一个专门挑水的和尚？“多数”役使“少数”？

协商吗？谁与谁协商？谁说了算数？背对背呢，还是面对面？平等吗？公平吗？

回到“三个和尚没水吃”的起点，或者回到“胜者为王”役使奴隶挑水或抬水的悲惨世界，我想到我熟悉的鲁迅。

是的，我又想到了鲁迅。有人看到这一点很愤怒。有人觉得很厌恶。有人不以为然。有人敬而远之。有人不屑。然而，我相信鲁迅思想是非常有益的参考。我不乞讨您的“宽容”。我不和你争辩，子曰：“不可与言而与之言，失言。”我为什么要搭理这样的“才子”！我只“自说自话”。

第一，鲁迅的立场值得效法。鲁迅是一个觉醒的知识者，是大众的一员。他说：“由历史所指示，凡有改革，最初，总是觉悟的智识者的任务。但这些智识者，却必须有研究，能思索，有决断，而且有毅力。他也用权，却不是骗人，他利导，却并非迎合。他不看轻自己，以为是大家的戏子，也不看轻别人，当作自己的喽罗。他只是大众中的一个人，我想，这才可以做大众的事业。”既然是大众的一员，三个人中一个，就不会高高在上，也不会袖手旁观，因为鲁迅的思想是：“我们自己想活，也希望别人都活；不忍说他人的灭绝，又怕他们自己走到灭绝的路上，把我们带累了也灭绝，所以在此着急。倘使不改现状，反能兴旺，能得真实自由的幸福生活，那就是做野蛮也很好。——但可有人敢答应说‘是’么？”这样就一定有改革，改变“三个和尚没水吃”的困境，寻求改革的办法。

那么，鲁迅的觉醒是怎样的呢？是“人”的觉醒。是“个人”的觉醒；由“个人”而导致“众数”的觉醒。鲁迅二十七岁时写道：一个社会，一个民族，一个国家，“根柢在人”。“个人一语，入中国未三四年，号称识时之士，多引以为大诟，苟被其谥，与民贼同。意者未遑深知明察，而迷误为害人利己之义也欤？夷考其实，至不然矣”；“盖惟声发自心，朕归于我，而人始自有己；人各有己，而群之大觉近矣”。这样的觉醒，“人”是独立自主的人，拒绝当奴隶的人；自己也不当主子的人。他赞同并企求“人人都是人类的相待”；“自他两利”是鲁迅看待并处理人我关系的根本价值观及根本价值取向。

鲁迅坦言，他不能做领导：“希望我做一点什么事的人，也颇有几个了，但我自己知道，是不行的。凡做领导的人，一须勇猛，而我看事情太仔细，一仔细，即多疑虑，不易勇往直前，二须不惜用牺牲，而我最不愿使别人做牺牲（这其实还是革命以前的种种事情的刺激的结果），也就不能有大局面。所以，其结果，终于不外乎用空论来发牢骚，印一通书籍杂志。”鲁迅不是政治家，不能做政治家，也不选择从政，他的“不忍之心”使他回避了做政治家的残忍性。而根本的缺欠也随之而至，他只能写文章，办刊物，印书籍；“不能有大局面”。酷爱追究“人不是完人”的学者，“鲁迅也有局限”的教授，我看，这可是鲁迅一大局限。凡读书人，舞文弄墨的人，您我都是这样的吧？——除了去充当“幕府”！

鲁迅太珍惜生命了。他这样斩钉截铁地向青年演讲：“自己活着的人没有劝别人去死的权利，假使你自己以为死是好的，那末请你自己先去死吧，诸君中恐有钱人不多罢。那么，我们穷人唯一的资本就是生命。以生命来投资，为社会做一点事，总得多赚一点利才好；以生命来做利息小的牺牲，是不值得的。所以我从来不叫人去牺牲，但也不要再爬进象牙之塔和知识阶级里去了，我以为是最稳当的一条路。至于有一班从外国留学回来，自称知识阶级，以为中国没有他们就要灭亡的，却不在我所论之内，像这样的知识阶级，我还不知道是些什么东西?！”其实，“不惜用牺牲”才是“人”的领导。老子说;“天地不仁以万物为刍狗。圣人不仁以百姓为刍狗”,“贵以身为天下,若可寄天下。爱以身为天下,若可托天下”,斯之谓也。那些肆无忌惮“使别人做牺牲”的,两千年前,老子已经叱之为“以百姓为刍狗”的“不仁”的“圣人”了。何况鲁迅!

鲁迅更不想做皇帝。有谁不想做皇帝呢？连阿Q都梦寐以求,“同去,同去”啊。可鲁迅不想。他说:“我从前也很想做皇帝,后来在北京去看到宫殿的房子都是一个刻板的格式,觉得无聊极了。所以我皇帝也不想做了。做人的趣味在和许多朋友有趣的谈天,热烈的讨论。做了皇帝,口出一声，臣民都下跪，只有不绝声的Yes,Yes,那有什么趣味？但是还有人做皇帝,因为他和外界隔绝,不知外面还有世界！”连皇帝都不想做，自然更不愿意做主子,让别人做奴才。所以,鲁迅是可以做朋友的一个人,可以放心和他谈天的人,用不着相信什么“知无不言,言无不尽,言者无罪,闻者足戒”的专制者的格言;也用不着心有余悸，寝食不安地想着什么“五不怕”。有“文网”么？鲁迅告诉学生:“‘关起门来长吁短叹’,自然是太气闷了,现在我想先对于思想习惯加以明白的攻击,先前我只攻击旧党,现在我还要攻击青年。但政府似乎已在张起压制言论的网来,那么,又须准备钻网的法子——这是各国鼓吹改革的人们照例要遇到的。我现在还在寻有反抗和攻击的笔的人们，再多几个，就来‘试他一试’,但那效果,仍然还在不可知之数,恐怕也不过聊以自慰而已。”自然,鲁迅也不是绝对拒绝做出“牺牲”,乃至牺牲生命的人。当短兵相接的时候,他是庭上而出,“以眼还眼,以牙还牙”的人;他是主张:“为社会计,牺牲生命当然并非终极目的,凡牺牲者,皆系为人所杀,或万一幸存,于社会或有恶影响,故宁愿弃其生命耳。”

鲁迅也不做什么“鸟导师”。他写了一篇《导师》:

> 青年又何须寻那挂着金字招牌的导师呢？不如寻朋友,联合起来,同向着似乎可以生存的方向走。你们所多的是生力,遇见深林,可以辟成平地的,遇见旷野,可以栽种树木的,遇见沙漠,可以开掘井泉的。问什么荆棘塞途的老路,寻什么乌烟瘴气的鸟导师!

这样，鲁迅的的确确是“大众的一员”。他绝不为权势者设计治民众的办法;鲁迅毕生力挺奴隶自己站起来,树立自己的个性,发出自己的心声,以求大众的觉醒。这种觉醒,就是“尊个性而张精神”;就是自己不“吃人”,也不让人吃;就是清除“官魂”和“匪魂”,发扬“民魂”,就是“要改良这人生”;大家“合理的做人,幸福的生活”。

第二,鲁迅为青年人设计的生活大可借鉴。

鲁迅曾经提出:“我们目下的当务之

急，是：一要生存，二要温饱，三要发展。苟有阻碍这前途者，无论是古是今，是人是鬼，是《三坟》《五典》，百宋千元，天球河图，金人玉佛，祖传丸散，秘制膏丹，全都踏倒他。保古家大概总读过古书，'林回弃千金之璧，负赤子而趋'，该不能说是禽兽行为罢。那么，弃赤子而抱千金之璧的是什么？"这个质问平实，一针见血，而无可反驳。古代有"千金之璧"，也就是承认并充分肯定传统中正确的部分，然而，和人的生存，温饱及发展比较起来，难道不是只能占据第二的位置吗？人是根柢，人第一，这需要讨论，论证吗？"蝼蚁尚且贪生"，难道不是生物的根本特质吗？自然，清高的人，文雅的人，对此常常嗤之以鼻；不过，当他自己遇到生死问题，"杀身成仁"，"舍生取义"，慷慨赴死的，毕竟是极少数，而且这是特殊情境中的选择；有如鲁迅所说"万一幸存，于社会或有恶影响，故宁愿弃其生命耳。"而这种"弃其生命"，不但不与"蝼蚁贪生"水火不容，却正是为了大多数人得以生存。这样的人，如鲁迅，从不歧视，更不蔑视"奴隶"的求生欲望及其选择。鲁迅痛恨，批评的是"奴才"。鲁迅是一个"明理"而其"知人心"的人。他指出："如果只有自己，那是都可以的：今日之我与昨日之我战也好，今日这么说明日那么说也好。但最好是在自己的脑里想，在自己的宅子里说；或者和情人谈谈也不妨，横竖她总能以'阿呀'表示其佩服，而没有第三者与闻其事。只是，假使不自珍惜，陆续发表出来，以'领袖''正人君子'自居，而称这些为'思想'或'公论'之类，却难免有多少老实人遭殃。自然，凡有神妙的变迁，原是反足以见学者文人们进步之神速的；况且文坛上本来就'只许州官放火不准百姓点灯'，既不幸而为庸人，则给天才做一点牺牲，也正是应尽的义务。谁叫你不能研究或创作的呢？亦惟有活该吃苦而已矣！然而，这是天才，或者是天才的奴才的崇论宏议。从庸人一方面看起来，却不免觉得此说虽合乎理而反乎情；因为'蝼蚁尚且贪生'，也还是古之明训。所以虽然是庸人，总还想活几天，乐一点。"

鲁迅发表上述观点之后一个月，有青年希望鲁迅发表对于青年的希望。鲁迅回答说："倘使我有这力量，我自然极愿意有所贡献于河南的青年。但不幸我竟力不从心，因为我自己也正站在歧路上——或者，说得较有希望些：站在十字路口。站在歧路上是几乎难于举足，站在十字路口，是可走的道路很多。我自己，是什么也不怕的，生命是我自己的东西，所以我不妨大步走去，向着我自以为可以走去的路；即使前面是深渊，荆棘，狭谷，火坑，都由我自己负责。然而向青年说话可就难了，如果盲人瞎马，引入危途，我就该得谋杀许多人命的罪孽。所以，我终于还不想劝青年一同走我所走的路；我们的年龄，境遇，都不相同，思想的归宿大概总不能一致的罢。但倘若一定要问我青年应当向怎样的目标，那么，我只可以说出我为别人设计的话，就是：一要生存，二要温饱，三要发展。有敢来阻碍这三事者，无论是谁，我们都反抗他，扑灭他！可是还得附加几句话以免误解，就是：我之所谓生存，并不是苟活；所谓温饱，并不是奢侈；所谓发展，也不是放纵。”人们常常以为：鲁迅希望别人，特别是青年，像他那样生活法。事实并不如此。自然，鲁迅无疑是一个精神界的战士，鲁迅的笔就是铁，有如解剖刀，他自己就说他的文字是“尖刻”的。他坦诚“我自己也知道，在中国，我的笔要算较为尖刻的，说话有时也不留情面。但我又知道人们怎样地用了公理正义的美名，正人君子的徽号，温良敦厚的假脸，流言公论的武器，吞吐曲折的文字，行私利己，使无刀无笔的弱者不得喘息。倘使我没有这笔，也就是被欺侮到赴诉无门的一个；我觉悟了，所以要常用，尤其是用于使麒麟皮下露出马脚。万一那些虚伪者居然觉得一点痛苦，有些省悟，知道伎俩也有穷时，少装些假面目，则用了陈源教授的话来说，就是一个‘教训’。只要谁露出真价值来，即使只值半文，我决不敢轻薄半句。”但是，他编辑刊物，为青年审阅稿件，何尝以自己做标尺？用今天的话来说，所刊登的文章，多元而又多样，并不一律。他为青年选编作品，审校作品，也是这样的。他自己的文章，当有青年朋友觉得不行，就放弃，如《做古文和做好人的秘诀》，如建议修改，也能接受，如《死》中的“遗嘱”，而究其实，当我比较原文，还是觉得鲁迅的原稿精辟，精彩。自然，这一切，和他所取的方向是一致的，或大抵相近的。

正是在这篇回答青年求教的《北京通信》中，鲁迅罕见地明确表示自己“为别人设计的话”。鲁迅对一个月前的提出的“当务之急”作了极其重要的补充。正是这一补充，显示了鲁迅思想的光辉。一方面肯定人的生物性生存的根本需求，肯定这种“人之常情”，同时提出把生物性生存升华到“人”的生存，升华到超越动物性的高度的生存水平。这就是：鲁迅希望“奴隶”乃至“奴才”要生存不要苟活，苟活是甘心情愿做奴隶了。要温饱不要奢侈，奢侈既是浪费，是暴殄天物，破坏自然的自我戕害。要发展不要放纵，放纵是纵欲，是损害自我，是对发展的反动。鲁迅就揭露过“纵欲成仙”是汉人的“奇想”，其实却是自戕的深渊。这样，人们的生活才在生物性的基础上，得到提升，升华为“真的人”的生活。做一个“真的人”，“完全的人”，“致人性于全”的“人”。

这是鲁迅的理想。虽不能至，心向往之。鲁迅没有为“三个和尚”设计自救救人的具体道路和方法，但我想，如果“和尚”们逐步有这样的觉醒，还会发愁没有水吃吗？

2013年3月10日星期日

真实是历史学的生命

◎陈铁健

近年多次到高校、图书馆或书店参加学术讲座，每次答问中，青年听众对反右派斗争、刮共产风造成大饥荒、“文化大革命”等，多问“真有饿死人、斗死人、打死人”那些事吗？侯且岸教授说，他在党校给青年官员讲“文革”史，面对学员的质疑，他要用幻灯打出当年的照片，才能释疑。由此想到，抢救“文革”等重大历史事件当事人口述史，收集散落民间的历史照片和实物，已成当代史研究的当务之急。

历史学是人文社会科学的基石，是人们赖以认识今天、预测明天的鉴借。真实，是历史学的生命。历史著作应当是言之有据秉笔直书的信史，而不是隐恶扬善、丑人之美、美己之丑的伪史秽史。往昔一切政治、经济、军事、社会、文化、国家、政党、团体、个人的活动历程，都是历史学的研究对象，概莫能外。历史学既要研究胜利者的成功史，也要研究失败者的没落史。就算是胜利者，也有种种失误的败笔乃至全局性灾难性的大败笔。历史学的功能不只是颂扬功绩以鼓舞众生，也应该揭示败绩总结经验教训；在历史舞台上，既应有英雄故事，也应有悲惨场面，这才是历史唯物主义。只许歌功颂德，不容揭示弊端，那是不合格的宣传家制作的不合格宣传品，与真正的唯物主义历史学根本不是一码事。讳言真实，阉割生命，再高妙的史观也难以称之“唯物”。

几年前，历史学界刮起一股“虚无”风。倡言者云，揭示太平天国头领专制、昏聩、腐败、糜烂；义和团怪力乱神、笼统排外；上世纪中期多重过失引发巨大灾祸等，就是“抹黑”、“虚无”了他们的伟大和光辉，就是“虚无主义”，就该如何如何。极端论者竟公然“建议有关部门加快涉及意识形态工作的立法”，“运用法律手段”对被其认定是“篡改历史”、“赞美”帝国主义和“滥用言论自由权利”的学者，予以惩治。以言治罪，在一个宪法至上，依法治国，以人为本，追求和谐的社会主义中国，真可谓天方夜谭，痴人说梦了。

倡言者主持的当代史刊物，究竟怎样反“虚无”呢？举一个例。

二〇一一年十一月，中华人民共和国国史学会重庆年会，一位学会顾问在大讲

"重庆模式"如何创新了中国特色社会主义、发展了马克思主义之后,话锋一转,把众多学者对一九五九至一九六一年大饥荒死人多少的学术研究,一概视为"别有目的""凭空捏造""十足的谎言"。顾问举证说,一九四九至一九九五年四十六年间,因缺粮致死的中国人只有一百零三万(顾问发言刊于《当代中国史研究》2011年第6期,题为《在第十一届国史学术年会上的致词》,署名张全景)。三年大饥荒死亡人数,已有一千万,一千五百万,两千一百万,三千五百万乃至四千多万之说,多言之有据,并非凭空捏造。不论是哪一个数字,都压得有良知的人透不过气来,怎么就是"十足的谎言"呢?一九六四年冬,近代史所同仁被赶到甘肃河西走廊参加"四清"运动。我和蔡美彪、耿云志所在的张掖乌江公社贾家寨大队,土地肥沃,水源充沛,竟在三年人祸中饿死不少人,有的全家死绝。自古以来号称"金张掖"的张掖专区,官方认定共饿死四十万人。轰动全国的河南"信阳事件",经官方查证也有一百零五万人饿死。在某顾问讲话之前出版的《中国共产党历史》第二卷,明白无误写着:一九六〇年中国非正常死亡人口达一千万。所谓非正常死亡,概念模糊。在当年无战乱、无瘟疫的情势下,只能解释为因缺粮或有粮不赈而造成的绝育少生不生,营养不良致病,阻止逃荒自救,非法拘押用刑等等酿成的祸患。如果按照某顾问的思路书写当代史,其结果如何当不言自明。

还有一个影响近代、当代史研究的理念,姑称之为"良心"论。

清朝康熙年间,监察御史陆陇其尊奉程朱理学,指斥阳明心学误国。此论被国史学会会长陈奎元引伸,认定明朝之亡不亡于专制腐败党祸内斗,不亡于农民暴动清军入关,而亡于"学术之坏",用以证明史学研究足以亡国亡党或兴国兴党。怎么办呢?一曰"秉公持平",二曰"重良心"。前者明白无误,没人不赞成,问题是后者否定了前者。对谁讲良心?论者说,对于党国"缔造者",后人"要以他们的辉煌功业作为研究的起点","要以敬仰的态度研究前人","要懂得饮水思源","要经常思索他们对我们的教诲和期望"。学其"思想",仰其"风范",颂其业绩,而对其执政时酿成的全局性大灾难,论者竟轻飘飘地说那不过是"探索"中的"一些失误,导致一些曲折"罢了。连中共中央《关于建国以来党的若干历史问题的决议》所作的正确论断都一字不提了。

"缔造者"历来教诲:要实事求是,要知无不言,言无不尽,言者无罪,闻者足戒;要坚持动机与效果的统一论;要学海瑞,不怕抓辫子、打棍子、扣帽子,不怕丢官坐牢杀头,等等。言犹在耳,怎么就忘得一干二净?"重良心"云云,是对摧残人民、党员乃至高层领导人(刘少奇、彭德怀、贺龙等)的那位"缔造者"讲良心,还是对众多被伤害者讲良心?如果摆不正甚至颠倒黑白,良心就变成了偏心。以偏心写史,会是真实公正的历史吗?

当代大多数中国人,以自己的痛苦经

历见证过那一场罔顾国法党纪，旨在清除异己，毁灭文化，窒息思维，摧残人性的“文革”浩劫。当年，除开发动者和他指挥的造反者，中国没有一块私人生活空间得到尊重和保护。在几人帮教唆下的造反者，强令别人的一切言行都处于他们威慑之下，活在他们敌意目光之中。多少人在抄家、揪斗和武斗中饱受折磨死于非命。即使是造反者，也在被几人帮驱使利用中屡遭迫害，沦为“反革命”。难道仅仅用“探索”、“失误”、“曲折”之辞，就可以敷衍成当代中国史吗？

一九九二年六月，邓小平在上海谈话中，严厉地质问：“那些马列主义理论权威、经济学权威、坚定的马克思主义者、毛泽东思想捍卫者，你们到底读了多少马列的书，研究了多少马克思主义理论？为什么不走出圈子看一看整个国家、整个世界发生了什么变化？为什么不回顾一下建国以来党犯了哪些极严重的错误？”我不相信，主管学术部门的“良心”论者不晓得邓小平这些语意明白情感痛切的话语。而对蒙冤受难的五十多万右派分子、三百多万右倾机会主义分子，不少于两千万饿死者、数以亿计被“文革”冲击者、两千万“文革”死难者以及他们的亲人，“良心”论者的良心何在？

社会文化史家刘志琴说，当代史的可信度，已经降到历史的最低点。学者张然著文说，只有不到一半的人认为社会上大多数人可信，二至三成信任陌生人。二〇一三年一月十三日，央视《新闻周刊》播放中国社会科学院一份调查报告：中国社会公信度，已从二〇一一年的百分之六十一，降至二〇一二年的百分之五十九。面对这一评估，难道不值得研史者深思并引为警示吗？中国人以巨大的牺牲为代价，痛定思痛总结教训，才换得今天经济改革的丰硕成果。中国改革的道路还很漫长，为避免重蹈覆辙，中国人不应也不会因为今天的成就而忘记对历史的沉重思考和理性批判。为还原历史的真实，赋于历史学以发展生机，这种思考与批判，应当长久存在。

补白

让广大读者公平裁判

针对戏剧审查制度，吴祖光提出了一个直接的现实对策，即：“一个民主的国家，所贵就在言论、学术、思想的自由。操之于少数人之手的审查，还不如交给广大的读者与观众予以公平的裁判。好的必然被传诵推广，坏的必然遭受到唾骂与淘汰，而唯有通得过广大读者观众的作品，才是经得起考验的好作品，这将远较被少数人传观否决公平合理得多。这其间的得失是很明显的。”

儒教·儒教社会主义·儒教大宗师……

◎王培元

儒家思想或曰儒学，是我们中国人所一向颇为自诩的。太古久的且不必提了吧。到了清末，虎狼环伺，天地玄黄，几乎要亡国，而康圣人仍在“孔教”、“孔教”、“国教”、“国教”地格外起劲。后来鲁迅诘问得好，欧战我们参战的时候，“可曾用《论语》感化过德国兵，用《易经》咒翻了潜水艇呢？”(《华盖集·十四年的“读经”》)

而如今，又有第N代新儒家，来来回回奔走于大洋两岸，弘讲所谓“真正的儒家传统”。前些年，“儒教社会主义”之新说，又骤然之间冒了出来，以其尖新别异，颇耸动了人们的听闻。这“儒教社会主义”，与此前曾嚣嚷过一阵子的“儒教资本主义”，岂不算是一副挺有趣的好对子？

儒教，儒教，一笑，一笑。这倒不禁令人联想起元好问拜请元世祖为“儒教大宗师”等若干史实来。

作为北魏拓跋氏后裔、金元之际文坛宗匠，元好问曾于元宪宗二年(1252)，以年过花甲之高龄，不辞劬劳，与张德辉一起迢迢北觐，恭请正在寻访“中国人才”的忽必烈为“汉儿”的“儒教大宗师”。时元世祖忽必烈尚在潜邸，这个并不知儒教为何物的“蒙古小酋长”(鲁迅语)，当即“悦而受之”。

在一九三四年五月二十七日写下的《儒术》一文中，鲁迅以为元好问此举，“不免有些滑稽”。“而且也未免有些可怜”，幺书仪在《元代文人心态》一书里，又这样补充说。自然也很可悲，我以为。

可怜可悲之事尚不止此哩。鲁迅说过，元好问生平有一宗“疑案”，即为金叛将崔立树碑颂德事。开兴元年(1232)三月，蒙古大军兵围汴京。天兴元年(1232)十二月，金哀宗弃城突围东狩。次年元月，安平都尉、西面元帅崔立起兵叛变，投降蒙军，杀留守京城二丞相习你阿不和奴申，太后被迫拜其为左丞相、都元帅、寿国公；崔立又挟太后召卫绍王之子梁王监国，“令在京士庶皆割发为北朝民”。他又自立为太师、尚书令、郑王，“封诸内库藏，将以奉北兵，亦往往取归其第”；又搜选民间寡妇、处女以奉北兵，搜刮民间金银财宝占为己有；“又聚皇族皆入宫，俄遣诣青城，皆为北兵所杀，如荆王、梁王辈皆预焉，独太后、皇后、诸妃嫔宫人北徙”。紧接着，蒙古军入城，大肆劫掠。

元好问本为金朝左司都事，系七品小官，当时也被迫接受了崔立所封“伪职”——左右司员外郎，正六品，比原职升了一级。接着，就发生了为崔立"立碑颂功德"之事。由于此事关乎个人一生的名节，在金朝旧臣间，"遂发生了极大的惶恐"(鲁迅语)。

接下去的故事，有如黑泽明的电影《罗生门》，对这同一个事件，不同人的记述，并不完全相同。时为太学生的刘祁，在其后来所撰的《归潜志》中，记载甚详：

崔立既变，以南京降，自负其有救一城生灵功，谓左右司员外郎元裕之曰："汝等何时立一石，书吾反状邪？"时立国柄入手，生杀在一言，省庭日流血，上下震悚，诸在位者畏之，于是乎有立碑颂功德议。

数日，忽一省卒诣予家，赍尚书礼房小帖子云："首领官召赴礼房。"予初愕然，自以布衣不预事，不知何谓，即往至省。门外遇麻信之，予因语之。信之曰："昨日见左司郎中张信之言，郑王碑事欲属我辈作，岂其然邪？"即同入省礼房。省掾曹益甫引见首领官张信之、元裕之二人曰："今郑王以一身救百万生灵，其功德诚可嘉。今在京官吏、父老欲为立碑纪其事，众议属之二君，且已白郑王矣，二君其无让。"予即辞曰："祁辈布衣无职，此非所当为。况有翰林诸公王丈从之及裕之辈在，祁等不敢。"裕之曰："此事出于众心，且吾曹生自王得之，为之何辞？君等无让。"予即曰："吾当见王丈论之。"裕之曰："王论亦如此矣。"予即趋出，至学士院，见王丈，时修撰张子忠、应奉张元美亦在焉。予因语其事，且曰："此实诸公职，某辈何与焉？"王曰："此事议久矣，盖以院中人为之，若尚书檄学士院作，非出于在京官吏、父老心，若自布衣中为之，乃众欲也。且子未仕，在布衣，今士民属子，子为之亦不伤于义也。"余于是阴悟诸公自以仕金显达，欲避其名以嫁诸布衣。又念平生为文，今而遇此患难，以是知扬子云《剧秦美新》，其亦出于不得已邪？因逊让而别。

连延数日，又被督促。知不能辞，即略为草定，付裕之。一二日后，一省卒来召云："诸宰执召君。"余不得已，赴省。途中，遇元裕之骑马索予，因劫以行，且拉麻信之俱往。初不言碑事，止云省中召王学士诸公会饮，余亦阴揣其然。既入，即引诣左参政幕中，见参政刘公谦甫举杯属吾二人曰："大王碑事，众议烦公等，公等成之甚善。"余与信之俱逊让曰："不敢。"已而，谦甫出，见王丈在焉，相与酬酢。酒数行，日将入矣，余二人告归。裕之曰："省门已锁，今夕既饮，当留宿省中。"余辈无如之何，已而烛至，饮余，裕之倡曰："作郑王碑文，今夕可毕手也。"余曰："有诸公在，诸公为之。"王丈谓余曰："此事郑王已知众人请太学中名士作，子如坚拒，使王知诸生辈不肯作，是不许其以城降也，则衔之以刻骨，缙绅俱受祸矣。是子以一人累众也。且子有老祖母、祖母在堂，今一触其锋，祸及亲族，何以为智，子熟思之。"予惟以非职辞。久之，且曰："予既为草定，不当诸公意，请改命他人。"诸公不许，促迫甚。予知其事无可奈何，则曰："吾素不知馆阁体，今夕诸公共议之，如诸公避其名，但书某名在诸公后。"于是裕之引纸落笔草其事。

王丈又曰："此文姑使裕之作以为君作又何妨？且君集中不载亦可也。"予曰："裕之作政宜，某复何言？"碑文既成，以示王丈及余。信之欲相商评，王丈为定字数。其铭词则王丈、裕之、信之及存予旧数言。其碑序全裕之笔也。然其文止实叙事，亦无褒称立言。时夜几四鼓，裕之趣曹益甫书之，裕之即于烛前焚其稿。迟明，予辈趍去。

后数日，立坐朝堂，诸宰执首领官共献其文以为寿，遂召余、信之等俱诣立第受官。余辈深惧见立。俄而，诸首领官赉告身三通以出，付余辈曰："特赐进士出身。"因为余辈贺。后闻求巨石不得，省门左旧有宋徽宗时《甘露碑》，有司取而磨之，工书人张君庸者求书。刻方毕，北兵入城纵剽，余辈狼狈而出，不知其竟能立否也？

官方正史《金史·王若虚传》则记云：

天兴元年，哀宗走归德。明年春，崔立变。群小附和，请为立建功德碑。翟奕以尚书省命，召若虚为文。时奕辈恃势作威，人或少忤，则谗抅立见屠灭。若虚自分必死，私谓左右司员外郎元好问曰："今召我作碑，不从则死。作之则名节扫地，不若死之为愈。虽然，我姑以理谕之。"乃谓奕辈曰："丞相功德碑当指何事而言？"奕辈怒曰："丞相以京城降，活生灵百万，非功德乎？"曰："学士代王言，功德碑谓之代王言可乎？且丞相既以城降，则朝官皆出其门，自古岂有门下人为主帅颂功德而可信乎后世哉？"奕辈不能夺，乃召太学生刘祁、麻革辈赴省，好问、张信之喻以立碑事，曰："众议属二君，且已白郑王矣！二君其无让。"祁等固辞而别。数日，促迫不已，祁即为草定，以付好问。好问意未惬，乃自为之，既成，以示若虚，乃共删定数字，然止直叙其事而已。后兵入城，不果立也。

元好问像

由前引可见，关于此事缘起，刘祁与《金史》所记略有不同。在《归潜志》中，崔立"自负其有救一城生灵功"，对元好问说："汝等何时立一石，书吾反状邪？"这自然是试探，也是威胁，又是暗示。崔立叛金投元，当然大亏于"名节"；然而，他却"既当婊子，又要立牌坊"。而面对崔立"生杀在一言，省庭日流血"的淫威，"上下震悚，诸在位者畏之，于是乎有立碑颂德之议"。于此亦可知，元好问完全听出了崔立话里的弦外之音，因而他也就成了"立碑颂德"的一个始作俑者。

而在《金史·王若虚传》里，找金朝翰林直学士王若虚为崔立作碑文的人，是翟奕。而王若虚很清楚"作之则名节扫地"，也因此曾对元好问表示欲以死拒之。然而，他马上就想出了自己以翰林直学士的身份写碑不合适的两大因由，而且居然以此摆脱。既然人五人六、人精人英的翰林学士爱惜名声，不肯作碑文，因深恐字刻在碑上，传诸后世，遗臭万年；翟奕等人只好退而求其次，转而去找太学生刘祁、麻革，由这两个晦气的倒霉蛋来捉刀，代替省中大人来做名节的献祭牺牲。

于是乎，王若虚、元好问等衮衮诸公，为陷两个年轻的小人物于不义，便又以“不伤于义”等各种冠冕堂皇的理由，反反复复对其进行说服，百般哄劝，千番开导，又是利诱，又是要挟，又是威吓，胡萝卜加大棒，什么手段都用上了。什么“今在京官吏、父老欲为立碑纪其事，众议属之二君”啦，什么“此事出于众心，且吾曹生自王得之，为之何辞”啦，什么“子如坚拒，使王知诸生辈不肯作……则衔之以刻骨，缙绅俱受祸矣……且子有老祖母、祖母在堂，今一触其锋，祸及亲族”啦，什么“此文姑使裕之作以为君作又何妨？且君集中不载亦可也”啦，如此种种，堪称中国士大夫“怎样敷衍，偷生，献媚，弄权，自私，然而能够假借大义，窃取美名”（鲁迅语）的一幕绝妙的历史活剧！

明明卑怯而又巧滑，却偏要把自己打扮成岸然道貌的正人君子，无往而不合于圣道、合于礼义廉耻。自古以来的中国士大夫，正是这么一流聪明人、巧人、伶俐人！

刘祁当即悟出：“诸公自以仕金显达，欲避其名以嫁诸布衣。”还说：“诸公本畏立祸，不敢不成其言。已而又欲避其名以卖布衣之士。”面对黑暗残暴，仕金诸公既无力抗争，又不敢置一词，张信之和元好问不是还对刘祁说“今郑王以一身救百万生灵，其功德诚可嘉”吗？对此，幺书仪尖锐地评论道：在大难临头之际，“委曲求全，并将己所不欲，施之于人，将灾祸嫁于更弱小者的行为”，“也许是中国文人品质中最坏的一面”。

幺书仪还认为，虽然王若虚深知为崔立作碑定将名节扫地，但却不敢表示反对，只好找出两个理由来作遁词，而又自以为以大智慧挽救了自己的名声。而实际上，在与翟奕等人交涉的时候，他已经等于认同了为崔立写功德碑的必要，并承认自己为崔立的“门下人”。写碑文颂德，与承认是崔立的“门下人”，其丧失“名节”的程度，在实质上并无太大区别。所不同的是，碑文要刻于石上，传之后代，其失节的证据将凿凿无可否认。“出于避重就轻的考虑，王若虚坚决不肯越过这一界线。”我以为由此还可以看到，中国士大夫自欺欺人，亦即“瞒和骗”的老病，是何等深重啊！

在这一事件中，大文豪元好问的所作所为，实在谈不上有多么干净光彩，甚至于可以说是很卑劣。他一见到刘祁、麻革，就给此事戴上了一顶“众议”的高帽，还抬出郑王向他二人施压，说“众议属之二君，且已白郑王矣，二君其无让”。几天后，他又竟将刘、麻“劫”至省中，居然还把门锁上，逼迫刘、麻“今夕”非“毕手”不可。清人凌廷堪所辑《元遗山先生年谱》评说道：“夫当时立碑撰文，不过畏崔立之祸，非必取文辞之工，有京叔属草，已足塞立之请，何取更为之也？”然而，元好问却“意未惬，乃自为之”，究竟是文豪本色！他亲自操刀也就罢了，大丈夫敢作敢当，然而却催促别人赶快抄下来，随即又于烛前烧掉自己所写底稿，生怕留下证据，玷污毁损了自己的美名。卑劣而又处心积虑地掩饰其卑劣，才是更加可恶的。这种种做法都是不免有些出人意料的。

那么，对于这桩生平中的大事，在他自己笔下又是如何记载的呢？元好问所撰《内翰王公墓表》记云：

> 崔立劫杀宰相，送款行营。群小献谄，请为立建功德碑，以都堂之命召公为文。喋血之际，翟奕辈恃势作威，颐指如意，人或少忤，则横遭谗抅，立见屠灭。公自分必死，私谓好问言：“今召我作碑，不从则死。作之则名节扫地，贻笑将来，不若死之为愈也。虽然，我姑以理谕之。”乃谓奕辈言：“丞相功德碑当指何事为言？”奕辈怒曰：“丞相以京城降，城中人百万皆有生路，非功德乎？”公又言：“学士代王言，功德碑谓之代王言可乎？且丞相既以城降，则朝官皆出丞相之门，自古岂有门下人为主帅颂功德，而后人所信者？”问答之次，辞情闲暇。奕辈不能夺，竟胁太学生，托以京城父老意而为之。公之执义不回者盖如此。

在这段文字里，元好问赞许了王若虚（即“公”）“执义不回”的操守，但却回避了王若虚那些和自己一样并不光彩的行为，太学生也隐去了姓名，事情经过十分简略，某些关键处含糊其词，有所藏掖掩盖，而他自己则好像完全置身于事外，似乎与此全无一点瓜葛，作恶者只有崔立和翟奕之辈。诚如幺书仪所说，“如果没有其他记载，这件事或许就不了了之了。”历史上的很多事情，恐怕大都不过如此而已吧。

难道真像鲁迅说的，“中国人是健忘的，无论怎样言行不符，名实不副，前后矛盾，撒诳造谣，蝇营狗苟，都不要紧，经过若干时候，自然被忘得干干净净；只要留下一点卫道模样的文字，将来仍不失为‘正人君子’”（《华盖集·十四年的“读经”》）吗？

然而，这到底是“一生大玷”（鲁迅语）吧，即使做得如何巧妙，又岂能推卸得一干二净呢？刘祁在《归潜志》中已极力为自己辩解洗刷，明确交待此事谋主系王若虚（即“王丈”）、元好问（即“裕之”），并申明自己完全是“为人之所劫”，因怕落下“大不孝”之罪名，所以未能“以死拒之”。尽管

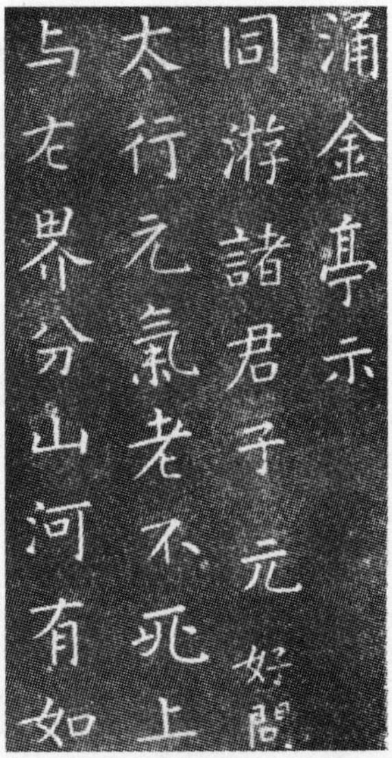

元好问墨迹

如此，尽管“其文皆众笔，非余全文，彼欲嫁名于余”，但他还是觉得“余安得而辞也”，“因书其首尾之详，以志少年之过”。

后来刘祁未忘记自己的“少年之过”，难道元好问就能彻底忘掉他这“一生大玷”吗？

天兴二年(1233)五月初，元好问在蒙古兵羁押下北渡黄河，被编管于聊城(今属山东)，饱受饥寒交迫之困苦。两年后，他由聊城移居冠氏(今山东冠县)。过了四年，才举家回到故乡山西忻州。尽管他于天兴二年还曾致函元太宗窝阔台的宰相耶律楚材，向其推荐一干“可以立言，可以立节”的“民之秀有用于世者”，积极为新朝安邦定国出谋划策；尽管他曾专程觐见尚未登基的忽必烈，并请其为“儒教大宗师”；但金朝灭亡后他并未仕元。返乡后，他又度过了十八年的遗民生活，最后卒于获鹿(今属河北)寓所。

比起《归潜志》所记的为崔立颂德的发起者之一，以及就烛焚稿以维护自己的道德形象的元好问来，亲历了天崩地坼的亡国劫难和“坐守寒灰”的楚囚苦痛之后，步入“笑对槐花问前事”、“镜中白发为谁新”的晚年，对于改朝换代之际，由于自己的懦弱而造成节操亏缺的失足之“大玷”，他始终耿耿于怀、无法释然。他的《外家别业上梁文》有云：

……爰自上书宰相，所谓试微躯于万仞不测之渊；至于喋血京师，亦常保百族于群盗垂涎之口。皇天后土，实闻存赵之谋；枯木死灰，无复哭秦之泪。初，一军构乱，群小归功。劫太学之名流，文郑人之逆节。命由威制，佞岂愿为？就磨甘露御书之碑，细刻锦溪书叟之笔。蜀家降款，俱存李昊之世修；赵王禅文，何预陆机之手迹？伊谁受赏，于我嫁名？悼同声同气之间，有无罪无辜之谤。耿孤怀之自信，听众口之合攻。果吮痈舐痔之自甘，虽窜海投山其何恨？惟彼证龟而作鳖，始于养虺以成蛇。追韩之骑甫还，射弈之弓随彀，以流言之自止，知神圣之可凭。复齿平民，仅延残喘……

虽然“词微而隐”(翁方纲《元遗山先生年谱》)，但作者所曲折含蓄地表露出来的愧疚痛悔之情，人们还是可以感受得到的。对于自己“谋事恨太锐，临断恨太迟，持论恨太高，徇俗恨太卑”(元好问《送钦叔内翰寄刘达卿郎中白文举编修五首》)的弱点，元好问也没有回避。他无法原谅自己。

鲁迅在《十四年的“读经”》中还说：“我看不见读经之徒的良心怎样，但我觉得他们大抵是聪明人，而这聪明，就是从读经和古文得来的。”熟读经书和古文的元好问，曾经聪明取巧、苟且偷生于一时，但他到底还算是一个老实人。也许正因为此吧，幺书仪以为他是一个“真正的儒生”。否则，他就不会在晚年被良心的不得安宁所苦苦折磨，在“遗恨”和“愁苦”中走完了一生。

元好问的精神痛苦和创伤，他的憾恨和自责的复杂心态，幺书仪《元代文人心态》一书论析颇中肯，兹不再赘录。

2013年2月2日于首善之区之蜗牛庐

“小职员”、“小阁楼”与“骨鲠在喉”

——历史的吊诡与见鬼：以当事人关于《伤痕》发表前后的回忆为例(之二)

◎虞非子

卢新华从钟锡知的《平地一声春雷》[①]（以下简称“《春雷》”）中截取一则有关《伤痕》的“佳话”，添油加醋、津津乐道，却又坚称《伤痕》原稿被取走后有两三个月“泥牛入海无消息”[②]，对《春雷》中有关他与钟锡知在此期间交往的回忆视而不见，这实在令人生疑。

鉴于钟锡知已于二〇〇六年底不幸去世，而卢新华近年来无论撰文、接受采访，抑或演讲，都一再强调“《伤痕》是全中国人用自己的血、泪写成的，而他，不过有幸成为记录者”[③]，“《伤痕》是时代写的，只是由我代笔而已”[④]，因此，卢新华显然有义务和责任对《春雷》中钟锡知所谓“卢新华同学的情况”，作出直接的回应或澄清，以给“全中国人”一个交代，给曾经的时代、而今的历史一个交代。当然，这也是给卢新华自己一个交代。

卢新华的“家庭成分”与未婚妻的“小阁楼”

一、卢新华的家庭成分究竟是“响当当的‘红五类’”，还是“中农”抑或“小职员”

《伤痕》批判了“唯成分论”。

小说中，主人公王晓华的男友苏小林“愤愤地自言自语”过这样一句话：“毛主席说过，要有成分论，而又不要唯成分论，重在政治表现，可我们这儿倒好，老子英雄儿好汉，老子反动儿浑蛋。”

《伤痕》发表不久，卢新华又在其《谈谈我的习作〈伤痕〉》[⑤]（以下简称“《习作》”）中就此展开说：

> 为什么要提出“唯成分论”这个问题？因为就我在社会上的所见所闻，被它埋没和压抑的青年和人才确是太多了。“四人帮”为了篡党夺权的反革命需要，在大肆收罗各种地痞、流氓、打砸抢分子、坏分子的同时，却以极“左”的面目出现，破坏毛主席制订的“有成分论，不唯成分论，重在政治表现”的政策，大肆推行“唯成分论”这种东西，由此，给国家毁灭了多少人才啊！因此，在我们今天向四个现代化进军的过程中，为了早出人才，快出人才，又怎能不批判“唯成分论”这种东西呢？

可见，在那“以阶级斗争为纲”的“抓纲治国”的年代，对“唯成分论”的批判，并不意味着对“有成分论”的否定。也因此，当时的个人履历表还设有“家庭成分”一栏，卢新华那一届高考生也都经历了严格的“政审”。甚至，现在看起来似乎有些不可思议的是，当年连发表稿件，刊发单位对作者也还是有政治条件方面的要求的。

由于《伤痕》这一题材在当时的确非常敏感，因此，钟锡知读罢小说原稿，初次与卢新华见面便婉转地提出了如下问题——

我问他，作品中的王晓华是不是你自己？他说不是，他的家庭是小职员，他没有王晓华的经历，这个题材是从“文革”中很多家庭的遭遇中概括出来的，他身边不少熟人有过类似的经历。[6]

据此可知，卢新华的家庭成分是“小职员”。

但卢新华的《“伤痕文学”的到来》[7]（以下简称“《到来》”）开篇却是：

用“文革”语言说，我是响当当的“红五类”。我父亲当年是军队干部，“根正苗红”的我能写出《伤痕》，似乎有些不合情理。

如此说来，卢新华的家庭成分应该是“革命军人”，属于“响当当的‘红五类’”。这与卢新华此前接受媒体采访时的说法相吻合：

我好奇地追问卢新华，是否有过“黑五类”王晓华类似的经历？他笑着摇头，声称自己是响当当的“红五类”，父亲是最正统的共产党员，他本人入学前，工、农、兵全干过。[8]

应该说，《伤痕》给了我很多机会。大学毕业时我二十四岁，因为出生在红五类家庭，又是共产党员、退伍军人，我还是上海青年联合会常委、“文革”后第一批进入中国作家协会会员、文代会会员，我就业有多种选择，可以去上海市委当官……[9]

但也是在《到来》中，卢新华很快又否定了自己是“响当当的‘红五类’”这一说法。开篇仅隔了几段文字，卢新华又说：

我父亲虽是军队干部，但家庭成分是“中农”，当年在学校里填红卫兵申请表的“成分”栏时，我也忍不住要遮遮掩掩，生怕不够光彩。

支撑这一说法的是卢新华二〇〇八年在广西师大的演讲：

卢新华介绍说，是众多的因缘促成了“伤痕文学”代表作《伤痕》的诞生。首先，当时社会中的“成分论”对年少的卢新华的心灵产生了影响，人们当时普遍存在着一种越是贫下中农才越革命的想法，于是卢新华认为自己是中农出身，不够革命……[10]

如此说来，卢新华的家庭成分应该是“中农”。而“中农”显然不属于“响当当的‘红五类’”。

至此，我们唯一可以确知的是，卢新华不属于“黑五类”。

有意味的是，在《伤痕》发表前后那个还是“有成分论”的年代，卢新华既没有说自己是“响当当的‘红五类’”，也没有说自己的家庭成分是“中农”，更未承认过自己也留有“仍不住要遮遮掩掩”的“伤痕”，只在钟锡知的回忆中留下了“小职员”一说。

在《习作》中，卢新华颇费笔墨地强调《伤痕》是对“他人”的“艺术再现”，并在回答读者来信中“不少同志都把我看作是王晓华或苏小林，并认为如果我没有亲历这方面的遭遇是不会写出这样的作品” 时，特别强调《伤痕》的写作“实际上是我通过我的形象思维调动了我生活中接触过和认识过的一切人物，力求艺术地再现并概括他们”。这里的“他们”，显然不包括现在看来也有“伤痕”的卢新华自己。

倘若卢新华是响当当的“红五类”，那他当时为何不响当当地说出来，以简洁、有力地证明自己是“不合情理”地、艺术地创造了《伤痕》？卢新华如此强调《伤痕》是对“他人”的“艺术再现”，莫非是出身“中农”或“小职员”的他又一次“忍不住要遮遮掩掩，生怕不够光彩”？

倘若卢新华是响当当的“红五类”，誓言“会冲破阻力发表”《伤痕》的钟锡知，为何要将其降格为“小职员”，无谓地减少发表《伤痕》的“砝码”？鉴于卢新华有过“忍不住要遮遮掩掩”的经历，且至今仍一会儿说自己是 “响当当的‘红五类’”，一会儿又说自己是带有“伤痕”的“中农”，因此我们有理由认为，“小职员”一说很可能是卢新华面对钟锡知时所作的又一次“遮遮掩掩”……

其实，时过境迁，卢新华已大可不必“生怕不够光彩”，大可以坦然说出“忍不住要遮遮掩掩”的思想轨迹（这恰好证明当年批判“唯成分论”的不彻底性，以及破除“两个凡是”的重要性和紧迫性），道出自己真正的“家庭成分”——一个批判“唯成分论”的小说作者，连自己的“家庭成分”都“说不清楚”，这实在是很“滑稽”的。

卢新华的“家庭成分”，是《伤痕》研究必然要追问的一个问题；即便卢新华现在不作回答，将来也还会有人去追问、去查证的，只要《伤痕》在新闻史、文学史上还有一席之地。

二、《伤痕》主人公的“原型”与未婚妻家的“小阁楼”

据《春雷》，钟锡知与卢新华初次见面后，“在整整一个月时间里，我同卢新华多次在编辑部会面”，并了解到：

> 卢新华在进大学前有过两年故乡工作的经历，这期间他结了婚。卢新华先是给我看了他们年轻夫妇的合影照片，过几天又双双到我家来玩，他爱人清秀、朴实，他们已经有了一个男孩。

但在卢新华的《到来》中却出现了“未婚妻”及她家的“小阁楼”：

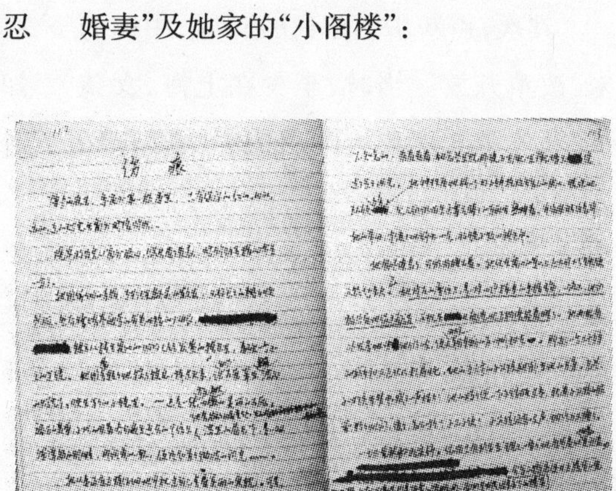

《伤痕》原稿

……小说主人公“王晓华”，则完全是个虚构的人物，并无现实生活的原型。不过，她的模样，我倒是根据真实的人物“描摹”的，那就是我当时的恋人、如今的妻子。

又说：

在学校的宿舍里连写两稿，都因为时间太短，刚写了个头就要熄灯了。所以，星期六我来到了未婚妻的家里，晚饭后上了她家的小阁楼，趴在一台缝纫机上，面对着一个黑色的笔记本重起炉灶，一气写到次日凌晨两时许。

卢新华的这一回忆似乎是对《春雷》相关回忆的否定，但细细推敲，卢新华的“小阁楼”却存有诸多疑点：

首先，依据卢新华的说法，其创作《伤痕》时是否已婚，且不说对“全中国人”是一件不容忽略的事，在他更是创作生涯中的大事。如果《春雷》回忆有误，那么钟锡知在世时，卢新华为何不作澄清？既然卢新华的这一回忆已涉及自身的婚姻问题，为何也没有对《春雷》的相关回忆作出直接回应？这不合常理。

其次，卢新华创作《伤痕》时，中国尚未“改革开放”，当时，至少在上海，女孩子（更不要说其家人），是绝少有让未婚夫在家呆到凌晨两点以后的。这同样不合常理。

第三，卢新华在《到来》中说，后来他是在“马路边”修改《伤痕》的——

那时正值盛夏，记得拿到大样后，我是利用晚自修的时间，从教室里拖张课桌，在复旦大学大门正对草坪的一侧马路边，借着路灯伏案修改。为了防蚊虫叮咬，我还穿上雨靴，再把裤管塞进靴子里，一边改一边挥手擦汗。就这样，还是不断有汗水滴到大样上。

这样的场景的确感人，却也令人生疑：卢新华修改《伤痕》时为何不去未婚妻家的小阁楼？是因为时值盛夏，小阁楼更闷热，不如马路边通风，还是因为……遗憾的是，卢新华对此并没有交代。

其实，即便卢新华的回忆是真实的，其“小阁楼”说也很难让人断言钟锡知的回忆是生造的，正如卢新华的“家庭成分”既可以是“响当当的‘红五类’”，又可以是“中农”，为何他就不会告诉钟锡知自己出身“小职员”？更何况——

一、钟锡知有着老报人的传统，《文汇报》老总编徐铸成称赞他“是文汇报传统训练成长起来的记者”。他的职业操守和为人，让人难以相信这段回忆是“八字没一撇”生造出来的。

二、钟锡知在《前后》一文中，将俞自由、孙小琪、卢新华等称为“亲爱的朋友”。对“亲爱的朋友”，钟锡知自然是比较知根知底且爱护他们的，因此也不可能有“生造”的动机。

三、当年作者到编辑家中去“玩”，虽然未必普遍，但卢新华夫妇“双双到我家来玩”，也不是特例。赵丽宏在《恩师——怀念徐开垒先生》[11]一文中，就曾提及当年去《文汇报》编辑徐开垒家中串门的事：

记得一年春节前，我去看你，手里提着一篓苹果。那时食品供应紧张，这一篓黄蕉苹果，是我排很长时间的队，花三元钱买的。我觉得第一次去看望老师，不能空着手去。到你家里，你开始执意不收这篓苹果，后来见我忐忑尴尬的狼狈相，就收下了。说："以后不要送东西，我们之间，不需要这个，你又没有工资。我希望的是不断能读到你的好文章。"

……

《伤痕》当年轰动一时，在当代新闻史乃至文学史上都有其应有的地位，卢新华当时的婚姻状况既然与《伤痕》的创作直接相关，便也不再仅仅是其个人的私事，对此，卢新华实在是必须给历史一个交代的（卢新华当年在中国的户籍档案、个人档案应该也是有迹可循的，证明起来并不难），以免后人读到《春雷》，再来质疑。

况且卢新华还在写作，他的创作也未必止于《伤痕》什么的。如果有一天卢新华真有惊世之作问世，甚至获得诺贝尔文学奖，不要说他迄今还保存着的那台缝纫机[12]会变得异常珍奇，只要那"小阁楼"尚未被拆，便一定也是"不可移动文物"了……而到那时，如果"全中国人"还在为《伤痕》主人公原型是作者的妻子还是未婚妻问题争执，岂不让全世界笑话？

卢新华已入籍美国，但他既然还深爱着中国，应该是不忍心让全世界看到这个笑话的。

"骨鲠在喉"的"十六条修改意见"

卢新华在《到来》中说，钟锡知与他"初次会面"时，即"告诉我，《文汇报》编辑部经过长时间讨论并向社会广泛征求意见后，现已准备发表可能会备受争议的《伤痕》，为了少给反对者留下可供批评和攻击的口实，同时也为了作品艺术上进一步完善，希望能对作品做一些修改。这些修改意见大致有十六条"。

虽然卢新华也"实事求是地讲，尽管这些修改意见折射出那个时代的思想局限，但也能看出《文汇报》的记者、编辑对于《伤痕》的发表，是极其谨慎、细致和负责的。他们和作者一样冒着巨大的政治风险"，但他也丝毫不隐瞒自己对这些修改的不满："我个人认为，这些改动使小说在某些地方变得生涩了，甚至于其中的几处改动，让我如骨鲠在喉般地难受。"

这十六条修改意见，卢新华在《到来》和《〈伤痕〉得以问世的几个特别因缘》[13]（以下简称"《因缘》"），以及一系列媒体访谈和演讲中均有提及，并说其中令他"印象最深"的有四处修改——

一、"墨一般漆黑"

《到来》 小说开头第一句说除夕的夜里，车窗外"墨一般漆黑"。因担心有人会说"'四人帮'都粉碎了，天下怎么还会一片漆黑呢？肯定有影射之嫌！"于是改成"车窗外什么也看不见，只有远的近的，红的白的，五彩缤纷的灯火在窗外时隐时现"，同时加一句："这已经是一九七八年的春天了。"

《因缘》 重点的是小说第一句说除夕的夜里，窗外"墨一般漆黑"，有影射之嫌；故后来改成"远的近的，红的白的，五彩缤纷的灯火在窗外时隐时现"，同时加一句："这已是一九七八年的春天了。"

卢新华的上述回忆给人的印象是，《伤痕》原稿的开头似乎只有一句话："除夕的夜里，车窗外墨一般漆黑。"但《伤痕》原稿[14]与见报稿[15]却表明，卢新华的这一回忆严重失真——

原稿 除夕的夜里，车窗外墨一般漆黑，只有偶尔的红的，白的，远的，近的灯光在窗外时隐时现。

见报稿 除夕的夜里，车窗外什么也看不见，只有远的近的，红的白的，五彩缤纷的灯火在窗外时隐时现，这已经是一九七八年的春天了。

将原稿和见报稿比对可知，小说开头这一段最大的修改就是将"墨一般漆黑"改作"什么也看不见"——值得注意的是，《因缘》干脆将替换"墨一般漆黑"的"什么也看不见"都给"省略"了，而这样的"省略"显然很容易误导读者——且只增加了"这已经是一九七八年的春天了"；至于"红、白、远、近的灯火"并非"改"上去的，而是原稿本来就有的，只是在发表时作了"艺术上进一步完善"。

无可否认，《伤痕》是一部政治性很强的时代作品，其创作带有明显的政治意图。卢新华在《习作》中即说："选择这样一种悲剧性的题材，有助于更深刻地揭露和控诉'四人帮'的反革命罪行。"而创作、发表此类政治性很强的作品，不要说在那个年代，即便在今天，作者、编辑也都会很自然地对作品作政治上的"考量"，以免"授人以口舌"。以此来看将"墨一般漆黑"改为"什么也看不见"，甚至可以说，这是在特定的时代背景下最尊重作者原意、最"贴切"的修改了。"讲政治"的作者原本应该能体谅编辑的"讲政治"，而不至于如此"骨鲠在喉"的。

至于加上"这已是一九七八年的春天了"，读过《伤痕》的人应该也不会大惊小怪。

《伤痕》原稿起首的"除夕"原本就是"一九七八的除夕"。但原稿直到下半部分才明确交代小说发生的时间，即在王小华母亲一封信的结尾标注了"一九七七年十二月二十日"。鉴于小说是发表在强调时间性的报纸上，（钟锡知最初对《伤痕》感兴趣，就是因为复旦校园里"出了一件新闻"。）在小说开头即点明故事发生的时间，给读者一个时间交代，也是非常自然的事。至于"春天"两字，一则一九七八年的除夕的确在立春之后，说"春天"合乎"自然"；再则，即便这一"春天"带有政治含义，那也是合乎小说及作者原意，而非编辑强加上去的。从《伤痕》和《习作》看，卢新华当时的确是为"华主席为首的党中央抓纲治国的每一个战略部署"欢呼不已的，即便他现在认为一九七八年还不是"春天"。

二、"侃侃而谈"

《到来》 我原写"车上，一对回沪探亲的青年男女，一路上极兴奋地侃侃而谈"，后来则由编辑部改成"一路上，他俩极兴奋地谈着学习和工作，谈着抓纲治国一年来的形势”。

《因缘》 又有车上“一对回沪探亲的青年男女,一路上极兴奋地侃侃而谈”,亦遵嘱修改成“极兴奋地谈着工作和学习,谈着抓纲治国一年来的形势”。

原稿 她对面的座位上,是一对回沪探亲的未婚青年男女。一路上,他们极兴奋地侃侃而谈,可现在也疲倦地互相依靠着睡了。

见报稿 在她的对面,是一对回沪探亲的未婚青年男女。一路上,他俩极兴奋地谈着学习和工作,谈着抓纲治国一年来的形势,可现在也疲倦地互相依靠着睡了。

卢新华在《到来》中特别强调,“我最耿耿于怀的是第二条修改意见,特别假,一点也不符合生活。”

客观地说,这一修改在小说中的确显得有些“生硬”,但如果卢新华一定要说这一修改在当时便已让他“如骨鲠在喉”,那恐怕他在写作《伤痕》和《习作》时早已透不过气来了——

我一定不忘华主席的恩情,紧跟以华主席为首的党中央,为党的事业贡献毕生的力量!

出自《伤痕》的这三句话,如果是“修改”上去的,卢新华想必一定会更加“耿耿于怀”“如骨鲠在喉”。当年,上海市委宣传部文艺处副处长刘金在审读《伤痕》时就发现:“‘一定不忘华主席的恩情’那三句,对是对的,但觉得生硬些,不自然”,并打电话给《文汇报》分管文艺的副总编唐海,建议“改一下最好,不改也不要紧,不影响发表”[16]。当然这三句话在当时恐怕是谁也不敢改的。

我感到有必要用我的笔诉诸于我的同志们,让他们通过活生生的生活画面和铁一样的事实,更进一步认清“四人帮”是地地道道的我们社会的最大祸害,而以华主席为首的党中央抓纲治国的每一个战略部署都是继承了我们伟大领袖毛主席的遗志……

我感到有一点是很必要的。如果我们没有对华主席为首的党中央的那种发自肺腑的真挚的热爱和无限信赖,我们就不可能十分自觉地去贯彻执行华主席抓纲治国的每一个战略部署。

作为一个新中国的青年,一个共产党员,我胸中时时奔涌着这样的激情——这就是我要让我的笔毫无保留地为我们的党、我们的祖国、我们的人民、我们的社会主义事业、我们的中华民族服务。为了她能够有一个光明灿烂的明天,我愿献出自己的一切。

读着卢新华《习作》中的这些激情奔涌的文字,想着已经入籍美国的卢新华“如骨鲠在喉”,我只想说:人,难免带有时代的局限性,今天的“如骨鲠在喉”或许正是“一九七八年春天”的“春心荡漾”,但人实在不应该,也大可不必就此否认曾经“春心荡漾”过。

这里顺便说一句,卢新华原稿中的“侃侃而谈”也用得“特别假,一点也不符合生活”。“侃侃”是形容说话理直气壮、从容不迫。读者很难想像“一对回沪探亲的未婚青年男女"会如此"侃侃而谈"。

卢新华写作《伤痕》时，刚跨进大学校门不久，在用词、造句上出现一些问题，也情有可原。不过就此也可以想像当年《文汇报》编辑为了发表《伤痕》，在编辑加工、文字润色上所付出的心血。为了不抹杀那些"为他人做嫁衣"的编辑为《伤痕》的发表所付出的努力，现特将《伤痕》原稿第一、二页与见报稿作一比对，附于文后。

三、"大伯大娘"

《到来》 小说中一直给王晓华以爱护和关心的"大伯大娘"，因为觉得阶级阵线不够明确，则被改成了"贫下中农"。

《因缘》 一直给王晓华以爱护和关心的"大伯大娘"，则改成"贫下中农"。

这段表述给人的印象是，《伤痕》原稿中的"大伯大娘"都被改成了"贫下中农"。倘若如此，的确让人感觉有些"可笑"。但事实却非如此。且看《伤痕》见报稿中的这段文字：

虽然节日里，她可以从一些热情的大伯大娘家里获得一点节日的快乐，但一回到空空无人的宿舍，她便感到有无限的痛苦压迫着她。

不过，再往下看，的确也有卢新华所谓被修改上去的"贫下中农"：

她能获得一点安慰的是，这里的贫下中农是那样真诚地关心她，爱护她，为了她的入团问题，曾多次联名写信要求公社团委批准……

很显然，这里之所以用"贫下中农"替代"大伯大娘"，是因为在那个"唯成分论"的年代，"联名写信要求公社团委批准""黑五类"王晓华入团的只能是"贫下中农"。这一点，曾经"忍不住要遮遮掩掩"自己"中农"成分的卢新华，应该是能够体悟编辑用意的。我真不明白，这一修改为何让卢新华"如骨鲠在喉"。

四、光明结尾

卢新华在《因缘》中说，"而(《伤痕》)最后，因为据说感觉着太压抑，需要一些亮色和鼓舞人心的东西，于是又有了我笔下主人公最后'朝着灯火通明的南京路大踏步地走去'的光明结尾。"但既然卢新华在《到来》中说"对于新的结尾，我还能接受"，当不属于"如骨鲠在喉"，这里限于篇幅也就不作展开分析了。

在《因缘》和《到来》中，卢新华都说"十六条修改意见"是钟锡知与他"初次会面"时向他提出的。但在二〇〇四年接受媒体采访时，卢新华却说："我现在手上还有当时《文汇报》主编[17]给我的十六条修改意见。"[18]

既然手上握有时任《文汇报》总编马达给他的"十六条修改意见"，为何四年以后，钟锡知逝世一年多之后，卢新华却只说钟锡知向他提出"修改意见"，却只字不提马达？卢新华总是不断给人惊奇，令人忍不住要不断追问。遗憾的是，如今钟锡知和马达已先后去世，能回答这一问题的大概也只有卢新华了。

2013年4月20日夜

附：《伤痕》原稿第一、二页与见报稿之比对

为便于比对阅读，对原稿与见报稿相比明显相异或有调整的文字以下画波纹线标注，对原稿中在见报时被删除的文字以~~删除线~~标注，对见报稿新增的文字以下画双线标注。

原稿	**见报稿**
除夕的夜里，车窗外墨一般漆黑，只有~~偶尔的~~红的，白的，远的，近的灯光在窗外时隐时现。	除夕的夜里，车窗外什么也看不见，只有远的近的，红的白的，五彩缤纷的灯火在窗外时隐时现，这已经是一九七八年的春天了。
晓华将目光从窗前收回，低头看了看表，时针已经指向零点一分~~子~~。 她~~用纤细的手指~~，理了理额前的散发，又将长长的辫子顺到身后，然后揉揉有些疲劳的布着血丝的双眼，转身从挂在窗口的旧~~得已经发黄的~~挎包里，取出了一个小方镜。她~~用手背轻轻地擦了擦它~~，掉过头来，让~~自己的~~面庞罩在车厢淡白的灯光下，映在方方的小镜里。——这是一张方正、白嫩、丰腴的~~美丽的~~面庞：端正的鼻梁，小巧的嘴唇，各自嵌在适合的部位上；下巴壳微微向前突起；淡黑的眉毛下，是一双深潭般的眼睛，那间或的一轮，便泛起道道微波的闪光……。	晓华将目光从窗前收回，低头看了看表，时针正指着零点一分。她理了理额前的散发，将长长的黑辫顺到耳后，然后揉了揉有些发红的微布着血丝的双眼，转身从挂在窗口的旧挎包里，掏出了一个小方镜。她掉过头来，让面庞罩在车厢里淡白的灯光下，映在方方的小镜里。 这是一张方正、白嫩、丰腴的面庞：端正的鼻梁，小巧的嘴唇，各自嵌在自己适中的部位上；下巴壳微微向前突起；淡黑的眉毛下，是一对深潭般的幽静的眸子，那间或的一滚，便泛起道道微波的闪光。
她从来没有这样仔细地审视过自己青春美丽的容貌。可是，~~不知怎的~~，看着看着，她忽然发现那镜子里自己黑黑的眼珠上滚过了点点泪光。她神经质地猛一下将小镜抱贴在自己胸口，慌张地环顾身旁，见人们仍旧在这雾气腾腾的车厢里熟睡着，并没有谁注意到她的举动，才缓缓地舒出一口气，将小镜重新放回挎包中。	她从来没有这样细致地审视过自己青春美丽的容貌。可是，看着看着，她却发现镜子里自己黑黑的眼珠上滚过了点点泪光。她神经质地一下子将小镜抱贴在自己胸口，慌张地环顾身旁，见人们都在这雾气腾腾的车厢里酣睡着，并没有人注意到自己刚才的举动，这才轻轻地舒出一口气，将小镜重新放回挎包中。

她有些倦意了，但仍旧睡不着。她伏在窗口的茶几上还不到三分钟，便又抬起来头。	她有些倦意了，但仍旧睡不着。她伏在窗口的茶几上还不到三分钟，便又抬起头来。
她对面的座位上，是一对回沪探亲的未婚青年男女。一路上，他们极兴奋地侃侃而谈，可现在也疲倦地互相依靠着睡了。~~她两眼有些发呆地望他们一会，便又将目光朝~~车厢的另一侧~~扫去~~，~~那边~~，一个三十多岁的城市妇女正伏几打着盹，她的五六岁的小女孩甜卧在她得身旁。忽然，小女孩在梦中喊了一声"妈妈！"她的妈妈便一下子惊醒过来，抚着小女孩的脸蛋~~，轻轻地~~问："缓缓，怎么啦？~~小不小便？~~"小女孩没有吱声，翻了个身又睡了。	在她的对面，是一对回沪探亲的未婚青年男女。一路上，他俩极兴奋地谈着学习和工作，谈着抓纲治国一年来的形势，可现在也疲倦地互相依靠着睡了。车厢的另一侧，一个三十多岁的城市妇女伏几打着盹，在她的身旁甜卧着一个四五岁的小女孩儿。忽然小女孩蹬了几下腿，在梦中喊着："妈妈！"她的妈妈便一下子惊醒过来，低下头来亲着小女孩的脸问："囡囡，怎么啦？"小女孩没有吱声，舞了舞小手，翻翻身复又睡了。
一切重新归为安静，依旧只有列车在"铿铿、嚓嚓"地有节奏地响着晃动着。——那响声仿佛是母亲温柔的催眠曲，	一切重新归为安静。依旧只有列车在"铿嚓铿嚓"地有节奏地响着、摇晃着。——那响声仿佛是母亲嘴里哼着的催眠曲，

①刊《文学报》1998年11月5日。

②见《卢新华的"泥牛"及其"变形"——历史的吊诡与见鬼：以当事人关于〈伤痕〉发表前后的回忆为例（之一）》，刊《悦读MOOK》第三十一卷。

③见《一纸伤痕 真情反思引国人共鸣》，刊《北京青年报》2009年9月11日。

④见《与卢新华共进午餐》，引自FT中文网生活时尚频道艺术与娱乐栏目2011年12月16日。

⑤刊《文汇报》1978年10月14日"文艺评论"版。

⑥见钟锡知《春雷》。

⑦见曹景行主编、复旦大学口述历史研究中心编辑《亲历——上海改革开放三十年》，上海辞书出版社2008年10月第一版。

⑧见《卢新华：走出〈伤痕〉更达观》，刊《人民日报·华东版》1998年12月16日。

⑨见《卢新华：〈伤痕〉之后》，刊《南方周末》2004年11月5日。

⑩见《卢新华广西师大谈文学——〈伤痕〉是如何"出笼"的？》，刊《桂林日报》2008年11月5日。

⑪刊《文汇报》2012年1月31日"笔会"。

⑫见《它是众缘成就的，我只是记录者》，刊《南方都市报》2008年6月8日。

⑬见葛剑雄等著《我的七七、七八》，东方出版中心2008年1月第一版。

⑭《亲历——上海改革开放三十年》一书将《伤痕》原稿第一、二页的微缩照片作为卢新华《到来》一文的配图，本文所引"原稿"均据此。

⑮刊《文汇报》1978年8月11日"新长征"副刊。

⑯见《〈伤痕〉发表前的两次送审》，刊《文学报》1998年11月5日。

⑰应为"总编"。

⑱同注释⑨。

关于历史记忆与城市历史建筑遗存的命名

◎刘世龙

“中国最早的城市”是在何时何地呢？对这个问题，虽然已有答案说是在距今六千五百年前的城头山（今湖南沣县），且举出“城头山古城遗址”为证。据查“城头山”是当地老乡的口头称呼；“城头山古文化遗址”是其正式名称；而“城头山古城”，笔者认为是基于其考古发掘得名而旨在重建中国人的历史记忆。该遗址已被评为“中国二十世纪一百项考古大发现”之一，还被写进了教科书。但纵然如此，对于“中国最早的城市”这一冠名，仍被别的古文化遗址所乐意抢着自认。二〇一〇年五月七日《开封日报》所载刘静沙《谁是中国最早的城市》一文，就将“中国最早城市”授名于“邺城遗址”（今河北临漳县）。不仅如此，竞相乐于自认为“中国最早的城市”遗址者，还有河南洛阳偃师二里头遗址、安徽含山县凌家滩遗址、陕西省高陵县姬家乡杨官寨遗址等好几处。

看来是由于缺乏文字记载，何处是“中国最早的城市”之争，只好凭靠考古发掘所显露的历史建筑遗存，并且依据何谓“城市”而解释之判定之。笔者所赖以为生者并非考古学，而是中国近现代史教学和研究的一名从业者，不由得想到中国近现代历史上的城市，虽有诸多文字记载，但其所蕴涵的历史记忆与其命名，是否就那么铁板钉钉完全准确而不容任何质疑呢？

拿上世纪八十年代以来颁定（2013 年 2 月 10 日截止）的一百二十一个国家级历史文化名城（被英译为 historically and culturally famous cities）来说，据一九八二年十一月十九日公布的《中华人民共和国文物保护法》第八条规定，是指“保存文物特别丰富、具有重大历史价值和革命意义的城市”。对之如果按景观构成要素的质量、价值、形态等来分类，可以分为古都型、传统古城风貌型、风景名胜型、地方及民族特色型、近现代史迹型、一般史迹型、特殊职能型等。在这些分类中，上面言及的“中国最早的城市”城头山和邺城，都尚未享有被容纳其中的资格。但在已被认定的国家级历史文化名城之中，所谓古城（并非“最早的”）又有多少呢？历史文化名城强调对老城空间格局和建筑风貌等的整体传承，故而建筑学家阮仪三教授认为现今在国家级历史文化名城中维系着整体历史面貌的仅有山西平遥和云南丽江，有的学者认为陕西韩城也算，合计仅三处；实在太少，太少。许多曾经的古都、古城诸如北京、西安、苏州、南京、开封、重庆等，都丧失了各自作为整体而申报世界文化遗产的资格。限于篇幅，下面选出与笔者从业相关度较高的南京和重庆来着重谈谈。

南京是国务院一九八二年二月八日批准的第一批历史文化名城之一；其相关文件中的简介称南京“为东吴、东晋、南朝、明朝等建都的历史名城”，“文物古迹很多，有石头城、南朝陵墓、石刻和明孝陵、明故宫遗址、太平天国天王府、孙中山临时大总统办公处、中山陵等”。其后四年多，重庆被国务院一九八六年十二月八日批准列入第二批历史文化名城名单；其相关文件中的简介称“战国时候，重庆为巴国国都，称江州。其后两千多年一直为重要的城市，留下的文物古迹有巴蔓子墓、船棺、岩墓、汉阙等。在近代史上，重庆也占有重要的地位”，“现存有曾家岩、红岩村八路军办事处旧址，新华日报社旧址及白公馆烈士牺牲纪念地等”。在这两个简介所列举的历史建筑中，古代的和近代的皆有，可见其对于南京、重庆被定位于国家级历史文化名城，具有举足轻重的意义。

南京号称“六朝古都”，重庆现有“巴渝古城”之说。但回看两城市获选进入国家级历史文化名城以来二十多年间“旧貌变新颜”的历程，南京还有多少能保留古都型名城（以都城时代的历史遗存物、古都的风貌为特点）的本钱呢？“六朝金粉地”的秦淮河畔老城南一带金陵古城仅剩不到一百万平方米（不及50平方公里老城总面积的2%）。重庆主城区的巴渝古迹屈指还有多少可数呢？其母城渝中区更是仅存湖广会馆及东水门、通远门旧城垣等几处古建筑（上面简介中所说重庆的巴蔓子墓实为1922年重建，船棺、岩墓、汉阙在重庆主城区内已极难寻觅）。可以说两市主城区的古城整体历史面貌今已不在。不唯如此，二〇〇九年六月十日首批“中国历史文化名街”揭晓，南京重庆均名落孙山。所谓古都南京、古城重庆的历史记忆，已经很难找到足够的古建筑来对应支撑（重庆市沙坪坝区磁器口在2010年6月12日被青睐授牌而成为第二批“中国历史文化名街”之一，但仍如“万绿从中一点红”似的“万洋楼中一点‘古’”）。

好在南京、重庆两城市，尚有多少不等的近代建筑遗存，特别是有民国时期的建筑遗存。南京曾是中华民国的首都，重庆曾是对抗日本侵略的中华民国战时首都。传统古建筑既变得稀少，那么两城市的近代建筑遗存对其赖以维系历史文化名城的地位，则可谓“具有重大历史价值和革命（纪念）意义”，何况重庆可以说是近现代史迹型（反映历史上某一事件或某个阶段的建筑物或建筑群为其显著特色）的历史文化名城（据西南师范大学出版社1996年出版的刘豫川主编《重庆文物总目》一书，所列342处重庆主城区历史建筑中有210处属于“近现代重要史迹和代表性建筑”）。

对于南京的近代建筑遗存，上述简介中指名列举者有三：“太平天国天王府、孙中山临时大总统办公处、中山陵。”所谓太平天国天王府，其遗址与后来的孙中山临时大总统办公处属于同一所在地，即现今所谓总统府旧址——亚洲第一个共和国中华民国诞生后九十来天里孙中山的临时大总统府和一九四九年四月二十三日前近一年间蒋介石、李宗仁的总统府旧址。这个中国现存最大最完整的近代建筑群，位于六朝宫城遗址的最核心部分；现在因总统府之名而牵引出的历史记忆虽然以民国为先，但一九八二年二月二十四日国务院公布第二批全国重点文物保护单位名单时，对其命名却并非“总统府”，而是“太平天国天王府遗址”，其意则在唤起对太平天国农民运动定都南京的历史记忆，不过却较为模糊，因其与该建筑群所遗存的实体本身有所不合。实际上太平天国天王府这座“天朝宫殿”（此系太平天国的自称；清廷则将之贬称为“天王府”），早在一八六四年就因清军炮火而“化作荒庄野鸽飞”（清 何绍基诗），一八七〇年至一八七二年其废墟上所重建的是清朝两江总督署。而总统府旧址的现名，虽可凸显中华民国在中国大陆的起点和终点，唤起对民国南京较为清晰的历史记忆，但却难以尽涵晚清南京的历史记忆，因该建筑群实体的基本格局形成于晚清（2003年截止，总统府建筑群尚存民国以前的近代建筑面积26156平方米），民国时期的新建或改建只是局部（国民政府门楼、国民政府大礼堂、行政院北楼和南楼、子超楼等）；并且从建筑风格来看该建筑群，在民国以前既有古色古香的园林建筑，有大堂、二堂、厢房、马厩及煦园等，也出现了仿法国文艺复兴样式的建筑——建成后一年多而成为孙中山临时大总统办公处的西花厅。在复数的重大历史记忆中，被优先选择者往往为时局所亟需。笔者认为“太平天国天王府遗址”、“总统府旧址”两者均系出于时局亟需而命名（1982年时太平天国研究犹红有余紫。2002年11月重挂“总统府”金字时则不无遥对海峡彼岸之意），倒是“南京中国近代史遗址博物馆”的现名能兼顾两者，且能涵括那些与天朝宫殿建成前及其被毁后的“清两江总督署”相关的记忆（特别是从洋务运动到晚清新政诸位总督），从而具显百年近代史的连续性和多样性，也有助于更加切近历史建筑的原真性（Authenticity）。

至于一九三一年底方告完工的中山陵这个被建筑学界誉为“中国近代建筑史上创造的不朽杰作”（刘先觉、张复合、村松伸、寺原让治主编《中国近代建筑总览·南京篇》，北京：中国建筑工业出版社1992年版，第8页），其建筑群实体与所唤起的历史记忆之间，则能较好地对位，并且它在被使用过程中凝聚成为将个人—党—国家这三种崇拜相串联起来的政治符号，成为国父和党皆高于国的象征。而从南京城市建设史看，中山陵的影响也非常大。为迎接孙中山灵榇奉安中山陵而开辟的似Z形中山大道(12公里长)及其多年的修建,引发了明太祖朱元璋以后南京城又一次大扩建,使其城市格局改观和城市新主轴线形成,以至该大道至今所集聚的市级以上文物保护单位和总统府、民国政府各机关等重要近代建筑及名人故居等遗存尚有近两百处,漫步其间,或多或少可感受民国时期的岁月留驻。

在南京,中国近代历史记忆所赖以保留者,并非只是上述重要的近代建筑遗存,还有明代郑和下西洋时建造的古建筑静海寺遗迹,它是中国近代史上三百四十三个不平等条约(旧说为上千个或七百多个或三四百个)之首的中英《江宁条约》的议约地,因而有资格成为中国近代史起点的象征之一,而且它还连接着其被毁于太平天国战争、又毁于一九三七年十二月日军侵攻南京的历史记忆。还可注意的是江苏咨议局旧址,它是将晚清与民国的南京城市记忆连接起来的重要建筑。二○○一年六月二十五日国务院公布第五批全国重点文物保护单位名单时将之作为“原国民政府旧址”(共9处)之一而命名为“临时政府参议院旧址”，其好意在于唤起辛亥革命催生南京临时政府和民国宪政的历史闪光记忆,但与该建筑实体本身的年龄有所错位。其实这座由中国建筑师孙支厦设计的仿法国文艺复兴时期折衷主义建筑造型的建筑物,竣工于中华民国诞生前的一九○九年,是同年成立的江苏咨议局所在地。该建筑物随即成为江苏咨议局抗衡地方督抚权力的博弈场所,江苏咨议局则成为发起一九一○年国会请愿运动时各省咨议局的头羊。凭着这些资历,才使武昌起义后八十天各省代表联合会聚集于该建筑物而投票选举孙中山为临时政府大总统、两天后通过决议改国号为中华民国；民国元年一月二十八日在此成立“中华民国参议院”这一立法机构（请注意,此名中间并无“临时政府”四字并且该参议院其后对临时政府起到了监督作用,如质疑临时政府在中日合办汉冶萍公司问题上损害中国权益的举措而使其停止)，同年三月八日参议院通过具有宪法效力的《中华民国临时约法》。可见正是由于江苏咨议局等所实验的清末地方自治、地方议会制度作为基础,民国参议院才因时应势而产生,而该建筑物才因之得享所谓“临时政府参议院旧址”的现名。但是,该建筑物在国民政府定都南京前的十几年间为江苏省议会所在地,在其定都南京后的十年间及其因抗战胜利而还都南京后的三年间均为国民党中央党部所在地,而在日军侵占南京后则为汪伪国民政府若干部委所在地，因而将该建筑物列入“原国民政府旧址”也是明显错位。为摘下其“民国建筑”之帽,为减少历史记忆的模糊度,特别是为减除不准确的现名将立法机构隶属于政府机构的误导和误忆,凸显该参议院的最大历史功绩(即在南京临时政府时期制定民国第一部民主宪政文件“临时约法”)，笔者认为对于该建筑物不妨恢复使用“江苏咨议局旧址”之名而整合为“江苏咨议局·民国参议院旧址”。

对于重庆的近代建筑遗存，上述简介中指名列举者有四：“曾家岩、红岩村八路军办事处旧址，《新华日报》社旧址及白公馆烈士牺牲纪念地等。”八路军重庆办事处旧址，早在一九六一年三月四日国务院公布第一批全国重点文物保护单位名单中就有，包括红岩村十三号和曾家岩五十号两处；四十年后的二〇〇一年六月二十五日国务院公布第五批全国重点文物保护单位名单中新添中共政治协商会议代表团驻地旧址、《新华日报》营业部旧址两处，也归入其名下。这四者所唤起的首先都是与中共党史相关的红色记忆，与其建筑物之间似乎也能较好地对位，但就其中的概称“八路军办事处”来说，则与当年的语用实际有所偏移，属于笔者另文分析过的“后来说前话”现象。实际上其正式名称是一九三八年十月下旬蒋介石决定弃守武汉之后，中共迁渝人员在重庆市内机房街七十号所设立的“第十八集团军重庆办事处”（其前身则为“第十八集团军武汉办事处”，再前身则为南京沦陷前的“第十八集团军南京办事处”。国民政府军事委员会任命朱德、彭德怀为国民革命军第八路军正、副总指挥是在1937年8月22日，但三个星期后的9月12日就按战时序列，将八路军改称为第十八集团军）。该办事处一九三九年秋迁往红岩嘴（今谓红岩村）时，这一名称就被浓墨重笔横书于该办事处木质院门之上，至今犹然。中共在对日抗战期间公开使用“第十八集团军重庆办事处”这一名称，其意义正如该集团军总司令朱德当时头戴与其他集团军总司令有相同帽徽的军帽一样，是信守第二次国共合作并顾全这个大局的表现。中共中央南方局秘密设立于该办事处内而不对外公开，曾家岩五十号被称为“周公馆”，“皖南事变”时刊登周恩来题词表示抗议的《新华日报》在日寇投降前的文字总量中仍然以宣传抗战为基调（包括登载并肯定蒋介石等的抗日言论和事迹），其理亦然。鉴于这些情况，笔者认为将重庆的“八路军办事处旧址”现名还原为“第十八集团军重庆办事处旧址”，有助于所唤起的城市记忆更为切近历史实态。

重庆城市的近代历史记忆所赖以保留者，也并非只是上述重要的近代建筑遗存。但重庆缺乏像南京长江路二百九十二号（即所谓总统府旧址）那样能通贯其近代历史脉络的建筑群。就晚清建筑而言，重庆主城区既有中国现存最大的会馆古建筑群——湖广会馆（1846年扩建），也有欧洲风格的法国水师兵营（1903年竣工），但其所能唤起的民国历史记忆却很微弱（前者抗战时期成为军用203仓库，后者1941年夏至翌年10月一度为法国维希政府驻华大使馆所用）。重庆近代城市建设速度的加快，是在一九二九年建市以后，其凸出表征之一就是母城渝中区矗立起一批新材料、新技术、新风格的银行近代建筑。到一九三七年全面抗战爆发后八年间，与南京等许多城市的建筑活动进入凋零期不同，重庆却因成为战时首都(1940年9月6日国民政府明令为陪都)而有国民政府各机构、学校、工厂等和大量移民的迁入，其亟需使城市建设从市区面积到建筑设施都仍有发展(尽管其间经受着侵华日军飞机的战略大轰炸)。从建筑学专家实地调查资料所列重庆主城区一百一十处重要近代建筑遗存来看，抗战时期所竣工者约占一半(此据中国建筑工业出版社1993年版的杨嵩林、张复合、村松伸、井上直美主编《中国近代建筑总览·重庆篇》第22至58页而算出)。

在重庆的近代建筑遗存中，最能牵动重大历史记忆者莫过于现今所谓黄山陪都遗迹和解放碑。前者位于渝中半岛长江南岸的黄山及南山，其山林清幽、地势险要之中掩蔽着蒋介石等国民党军政要员的官邸、国民政府防空司令部、美军顾问团驻地、苏联、英国驻华使馆别墅等具有折衷主义风格和浓郁地方特色的民居式建筑。其选址于此的背景是为避开日军自一九三八年二月起断续五年多对重庆的战略大轰炸，而此处则因之成为世界反法西斯战争远东战场的实际指挥中心(日本情报人员则视为“蒋介石的作战本部”)。战时中国诸多重要会议（包括1942年和次年的三次中美英军事会议）在此召开，诸多重大决策形成于此，而同盟国中国战区统帅蒋介石所寓居的云岫楼则为其聚焦点（1941年8月30日曾遭受日机轰炸）。由此笔者认为不妨将黄山陪都遗迹的现名改称为“二战中国战区黄山指挥中心旧址”，以更加切合由黄山而重庆而全国而国际的抗战信息辐射所层积着的深厚历史记忆。

现今所谓解放碑，是一九五〇年十月一日西南军政委员会主席刘伯承所题“人民解放纪念碑”的口头缩略语。但查其前身是一九四七年十月十日举行揭幕典礼的八面塔形建筑“抗战胜利纪功碑”(此本初碑名由时任重庆市长张笃伦题写)，而该纪功碑的前身则是一九四一年十二月三十日竣工的“精神堡垒”(重庆版《新华日报》1941年12月28日）这个木结构四方形炮楼式建筑。这两个前身也都直接紧密地联系着陪都重庆的重大历史记忆。“精神堡垒”落成的当年，正是日机对重庆大轰炸的最密集年头(且因之发生过数千平民窒息死亡的“六五隧道大惨案”)，该建筑可谓显现了中华民族威武不能屈、“敌忾愈强，信心愈固”而抗战到底的精神；纪功碑就旨在纪念和传承这种民族精神。但自纪功碑被改名为解放碑以后，有关陪都抗战的记忆多年隐而不彰，以至于近二十年来有重庆市政协委员和市人大代表提议恢复纪功碑原名和原貌而引起争议。对此，笔者认为不妨将三年的纪功碑史和近六十年的解放碑史联系起来，则可发现该碑具有双重纪念意义的唯一性：它既是全中国对日抗战胜利的唯一纪念碑，也是全中国人民解放的唯一纪念碑。如果考虑到抗日战争是一百余年间中国人民历次反侵略战争中唯一赢得完全胜利之战(虽有“惨胜”之说，但也证明了人类历史上善与恶搏斗的过程与结果），而且这一胜利包含着国共合作对日抗战的巨大贡献在内，那就可以说其重大历史价值正好与北京天安门广场的人民英雄纪念碑交相辉映。该碑既是重庆的，也是中国的，而且还是中国抗日战争所具世界性的象征，因重庆是当时中国大后方的政治、经济、文化中心，又是与伦敦、莫斯科、华盛顿齐名的世界反法西斯战争四大名城之一。至于该碑所具双重纪念意义的关系，如果看到国共两党在八年抗日战争中的合作毕竟大于和多于其摩擦和冲突并且成为抗战取胜的重要保证，那么就不妨看到抗日战争的民族性，进而看到民族性高于阶级性，看到八年抗战的民族性、世界性高于随后三年国共内战（即解放战争）所具有的阶级性。而从该纪功碑的修建初衷来看，蒋介石曾明确批复拒绝重庆市参议会在"精神堡垒"原址为他塑全身铜像的建议，但对在重庆佛图关建立抗战胜利纪功碑一事批示"可办"，于是随后将该碑改建在"精神堡垒"原址（此据重庆党史专家周永林先生的档案研究，见《重庆晚报》2009年3月16日所载《揭秘：重庆"解放碑"内幕》）。这提示着该碑并非只是出于纪念蒋介石和国民党的一义性，而是具有集体记忆的民族性。鉴于该碑的原初基本价值就在于纪念抗战胜利，而其被改名后则承载着中共建政六十年的历史记忆（不妨设想若无刘伯承改写题名的护佑，该碑就极难遗存到"文化大革命"浩劫以后），笔者建议不妨在该碑的正面恢复其初始就有的张笃伦前市长所题"抗战胜利纪功碑"字样，而将刘伯承所题"人民解放纪念碑"字样移到其背面，以明该碑历史衍变之先后，从而脱出"非彼即此"的尴尬格局，体现历史记忆的纵深性和连续性（故而笔者不敢苟同在重庆黄山另建抗战胜利纪功碑的提议，以免引致城市历史记忆的更大错位）。这样做也提示着两碑名称之间的精神指向并非那么悖逆：如果说抗日战争是民族解放战争，则民族解放的核质不妨说是人民解放。由此则不妨将该碑称为"抗战胜利纪功碑（解放碑）"。以民族性、世界性和历史性眼光而打量该碑的独特个性，可知它是彰显重庆城市独特个性和唤起近代历史记忆的最重要地标性建筑。

对城市的历史记忆来说，城市的历史建筑遗存是最实在的载体，也是建构该记忆的直接物证，并且凝聚着人们的文化观念和意识。记忆有时间性。城市亦然。城市发展在不同的时期有不同的建筑。人们对某一城市某一时期历史的记忆，如果完全离开该时期的城市建筑遗存，就会趋于虚拟。"中国最早的城市"是这样，其后各个历史时期的城市岂不也是这样？对城市的历史建筑遗存与历史记忆的这种关系，也不妨套用一句中国老话："皮之不存，毛将焉附？"因此，对于各时期各城市的历史建筑遗存命名之时，为减低其模糊度而较为接近其历史原生态，以慎之又慎为宜。

忽然想到

名人之累

◎陈四益 文

一九二七年二月二十五日，鲁迅在给章廷谦的信中说："我不想做'名人'了，玩玩。一变'名人'，'自己'就没有了。" 真是无奈之言。

没有"名"的人，总觉得人之"有名"，是很风光的事，但真到了"有名"，如果不是想借虚名来骗钱或牟利，其实是很苦恼的。因为各色人等都要来这"名"上蹭一蹭，或托名以营利，或借名以自炫，或遭拒而恼怒，或仰慕而纠缠，或谬托知己强作解人，或有意贬抑以显其能。总之，"有名"便多是非。名气越大，是非越多。是是非非，听由别人编排，最后的结果便是没有了"自己"。

譬如鲁迅，因为名气太大，所以各色人等都有自己心目中一个鲁迅，这些不同的"鲁迅"，不但善善恶恶，判若云泥，有时还为了某种利益，被随心捏造。

毛泽东大赞鲁迅，授予"三家""五最"，是当时"革命"的需要，鲁迅已经死去，并不知道；而毛泽东说鲁迅如果活着，"要么被关在牢里继续写他的，要么一句话也不说"时，又是当时统治的需要，鲁迅墓木已拱，也不知道。赞扬也罢，警示也罢，鲁迅如果活着，或辞或应，都可有他的说法，但人亦云亡，身后是非，谁个管得！

鲁迅知道而且讲过的，是他对当时代表党的冯雪峰说："你们来到时，我要逃亡，因首先要杀的恐怕是我。"还有他对曹聚仁说的："倘当崩溃之时，竟尚幸存，当乞红马甲扫上海马路耳。"那又是何等清醒。他并非说着玩儿的。在反对国民党一党专政时，同一战线中人因为目标一致，可以引为同调，可以尊为"旗手"，但若将来换了执政，如鲁迅称之为"监工"之流，还是老的治理方法，鲁迅就难免与新执政发生冲突，也就难免被新执政视为敌人(这是鲁迅在与创造社和"左联"领导人的冲突中已经领教过的，也是信奉鲁迅者在后来的社会中遭遇过的)，关人监牢或穿红马甲扫马路就在所难免了。只是鲁迅这些话过去知道的人极少，知道者也多半当它笑话，不肯或不敢去想，所以鲁迅一直因其某些文字被用来整人，在一些人眼里便成了“棍子”，莫名其妙的恶谥便落到了他的头上。他无从辩解——岂非“名”之所累？

这是说的大题目。就是细事，因为是名人，也会因某种利益集团的需要被随意捏塑。

鲁迅吸烟，这是大家都知道的，但到了中国烟草业的手里，就变成烟草“成就”了鲁迅。

在云南红塔集团的院子里，有一尊鲁迅雕像，手里夹着一支卷烟。塑像边的石座上刻道：“他的烟如同他的消瘦、坚毅的脸庞，如同他的文章与笔，这就是他与烟草的共生的关系。”“共生关系”，费解。是说有鲁迅才有烟？不妥，因为鲁迅出生之前几百年烟草已经输入中国；是说有烟才有鲁迅？也不妥，因为非但鲁迅出生之前烟草已经存在，而且在他死后烟草继续存在，鲁迅却不能再生。鲁迅的“消瘦”或同烟害有关，鲁迅的“坚毅”、“文章与笔”则同烟草风马牛不相及，因为不坚毅，不握笔，不写文章的吸烟者比比皆是。“共生”也者，只是烟草业拿鲁迅当广告罢了。

这段话浓缩到地处上海的“中国烟草博物馆”中，便成了“鲁迅战斗的日子——以烟相伴”。这说法好像比红塔集团要隐晦些，但意思并未改变，仍旧是说鲁迅之所以成为鲁迅，就因为他吸烟。在这家博物馆的另一处说明里，范围更有了扩大：“伟人、名人、文化人，其中不乏烟民，有的

塑像旁刻有：『他的烟如同他消瘦、坚毅的脸庞，如同他的文章与笔，这就是他与烟共生的关系。』的字样。

终生与烟草结缘。其著书立说、运筹帷幄、精神风貌,往往与烟草密切相关。”于是,烟草不但成就了鲁迅,还成就了许多伟人、名人、文化人,列出名单,悬挂图像的,鲁迅之外,还有毛泽东、邓小平、宋庆龄、陈毅等等。要著书立说吗?要运筹帷幄吗?请吸烟吧,真是绝妙的广告!

然而,鲁迅之所以成为鲁迅,其实同烟无关。如果文章真要依赖烟草,中国就不会有屈原、司马迁,也不会有陶渊明、李白、杜甫、王维,不会有苏轼、辛弃疾,也不会有关汉卿、王实甫,因为直到明代中叶以后,烟草才在中国开始流行。相反,鲁迅一生为烟所苦,他的早逝,烟草之害是脱不了干系的。

一九二五年九月三十日,鲁迅在写给许钦文的信中说:“我其实无病。自这几天经医生检查了一天星斗,从血液以至小便等等,终于决定是喝酒太多,吸烟太多,睡觉太少之故。”这一年,鲁迅正值四十四岁的壮年,但已显现出明显的病征,经医生检查,原因即在吸烟、喝酒与睡眠不足。于是,“医生禁止吸烟、禁止喝酒。所以现已不喝酒而少吸烟,多睡觉,病也好起来了。”可见烟草不是成就了鲁迅,而是戕害了鲁迅。

但是,烟草是一种成瘾性物质,一旦吸上,难于戒断,所以那一年的十一月,鲁迅又在给许钦文的信中叹道:“医生禁喝酒,那倒没有什么;禁劳作,但还只得做一点;禁吸烟,则苦极矣,我觉得如此,倒还不如生病。”从那以后近一个世纪中,烟草业为了有稳定的财源,在不断设法提高卷烟的吸引力和成瘾性,这是十分卑劣的行为,因为它有目的地利用烟草依赖、不惜危害消费者健康,来换取利益。时至今日,上瘾的吸烟者要戒断吸烟,比鲁迅的时代只怕更加困难。最好的办法是一生远离烟草,无论他牛皮吹得天响,连眼珠也不要转过去。

很可惜,鲁迅未能戒烟,也像毛泽东、邓小平一样对医生的劝告、警告未以为然。一九二六年六月,他写信给李秉中说:“因为各处碰钉子,也很大喝了一通酒,结果是生病了,现在已愈,也不再喝酒,这是医生禁止的。他又禁止我吸烟,但这一节我却没有听。”这“没有听”,为他的健康留下了无穷的后患。

吸烟对健康的危害,关注最深的无如亲人。一九二六年,鲁迅与许广平分居于厦门、广州两地,许广平对鲁迅的吸烟、饮酒始终焦虑地给予关注。一九二六年九月十八日,许广平在信中规劝鲁迅“但祈自爱节饮”。而深知许广平关注自己健康的鲁迅,在接到此信之前已向许广平报告:“现在少喝茶了”,“烟卷似乎也比先前少吸”,还告知“我已不喝酒了”。接到信后,许广平连忙追问:“睡早而少吃烟茶,是出于自然还是强制?”于是鲁迅在复信中作了如下的回复:“我的能睡,是出于自然的”。“酒是自己不想喝,我在北京,太高兴和太愤懑时就喝酒,这里虽然仍不免有小刺戟,然而不至于‘太’,所以可以无需喝了,况且我本来没有瘾。少吸烟卷,可不知道是怎么回事,大约因为编讲义,只要调查,无须思索之故吧。但近几天可又多吸了点,因为我连做了四篇《旧事重提》。这东西还有两篇便写完,拟下月再做,从明天起,又要编讲义了。"

许广平情意拳拳,鲁迅一再表示到厦门后酒已不饮,烟也少吸,身体较前为好,但少吸卷烟未能持久,因此告以又要编讲义,当可少吸,以宽慰许广平。可惜,这一保证也未能兑现。同年十二月三日,他去广州前给许广平的信中说:"我到中大后,拟静一静,暂时少与别人往来,或用点功,或玩玩。我现在身体是好的,能吃能睡,但今天我发见我的手指有点抖,这是吸烟太多了之故,近来我吸到每天三十支了,从此必须减少。我回忆在北京的时候,曾因节制吸烟而给人大碰钉子,想起来心里很不安,自觉脾气实在坏得可以。但不知怎的,我于这一事自制力竟会如此薄弱,总是戒不掉。但愿明年能够渐渐矫正,并且也不至于再闹脾气的了。"这一番自我检讨表明鲁迅非不知吸烟的危害,也非无意戒烟,他对戒烟认同,决心"从此必须减少",而且深责自己自制力之薄弱,后悔对劝他戒烟的亲人、朋友发脾气。

名人、伟人,无须神化,他们自有各自显赫的功业,但也如同常人一样有他们的苦恼与弱点。鲁迅终其一生未能摆脱烟草的纠缠,尽管他始终认同吸烟的危害,也始终有着强烈的戒烟愿望,但他终于未能戒烟。直到一九三四年,鲁迅在信中还这样宽慰母亲:"男胃痛现已医好,但还在服药,医生言因吸烟太多之故,现拟逐渐少至每日只吸十支,惟不知能否做得到耳。"无奈之情溢于言表。

次年,给友人胡风的信中也无奈地说:"消化不良,人总在瘦下去,医生要我不看书,不写字,不吸烟——三不主义,如何办得到呢?"

一九三六年,鲁迅死于肺疾。当代二十三位医学专家对保存至今的鲁迅X光胸片认真研读后的诊断是:慢性支气管炎,严重肺气肿,肺大泡;二肺上中部慢性肺结核病;右侧结核性渗出性胸膜炎。这证明长期吸烟正是鲁迅过早死亡的重要原因。

烟草业不说吸烟严重损害了鲁迅的健康,不说鲁迅死于吸烟相关的疾病,反而盛赞他"终生与烟草结缘",称其著书立说、精神风貌,"与烟草密切相关",真不知是何种心肠!

不同人,不同集团,为了各自目的,都在塑造符合他们利益的鲁迅以及他们正在加以利用的名人与伟人,造成一连串的误读——这大约就是后人对先前的历史事件和历史人物难于获得真实理解的原因吧。名人之累,累及后世。要了解真实的历史事件和历史人物,先要把附加于其上的各种集团的与个人的利益剥离才成。

陈宝箴之死

◎茅海建

陈宝箴(1831-1900),字右铭,江西义宁(今修水)人。一八五一年(咸丰元年)中举。早年入湘军,与湖南的渊源极深。后任湖北按察使、直隶布政使、湖南巡抚。他在湖南开展新政,戊戌政变后被罢免。其子陈三立,是著名的诗人,其孙陈寅恪,是著名的历史学家。

陈宝箴死于一九〇〇年七月二十二日(光绪二十六年六月二十六日),其子陈三立在两个月后作《先府君行状》,称"忽以微疾卒"。此时正是北方大闹义和团,八国联军进攻天津、北京之际,即"庚子事变"。一个虚岁七十岁的老人,在南昌郊外的乡间以"微疾"而突然去世,这在当时并没有引起太大的注意。

宗九奇先生作《陈三立传略》,称言:

> 据近人戴明震先父远传翁(字普之)《文录》手稿,有如下一段记载:"光绪二十六年(庚子)六月二十六日,先严千总公(名闳炯)率兵弁从巡抚松寿驻(驰)往西山崝庐,宣太后密旨,赐陈宝箴自尽。宝箴北面匍伏受诏,即自缢。巡抚令取其喉骨,奏报太后。"①

宗先生据此认为,陈宝箴在庚子年间被慈禧太后"赐死"的。宗先生所引的这一条记载,本属荒诞不经,然庚子年(光绪二十六年)本是荒诞不经之年,多有荒诞不经之事,且"己亥立储"之后,上海等地也有相应的传闻。②此一"赐死"说,也引起了一些论者之关注。

但我个人以为,此说过于离奇,似为不可采信。

其一、清代杀大臣是一件大事,须得有明确的谕旨。所谓"密旨"、"密奏",只是不公开而已,在清朝档案中皆应有相应的记录。此时先被处死的前户部侍郎、总理衙门大臣张荫桓,吏部侍郎、总理衙门大臣许景澄,太常寺卿、总理衙门大臣袁昶,兵部尚书、总理衙门大臣、前军机大臣徐用仪,内阁学士、总理衙门大臣联元,户部侍郎、总管内务府大臣立山,在档案中皆有明确的谕旨。清朝此时档案大体完备,为何查不到慈禧太后或光绪帝“赐死”陈宝箴的谕旨和江西巡抚松寿执行后报告的奏折？且我所见过的各种档案中，也从未见过与此“赐死”谕旨相涉的任何记录。再查军机处《随手档》一九〇〇年七月二十二日至十二月二十三日（光绪二十六年六月二十六日至十一月二日），即陈宝箴之死至松寿作为江西巡抚最后一批奏折到达行在（西安）之日，军机处共十九次收到松寿上奏的正折五十五件、附片四十一件、附单二十件、电奏三件，从军机章京的“摘由”来看，皆无与“赐死”有关的内容。[③]若说是慈禧太后的口谕，没有文字记载，松寿曾任总理衙门章京多年，知道清代制度之严，仅凭着口谕，又何敢执行？更何况当时京、津等地的电报线已被义和团所焚毁，清廷的电旨最初用“六百里加急”送到保定发出，后又改送到山东济南再发出，有着多道环节，杀张荫桓的谕旨是用“六百里加急”的传统方式送出，何以陈宝箴“赐死”之旨竟能如此不落痕迹？[④]

其二、若说是档案保存不全，军机大臣荣禄、王文韶皆是陈宝箴的京中奥援，当为知情者。陈宝箴的官场人缘甚好（与张荫桓相反），又从未担任京官，慈禧太后对他也不太熟悉，何以突然会有“杀机”？且在当时军情危急的情境下，慈禧太后又如何能有时间能有心情来操办此事？若慈禧太后真有此旨，荣禄、王文韶此时因地位下降而不能出手相救也罢，何以至辛丑之后形势大变时，他们仍未进言？荣禄死于一九〇三年（光绪二十九年），王文韶死于一九〇八年（光绪三十四年），他们竟然至死都不进一言？若不便或不敢向慈禧太后进言也罢，何以又未留下相应的私人记载？

其三、陈宝箴若“赐死”，陈三立当为知情者。他于一九〇〇年（光绪二十六年）年底返回南京，此事何以不说？若不方便说给别人听也罢，又如何能不告诉两江总督刘坤一？陈宝箴与刘坤一同属湘系，关系极好，陈三立不可能不告以真情。民国建立之后，已无政治忌讳，陈三立与沈曾植、梁鼎芬、陈宝琛、沈瑜庆、樊增祥等旧好乃至康有为、梁启超交往甚多，又为何不说？若不方便对旧朋新友说也罢，又何以不对陈寅恪等子孙说？

其四、江西巡抚松寿，以荫生任工部笔帖式，累迁至郎中，光绪九年至十六年任总理衙门章京，出为陕西督粮道、山东按察使等职，其任江西巡抚三年，后又出任河南巡抚、兵部尚书、察哈尔都统、闽浙总督等职，历官甚久甚多。他与京中高官及地方大吏极相熟，何以不说？手下幕客甚众，又何以不记？

其五、“千总”本是一下级武弁，不掌机要，至清末，由于湘、淮军之后的保举大行，很可能只是“衔名”。此等大事，何以竟由一下级武弁的子孙传出？先已言及，若是荣禄、王文韶、刘坤一、沈曾植、梁鼎芬、陈宝琛、沈瑜庆、樊增祥、康有为、梁启超、陈寅恪、松寿等人得知此事，必会有所言说，必会有所记载。真是满朝文武皆不知，密旨儿子不传孙，突有微员子孙出，透露惊天大秘闻，让人何以信之？而此说直接露出破绽之处，即是“取其喉骨”之情节。按照当时的律法与观念，“斩”与“绞”本是大有区别，“赐死”更含有“全尸”之恩惠，松寿何以会有如此暴戾之恶行？且清朝“赐死”官员从无“取其喉骨”之先例。《文录》的作者似熟悉民间戏文，方有如此戏剧化的情节描写，熟知清代掌故者自可看出其误。

近日又拜读了邓小军、刘梦溪、李开军三先生之宏文[⑤]与马卫中、董俊珏之大作[⑥]，方知此一史事已经开展了讨论。然我个人以为，晚清以降，文献与档案留存甚多，报刊等媒体已经出现，历史研究似应以直接史料为主，“以诗证史”的方法似常显力道不足。诗之解读，本为主观，一人即可得一解。且此一史事至此已无人世间的一切忌讳，诗人们似也不必以如此曲折之方式来表达已见。史事研究与文学研究不同，古代文献不足与今日记载甚多不同。李开军先生所引护理江西巡抚周浩于一九〇五年五月六日（光绪三十一年四月三日）的奏折，是一条很重要的证据，再次引录于下：

……陈宝箴钦遵交卸湖南抚篆，率其子陈三立回籍后，闭门思过，追悔异常。陈宝箴业于二十六年在籍病故。臣伏查陈宝箴父子受恩深重，当时情殷报答，过出无心。揆其心迹，尚有可原。况陈三立年壮才长，废弃不无可惜。兹据署藩司陈庆滋、署臬司锡恩会详请奏前来，可否仰恳天恩，俯准将已革原任湖南巡抚陈宝箴开复原衔、已革吏部主事陈三立开复原官，出自逾格鸿慈。除咨部外，谨会同署两江总督臣周馥恭折具陈，伏乞皇太后、皇上圣鉴训示。

该折的原件及军机处录副件皆存于中国第一历史档案馆，在原件上，有光绪帝的亲笔朱批：“著照所请，该部知道。”[⑦]再查军机处《随手档》，该折于一九〇五年五月二十三日（光绪三十一年四月二十日）收到。[⑧]周浩此处明言“在籍病故”，若是陈宝箴果真为“赐死”，周浩何敢上奏请“将已革原任湖南巡抚陈宝箴开复原衔”、何敢言称“伏乞皇太后、皇上圣鉴训示”，光绪帝也不会朱批“著照所请”了。顺带地说一句，一九〇八年一月十四日（光绪三十三年十二月十一日），江西巡抚瑞良再次保举了陈三立，该折于一月二十七日（十二月二十四日）收到，光绪帝亲笔朱批：“吏部知道。”[⑨]

---

①《江西文史资料》(1982年第3辑〈总第10辑〉，第119页)。

② 宋恕在光绪二十六年春写信给其内弟孙仲恺，称言：“……经（指经元善）既得保，成济、贾充辈大怒，于是下密电两江，着将翁师相、沈太史立刻就地斩决，以绝帝党之领袖。现已监禁苏狱，陆中丞欲免其死，电奏假报疯求宽，未知得免否？翁师相住宅已发兵围守（数日内事），闻有日本义

士救之出难，或云已逼令自尽，二说未知孰实？荣、刚又下密电于江西，着将陈宝箴中丞就地正法，其余稍涉帝党，无不着令严拿。上海派密差七八人专拿帝党，除文廷式学士、宋伯鲁御史、张元济主事指拿立决外，计开发电谏阻之五十人，一一严拿，以特指出三人严之又严者，一为叶瀚（杭州诸生）、一为王季列（吴人）、一为汪诒年（汪康年之胞弟）……看来陈中丞如不出亡海外，必不能免死……闻此外各省指拿名士又共有三百余人（此信已确，惟名单未传于外）。但未知地方大吏实在举行否耳？情形已与明代末年无异。”（胡珠生编：《宋恕集》，中华书局，1993年，下册，第700-701页）“成济”，三国后期曹魏武将，“贾充”，西晋开国元勋，司马家族的亲信大臣。贾充曾指使成济，刺死魏主曹髦。此处暗指刚毅等人。“翁师相”，翁同龢。“沈太史”，沈鹏。“陆中丞”，陆元鼎。“荣”，荣禄。“刚”，刚毅。“发电谏阻五十人”，指联名发电反对“己亥立储”的名士五十人。从该信的内容来看，全非事实，但可以表明当时上海的传言之盛。宋恕是在上海的报纸上看到这些消息的。

③军机处收到时间为：光绪二十六年七月初四日（六月二十三日发）、七月十四日、七月十五日、七月十六日、八月十二日（电奏）、八月二十一日、八月二十二日、闰八月初七日、闰八月十七日、闰八月二十六日、九月二十三日、九月二十八日、九月二十九日、十月初三日（电奏）、十月二十四日（电奏）、十月二十七日、十一月初二日、十一月十一日、十一月十二日。

④中国第一历史档案馆编：《光绪宣统两朝上谕档》（广西师范大学出版社，1996年，第26册，第164页）。又，光绪二十六年八月十二日清廷给江西巡抚松寿的电旨是用“六百里加急”送到济南，让袁世凯转发给松寿。

⑤邓小军：《陈宝箴之死的真相》，《诗史释证》（中华书局，2004年）；刘梦溪：《慈禧密旨赐死陈宝箴考实》，《中国文化》（2001年第17、18期）；李开军：《陈宝箴赐死考谬》（《文史哲》，2011年第1期）。

⑥马卫中、董俊珏：《陈三立年谱》（苏州大学出版社，2010年）。

⑦周浩原折见“朱批奏折”，档号：04-01-01-1072-054，缩微号：04-01-01-163-1189。该件曾影印出版，见《光绪朝朱批奏折》（中华书局1995年版，第32辑，第842-843页）。李开军先生引用的即是该版本。该折的军机处录副件见“录副奏折”，档号：03-5618-011，缩微号：423-2486。该抄件上录有朱批：“光绪三十一年四月二十日奉朱批：著照所请，该部知道。钦此。”

⑧军机处《随手档》光绪三十一年四月二十日，录有“朱批周浩折。一、请将戊戌案内之陈宝箴开复原衔其子开复原官由。著照所请，该部知道。交。”另录当日收到周浩其它折片九件的摘由。又，《清实录》记有此事：光绪三十一年四月“壬戌（二十日）……护理江西巡抚周浩奏，查明戊戌案内获咎人员情尚可原，请将已革原任湖南巡抚陈宝箴开复原衔、已革吏部主事陈三立一复原官。从之。（折包）”（中华书局1987年版，第59册，第231页）“折包”一语，说明当时的编写者所依据的资料为军机处折包，即已经看到了档案原件。再又，朱寿朋编：《光绪朝东华录》亦记有此事：光绪三十一年四月“乙卯（十三日）……允周浩请，予戊戌案内已革湖南巡抚陈宝箴开复原衔。”（中华书局1958年版，第5册，总5342页）朱寿朋所记时间有误。

⑨ 瑞良的原折见“朱批奏折”，档号：04-01-12-0659-083，缩微号：04-01-12-126-1122；该折的军机处录副件见“录副奏折”，档号：03-5495-073，缩微号：415-1497。瑞良在奏折中称：“查吏部候补主事陈三立，学识闳通，议论纯正，于新旧各学研究最深。奴才每与谈及时事，忠爱之忱溢于言表。自回籍以后，凡地方公益之事，时有建白，不干以私。前经学部奏充二等谘议官，本年江省设立学务公所，复由奴才咨请学部奏派该主事为议长，规画倡导，不遗余力，士论翕然。该主事前被公举全省铁路协理，殚心路事，筹集股款，基础已立。适八月间总理易人，远近知与不知，函电交推，举为总理。其办事持大体而不偏激，其志趣崇切实而屏浮华。奴才前闻其名，及亲接言论，考察行事，益信其名实相副，实为江右杰出之人才。”瑞良称其与陈三立有较多的交往，而从瑞良的赞词中，可以看得出这是一位其父被慈禧太后“赐死”的人吗？

丰子恺与翻译

◎钟桂松

读丰子恺先生散文总有一种沁人心脾的感觉，回味无穷的同时又记忆一生，这种阅读着实是所有文本阅读中的一种高级享受。所以，读过丰子恺先生的《缘缘堂随笔》之后，记住了这位文坛前贤，记住了丰子恺先生笔下那些充满艺术而又深刻的人生往事。然而本以为对丰子恺先生作品已经有所了解，却在品读丰子恺先生部分译文时，忽然发现本以为然的东西原来还只停留在一个方面或者说一个侧面。集绘画、散文、音乐、翻译于一身的丰子恺先生在不少读者眼里仅仅是他的一个侧面，喜欢他漫画的人往往只将其看成一个大画家，喜欢他散文的人往往只将其看成一个散文大家……这些，也是自然的事，因为一个人的阅读精力是有限的，这往往制约了对一个大家尤其像丰子恺先生这样多才多艺的大家的全面认识。我的这篇文章也不例外，也仅想对丰子恺先生的翻译作品作些介绍，为喜欢丰子恺先生的人增添一些了解。

说起丰子恺先生，读过看过他散文和漫画的人都知道其名。但对丰子恺先生的人生经历，恐怕对二十一世纪的读者来说，并不人人都清楚了。丰子恺先生浙江桐乡市人，一八九八年十一月九日（农历九月二十六日）出生于浙江古运河畔的石门镇上。他出生时，“丰同裕”染坊的丰家长辈们将他视为掌上明珠。因为在他出生之前，丰家已生有六个女儿，所以这在当时这个时代里，丰子恺的出生，自然成为丰家的喜事！丰家所在的石门镇，因为京杭大运河在此镇中拐个弯，所以又名石门湾。丰家在石门镇上既有诗礼传家的传统，又有邻里和睦生意兴隆的殷实，其父亲丰鐄先生靠自己的刻苦在丰子恺五岁时考取了举人，成为当地的一件盛事！但遗憾的是，父亲丰鐄中举后却因丰子恺的祖母去世，只得丁忧在家。不久，举人父亲也去世，年仅四十二岁，给丰家带来难以估计的损失和影响。后来，丰子恺入石门镇溪西小学念书，成绩为小学校里的佼佼者。当时县里的督学徐芮荪到石门溪西小学视察，发现了品学兼优的丰子恺，便毅然决然将自己长丰子恺一岁的女儿徐力民许配给丰子恺先生。为自己的女儿和丰子恺订了小亲。一九一四年，丰子恺以小学第一名的成绩毕业。后来报考杭州的浙江省立第一师范学校，以第三名的成绩被浙江第一师范学校录取。在这个师范学校里，聚集着一大批精英学者名流，如沈钧儒、经享颐、夏丏尊、马叙伦、张宗祥、李叔同等等，丰子恺先生在那里整整学习了五年，于一九一九年毕业。同年年初，与从小订亲的徐力民小姐结婚。七月份毕业后旋即应邀去上海专科师范学校担任教务主任，教授西洋画等课。一九二一年赴日本留学，十个月后，回到学校继续任教。后来又去上虞春晖中学教书，一九二四年冬离开春晖回到上海参与创办立达学园。此后，丰子恺先生先后在杭州、嘉兴、石门等地居住，一九三三年在石门旧居上建造正直明亮的缘缘堂。抗战爆发后，他携妻带儿女一路奔波，从浙江、江西、贵州而重庆，历尽艰辛。解放前夕，丰子恺先生从香港飞上海定居。一九五四年起，任中国美协常务理事，上海美协副主席，一九六〇年任上海中国画院首任院长，"文革"中遭受迫害，于一九七五年九月十五日病逝，终年七十八岁，不算高寿，也没有见到一九七六年的变化。

丰子恺先生一生，天资聪慧，勤奋刻苦，精通英文、日文，五十三岁学习俄语并翻译俄国文学作品，一生出版绘画、教育、音乐、文学、翻译著作达一百六十多部，是一位著作等身的多才多艺的大师。

丰子恺先生的文学道路，是从翻译起步的。一九二一年冬，二十四岁的丰子恺先生在日本留学十个月后坐船回国，在漫长的回国的海上旅途中，丰子恺先生开始翻译英日对照的屠格涅夫小说《初恋》，尽管《初恋》于一九三一年才出版，比丰子恺先生一九二五年最早出版的《苦闷的象征》迟了六年，但丰子恺先生依然把《初恋》称为自己"文笔生涯的'初恋'"。这部英汉对照的注释读物，在当时普及俄罗斯文学过程中，曾影响了一代文学爱好者。作家王西彦曾回忆自己"对屠格涅夫作品的爱好，《初恋》的英汉对照本也未始不是渊源的一个方面。"由于丰子恺先生在日本十个月的苦学生涯，对日本民情风俗和日本文学有许多切身感受，因而他一见到日本优秀作品，便有译介到中国的冲动。丰子恺先生后来回忆当年在日本见到古本《源氏物语》情景时说："当时我曾经希望把它译成中国文，然而那时候我正热衷于美术、音乐，不能下此决心。"这是当时丰子恺先生的一个梦想，经四十多年后，这梦想变成现实。

丰子恺先生带着许多甘美回味从日本回国后，不仅在归途中翻译了《初恋》，一九二五年四月还在商务印书馆出版了他的第一本译著——《苦闷的象征》，这是厨川白村的文艺论文集。当时，鲁迅先生也已将《苦闷的象征》译毕。两种译本同时译出并分别在上海北京报刊连载，又分别在上海商务印书馆和北京北新书店出版。鲁迅在一九二五年一月九日写给王铸的信中也说到此书，告诉王铸："我翻译的时候，听说丰子恺先生也有译本，现则闻已付印，为'文学研究会丛书'之一。"一九二七年十一月二十七日，丰子恺先生去内山书店拜访鲁迅先生，谈起翻译《苦闷的象征》时，曾抱歉地对鲁迅先生说："早知道你在译，我就不会译了。"鲁迅先生也客气地说："早知道你在译，我也不会译了。其实这有什么关系，在日本，一册书有五六种译本也不算多呢。"据说，当时年轻的丰子恺听了很是感动。

丰子恺先生的翻译，早期在时间上主要集中在二十世纪二十年代至三十年代初，这段时间除了《苦闷的象征》《初恋》外，还有《自杀俱乐部》以及艺术教育类的教材性质的作品，如《艺术概论》《生活与音乐》等。另一个时期是二十世纪五十年代至六十年代初，这个时期是丰子恺先生翻译的黄金时期，生活相对安定，时间充裕，主要译作除了他钟爱的艺术教育类外，重点完成了《猎人笔记》《夏目漱石选集》《石川啄木小说集》《蒙古短篇小说集》《落洼物语》《肺腑之言》等，同时又完成了百万字的日本紫式部的《源氏物语》上、中、下三册。这些译作成为丰子恺先生文学世界里的一个重要方面。

丰子恺先生翻译成果之丰与他的苦学分不开的。据说，丰子恺先生到日本后，"白天在川端洋画学校读美术，晚上则苦攻日文和英文。他学日文，并不去专为中国人而设的学校，他嫌这些学校进度过缓，却去日本人办的英语学校，听日本老师用日语来讲解初等英语，从这些教授中去学习日文"。丰子恺先生五十三岁那年，重拾俄文学习，几个月后便能读托尔斯泰的俄文原著《战争与和平》，最后将三十余万字的屠格涅夫的《猎人笔记》译成中文出版。据丰一吟同志撰写回忆，丰子恺先生学习一个外语单词，一般分四天来学，第一天读十遍、第二天读五遍、第三天读五遍、第四天读二遍，合起来二十二遍。在开手翻译的时候，丰子恺先生极为认真，真正力求每个词字句都能做到信、达、雅。所以女儿丰一吟在与他合译时，常常发现"父亲仰靠在椅背上望着窗外十一层楼的洋房发呆的时候，十有八九是为了想形容词的译法。"也正因此，我们今天读丰子恺先生的译作，才能感到丰子恺先生笔下的译文文笔流畅、辞章丰富、文采斐然。

丰子恺先生的全部译文，还没有收集起来集中出版过，浙江大学出版社用几年时间，花费了大量的人力、物力、精力，广泛收集整理出版丰子恺先生的译文，以十八卷之巨和五百多万字的规模出版《丰子恺译文集》，虽然还没有达到全集的程度，但已是弥足珍贵。丰子恺先生的译文，除了大家熟知的《源氏物语》《我的同时代人的故事》等多卷本大部头外，还有《苦闷的象征》也特别值得一提，因其是八十年前出版后未曾重印过，是丰子恺先生第一本正式出版的译著，而且当年此书出版前后与鲁迅先生有过一段佳话。另外，二十世纪二三十年代，丰子恺先生发表在一些报刊杂志上的翻译小说，同样是不可忽略的；但是，因为是八十多年前的单篇发表的翻译作品，丰子恺先生从未收进集子过，所以一般的世界文学爱好者很难见到；在《译文集》里，还值得关注的，是收入了丰子恺先生当年应出版社之约翻译的但从未出版过的日本著名作家中野重治和大仓登代治的长篇、中篇小说。其中《肺腑之言》是中野重治的自传体长篇小说，《派出所面前》是他的短篇小说;《美国猪》是日本作家大仓登代治的中篇小说。这些作品约有三十万字，都是丰子恺先生在二十世纪五十年代末或在六十年代初的译作。据著名翻译家文洁若老师告诉我，当年的《肺腑之言》都已经编辑好,只差开印了。却因为"文革"开始,出版社自顾不暇,出版《肺腑之言》自然就没有了结果。中野重治是日本著名诗人、作家、评论家。当代日本著名作家大江健三郎称为"日本唯一能在文学与人品上接近鲁迅的作家"。相信丰子恺先生这些尘封近半个世纪的译作一旦问世,读者对日本文学的了解又将多了一个窗口。

在浙江大学出版社即将出版的《丰子恺译文集》里,除了日本作家石川啄木、和田古江的小说外,还有苏联作家柯罗连科的短篇小说以及美国作家霍桑的《泉上的幻影》、李奥柏特的《大自然与灵魂的对话》等一些很让人养眼的美文,以及一些有滋有味的短篇小说。丰子恺先生翻译的大名鼎鼎的屠格涅夫的重要小说《猎人笔记》,自然是丰子恺先生翻译中的重要作品,这是一部被高尔基称为"异常卓越的"作品,二十多年前有单行本问世。还有日本《竹取物语》《伊势物语》《落洼物语》三部小说,这三部作品在二十多年前也曾结集单独印行过,因为这三部作品在丰子恺先生翻译生涯中有着重要意义，所以不得不看。丰子恺先生初试译笔的屠格涅夫作品《初恋》、厨川白村的《苦闷的象征》和英国作家史蒂文生的《自杀俱乐部》,这三部作品都是七八十年前问世后再没有重印过,这次出版有鲜花重放的味道。日本作家夏目漱石的中篇小说《旅宿》,日本作家德富芦花的中篇小说《不如归》以及蒙古作家达姆定苏连的四个短篇小说，其细腻、其清新、其缠绵、其优美,相信都会给人耳目一新的感觉。根据丰子恺先生的翻译手稿编辑出版的,主要有《肺腑之言》《美国猪》《派出所面前》等三部(篇)作品,我记得当时收到丰一吟同志寄来厚厚的手稿复印件时,十分震撼,丰子恺先生那熟悉的字体,在手稿里竟然那么干净和清楚。据文洁若老师告诉我,这部《肺腑之言》翻译手稿,是二十世纪七十年代末,寄还给丰一吟同志的。因此,这些作品的面世,不能不说是丰子恺文学宝库的新收获。

综览丰子恺先生译文,也可以看出丰子恺先生的审美风格和译笔文风。这些译文里,丰子恺先生以他丰富的学养和渊博的知识,使他笔下的译文真正做到了传统的信、雅、达的要求。人物故事的生动、描述的准确、语言的丰富,哪怕一个细小部位,丰子恺先生总是尽量用最贴切甚至贴切到艺术精确的程度,可见,丰子恺先生的翻译是从来都不肯马虎的。据丰一吟同志回忆，丰子恺先生的译作尤其是晚年的,都是应出版社之约而翻译的,但丰子恺先生也绝不马虎,敷衍了事,而总是在了解作者的基础上研究原文，然而着手进行翻译。丰子恺先生年轻时曾尝试用英语的思维方式来翻译，“觉得其思想的精密与描写的深刻确是可喜”。但太久后又觉得会变得沉闷、重浊了；于是，他真正开始翻译时，又用了看西洋画一般的“兴味”去动起手来。最早的《初恋》就是在这样的想法和做法中开始的。

从翻译屠格涅夫的《初恋》着手，丰子恺先生的文学活动明显显露出自己的偏好：一是对俄罗斯文学的喜爱。他读过不少俄文原作，二十世纪五十年代又专门翻译了屠格涅夫的《猎人笔记》这部被许多名人赞扬的小说，列宁曾“多次反复地阅读过屠格涅夫的作品”后称赞其语言的伟大而雄壮。托尔斯泰认为，屠格涅夫的风景描写达到了顶峰，“以致在他以后，没有人敢下手碰这样的对象——大自然。两三笔一勾，大自然就发出芬芳的气息”。现在猜想，屠格涅夫的这种手法，与丰子恺先生的漫画创作思维恐怕有某些共通之处，所以艺术的共鸣让丰子恺先生特别钟爱屠格涅夫的作品。二是对日本文学的情有独钟。丰子恺先生早年留学日本，对日本的风土人情、山川风物十分了解，他曾说：“我是四十年前的东京旅客，我非常喜爱日本的风景和人民生活，说起日本，富士山、信浓川、樱花、红叶、神社、鸟居等浮现到我眼前来。中日两国本来是同种、同文的国家。远在一千九百年前，两国文化早已交流。我们都是席地而坐的人民，都是用筷子吃饭的人民。所以我觉得日本人民比欧美人民更加可亲。”他又说起：“记得有一次在江之岛，坐在红叶底下眺望大海，饮正宗酒。其时天风振袖，水光接天；十里红树，如锦如绣。三杯之后，我浑忘尘劳，几疑身在神仙世界。四十年来，这甘美的回忆时时闪现在我心头。”对日本风情的喜爱，是丰子恺先生对日本文学的了解和熟悉引起的，他的这种情感，浸淫在日本文学的翻译里。他二十世纪二三十年代的翻译，大量的是日本国作家的著作，除译文集收入的《初恋》《自杀俱乐部》及少量短篇是俄国和英国题材外，当时几乎全是日本的作品，如田边尚雄的《孩子们的音乐》和《生活与音乐》、黑田鹏信的《艺术概论》、上田敏的《现代艺术十二讲》、门马直卫的《音乐的听法》、森口多里的《美术概论》等。二十世纪三十年代也同样，译的除上面提及的《自杀俱乐部》外，其他都是日本作品。因此，可以说，丰子恺先生在日本留学十个月期间日本的艺术熏陶对他一生的艺术价值取向至关重要。

丰子恺先生译文，无论是其艺术价值还是思想价值都具有较高水准。屠格涅夫是俄国的大文豪，有关他的生平和文学贡献，丰一吟同志在《猎人笔记》的“译本序”中已有充分精到的介绍；《落洼物语》中有关三部物语在日本文学史上的地位和影响以及它们的艺术成就，唐月梅先生在其“译本序”中也作了酣畅的阐述，读者从中可以增长许多知识。

至于蒙古著名小说作家达姆定苏连，也许对今天的读者来说已颇为陌生了，况且蒙古小说在中国的读者群并不众多。然而,也正是这一原因,许多中国读者失去了领略蒙古小说的风采的机会。达姆定苏连是诗人、散文家、翻译家兼文学评论家,他一九二九年出版的《被遗弃的姑娘》被选入蒙古文学教科书。一九〇八年他出生于蒙古国一个放牧者的家庭里,十六岁以前一直和家属们同在广阔无涯的蒙古草原上过着游牧生活,因此他有条件观察人民生活世态,看到多重压迫下人民的劳苦。十八岁的达姆定苏连参加了人民革命军。在这时立下了他的文学志向,并开始翻译和创作。一九三三年至一九三八年,达姆定苏连到苏联求学。二十世纪四十年代他担任了蒙古人民革命党中央委员会机关报《乌南》的主编。丰子恺先生翻译的达姆定苏连的四个短篇小说主要是反映蒙古普通人民的生活情况,有人评论他的创作是"严格的现实主义,生活的知识,以及将生活充分具体地表现出来的愿望,达姆定苏连是和温暖的抒情主义以及看到祖国生活阴暗面的人物的轻松幽默结合在一起"。所以"在他以简单而明朗的笔调描写故乡的自然景色中特别明显地流露出来"。这些评价,在这四个短篇小说中是显得格外充分。那种身临其境的感觉以及蒙古大草原上那种草的气息,从字里行间扑面而来,那种与草原生命同在的骏马的拟人化描写中,让人在阅读中深切地感受到草原上人们与马的那种影形不离、相依为命的深厚感情。所以相信,这些蒙古小说对今天的读者来说,将会有一种久睽的淡淡的而又亲切自然的感受。

这次距离丰子恺先生翻译近半个世纪后面世的日本著名作家中野重治的自传体长篇小说《肺腑之言》,是中野重治的一部重要作品,曾获得日本一九五五年度每日出版文化奖。尽管在现当代日本文学发展中中野重治有他的重要地位,与中国广大读者熟悉的小林多喜二齐名,但由于中野重治在中国尤其是二十一世纪的读者中同样有些陌生,因此,趁《肺腑之言》的出版,先来简要介绍一下中野重治这位无产阶级诗人、小说家、评论家。

一九〇二年一月二十五日,中野重治出生在日本福井县现坂井市丸风町,父亲藤作是大藏省烟草专卖局职员,家里人丁兴旺,他有一个哥哥、三个妹妹。其中一个妹妹也是一个诗人。一九二四年中野重治进东京帝国大学文学系德国文学专业学习,第二年由林房雄等人介绍,加入社会主义研究团体新人会,此后又与久板蒙二郎、鹿地亘等组织东京帝国大学社会文艺研究会。一九二六年初,中野重治创作的小说《愚蠢的女人》获《静冈新报》一等奖。同年受新人会委派,参加共同印刷厂罢工斗争。自传体长篇小说《肺腑之言》就是主要叙述受新人会委派去组织罢工斗争这段经历。

不久,中野重治又与千田是也、叶山嘉树等人组织马克思主义艺术研究会,并与西泽隆二、堀辰雄等人创办同人杂志《驴马》,发表《黎明前的再见》《歌》《火车头》等诗篇,成为日本无产阶级重要诗人。同年底加入无产阶级艺术联盟,当选为中央委员。此后为揭露当局对日本共产党的镇压，把主要精力用在写小说和评论上。小说《早春的风》讲述一个婴孩在三月十五日对日本共产党的大逮捕中被折磨致死的故事，揭露统治当局的残暴，歌颂共产党人英勇不屈的斗争精神。这个时期反映工农群众反对地主、资本家斗争的小说有：《老铁的故事》(1929)、《停车场院》(1929)、《年轻人》(1929)、《波谷》(1930)和《开垦》(1931)等等。一九三一年夏，在日本共产党屡遭镇压时期加入日共，第二年被捕，一九三四年作了退出共产主义运动的保证后出狱。从一九三五年一月起至一九三六年写了五篇所谓"转向"小说，抒发他转向后的痛苦心情，对那些坚贞不屈的同志表示敬仰，也流露出继续创作和革命的意向。一九三七年创作了描写铁路工人生活和斗争的小说《火车司炉》后受到内务省警保局禁止创作的处分。一九三九年他见控制稍有松动，又拿起笔写成自传体中篇小说《告别短歌》和《空想家与脚本》，分别写他学生时代思想成长的过程，及被勒令停止写作后在东京社会局做着无聊的抄写工作的情景。一九四〇年完成重要评论《斋藤茂吉作品阅读笔记》，流露出"对天皇、战争和法西斯暗中抵抗的意识"。一九四五年十一月，重新加入日本共产党，积极参加新日本文学会的组织工作。一九四七年当选为参议院议员。同年问世的《五勺酒》，对日共的斗争历史进行反思，被认为是他战后的代表作和当时日本文学的杰作之一。战后其他主要著作有评论《批评的人性》，二十世纪五十年代以后主要著作有获一九五五年度每日出版文化奖的自传体小说《五脏六腑》(1954)和《梨花》(1958)，以及描写日本共产党近半个世纪曲折斗争的《甲乙丙丁》。一九六四年因反对日共中央处分神山茂夫而被开除出党。一九七九年夏天，逝世于东京。日本福井现在保存中野重治的故居，并建有中野重治文库(资料馆)，已成为今天福井的一个观光的文化景点。

这里，我之所以不厌其烦地着重介绍一下中野重治这位作家，因为新世纪的中国读者对《肺腑之言》的作者了解不多，承日本福井的朋友提供相关材料，才对中野重治先生的生平史迹有个大致了解，相信对了解《肺腑之言》会有助益。中野重治的小说，除自传体长篇小说《肺腑之言》外，丰子恺先生当时还翻译了他的一个短篇小说《派出所面前》，因为手稿从未发表过，这次也一并收入，这个短篇小说讲述了日本警察欺压百姓的故事，情节并不变杂，但揭示的主题十分深刻，语言也十分洗炼，所以也是值得一读的。

总之，可以想见，浙江大学出版社即将出版的《丰子恺译文集》是一部值得期待的文学精品，从中可以全面了解到丰子恺先生翻译的题材不一、风格各异、语言丰富、故事精彩的外国文学作品，也能体会到丰子恺先生的翻译智慧和心血以及他的审美理想。相信丰子恺先生的译文和他的散文一样，都是丰子恺先生文学世界的宝贵财富。

不死的《死魂灵》

◎汪家明

范用先生去世后，他的子女让我从他们父亲留下来的藏书里，选几本艺术书留念，还说，这些书给你，也许能派上用场。其中一本是《死魂灵百图》。环衬上有范先生的手记：

一九三六年，时年十四岁，还是小学生，在镇江五卅图书馆看到《死魂灵百图》，爱不释手。这一年，父亲去世，破产还债，身无分文，买不起这本画集。一九四六年，从重庆到上海，也还是穷，但终于买下了这本书。贴有两张书票(藏书票——汪注)，甚佳，至今未能查考出藏书主人是谁，似乎是日本人。近由李化(纪)生兄送请当年主持出版此书的吴朗西先生在书上签名。范用记于一九八九年十月。

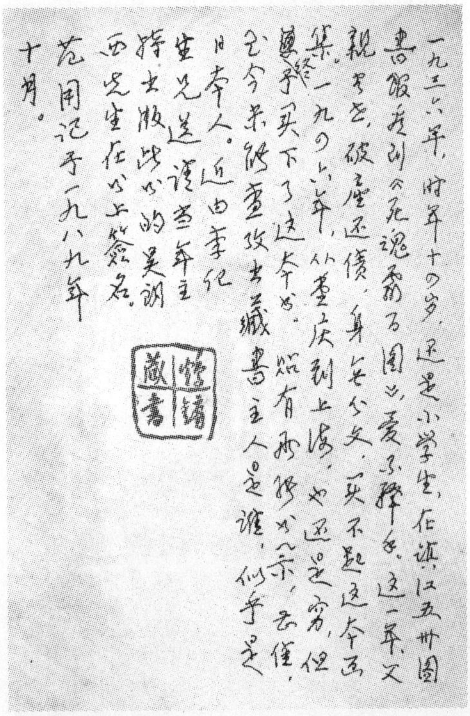
一九三六年，时年十四岁，还是小学生，在镇江五卅图书馆看到《死魂灵百图》，爱不释手。这一年，父亲去世，破产还债，身无分文，买不起这本画集。一九四六年，从重庆到上海，也还是穷，但终于买下了这本书。贴有两张书票，甚佳，至今未能查考出藏书主人是谁，似乎是日本人。近由李化生兄送请当年主持出版此书的吴朗西先生在书上签名。范用记于一九八九年十月。

范用先生手记

根据本书封面的信息，题目全称应为《尼古拉·果戈理的诗篇 死魂灵 一百图》，A.阿庚画，培尔那尔特斯基刻，三闲书屋翻印，文化生活出版社发行。“三闲书屋”是鲁迅创办的出版社，“文化生活出版社”则由巴金和吴朗西主持。本书依据的原稿，是在上海旧书店偶然买到的俄国一八九三年版。鲁迅在《小引》中特别感谢了经营校印装制的吴朗西等朋友。一九八九年吴朗西八十五岁了，他应范用之嘱在书封面的签名几乎无法辨认。

在中国，果戈理、《死魂灵》知名度很高，这不能不归功于鲁迅先生，由于他翻译了《死魂灵》，由于他出版《死魂灵一百图》，也由于他崇高的地位；另外，还由于果戈理是我们一般意义上的“进步作家”。但是，大多数中国读者对真实的果戈理并没有明晰的概念，因为他实在是离我们相当遥远——生于一八〇九年，死于一八五二年，《死魂灵》发表于一八四二年，比我们的《官场现形记》《二十年目睹之怪现状》《老残游记》还早半个多世纪。可是，这个人的性情，实在值得一说呢。比如，很难想像，他的为人与他辛辣讽刺挖苦的小丑式人物乞乞科夫非常接近！在俄国作家魏列萨耶夫的研究著作中，我们看到果戈理在处理自己的事务时候正像乞乞科夫那样不择手段：他让母亲买一些古董寄给他，想用这些东西讨好一位喜爱古董的大臣；他让朋友在报上介绍自己的作品集时，加上“此书引起轰动，畅销之极”的字眼，尽管当时还没卖几本；《钦差大臣》再版时，为了销路，他要求在版本上注明“赈济穷人”字样，其实根本没有这回事。至于他给贵妇人们写的信中表现出的“傲慢与贪求、伪善与虚荣、预言家的语气与食客的口吻”，则令曾经听过他的课、崇拜他的屠格涅夫厌恨无比。他自己也说过：“我身上聚集着各种龌龊的东西。”另外，果戈理其实完全不了解俄罗斯的社会生活，他从未访问过哪怕是任何一家小地主（不过，他自己就出身于小地主家庭），没接触过商人，没结过婚，一生平淡无奇；他的作品中

果戈理像

范用先生保存的《死魂灵百图》封面

漏洞比比皆是，连外省的行政机构和官员序列也弄不清楚。可是，就是这个人写出了《钦差大臣》和《死魂灵》。

《钦差大臣》和《死魂灵》的创作构思都来自普希金。前者创作于一八三六年，同年搬上舞台。剧中讲述官吏们获悉有钦差大臣微服私访，误把一位彼得堡来的小官吏当成钦差，极力巴结款待，最后当然是哭笑不得。这是真正的喜剧，既有强力的讽刺，又有深邃的思想，同时具有鲜明的风格。赫尔岑称它是“当代俄国骇人听闻的自白。”大多数观众看戏都笑了，沙皇观看时也笑了，而且“笑得要死”。普希金却听出了年轻果戈理笑声背后的哀伤，称他为“愉快的忧郁者”。《死魂灵》完成时，普希金已去世四年。它与《钦差

乞乞科夫初到小城

上流社会的礼节

吝啬鬼泼留希金

大臣》的情节结构相像：从故事发生地之外，不知什么地方来了一位神秘的、有身份的人物，他周游于中上流社会，约见一个个完全不同又有着共性的人物，以达到不可告人的目的，但最后终于露馅儿。整个故事都在悬念之中引人读下去。那位有教养、讲仪表的乞乞科夫，千辛万苦，只是为了买死去尚未注销“户口”的农奴（就是买“死灵魂”），以赚取别人不明白的大钱。果戈理正是通过怪异的故事，揭开一位位官员、地主的道德面纱和性格黑洞，淋漓尽致地讽刺了农奴制和官场的荒谬和落后。那个家财万贯却穿着破衣烂衫的泼留希金，在门口只备一双靴子，哪位农奴进门哪位穿用的细节，对吝啬鬼的刻画入木三分。

《死魂灵》中，乞乞科夫固然引人入胜，但最令我感慨的，却是书中洋溢着对俄罗斯民族的深切感情，这种感情是通过无情的讽刺和鞭挞表现出来的。书中不乏这样的表述：“总将下流社会介绍给读者，作者实在觉得过意不去，因为他从经验，知道读者们是很不喜欢认识下等人的。凡俄国人，倘使见着比自己较高一等的人，就拼命地去结识……本书的主角不过是一个五等官，作者也担心得很”；“凡俄国人，一到紧要关头，是总归不肯深思远虑，只想寻一条出路的”；“他（乞乞科夫）在我们这俄罗斯的祖国旅行，遇见了许多种类，各样身份，高贵的和普通的人物。他从中选择主角，在显示俄罗斯人的恶德和缺失之点，比特长和美德还要多”。小说结尾，作者发出深沉的询问：“你不是也在飞跑，俄国啊，好像大胆的，总是追不着的三驾马车吗？地面在你底下扬尘，桥在发吼。一切都留在你的后面了……这令人恐怖的动作，是什么意义？……俄国啊！你奔到哪里去，给一个回答罢！”

丰富、鲜明、卑琐、下流的人物群像，腐朽、糜烂、黑暗、广漠的土地和社会，最具体的个人和最浑朴的民族，滑稽与严肃，巧妙焊接在一起——这就是史诗的特质——尽管这些人物、这个社会圈子几乎是“并不了解俄罗斯现实社会”的果戈理杜撰出来的。

果戈理写作的认真到了苛刻的地步。在生活中他可以龌龊、卑下，写作却等同于神圣。或者说，为了写作和发表，他宁可低三下四。《死魂灵》通过审查时，他动用了各种关系走门子。他几乎是病态地要求别人给他的作品提批评意见，认为即便在最愚蠢的人的看法中，也能够找到对自己有益的东西。有一个例子可以证明他对别人的意见有多重视：在灵感爆发时刻，他写出了一部构思已久的剧本，并深信是自己最好的作品。他在某个中午给诗人茹科夫斯基朗诵，请他提意见。诗人有午睡的习惯，听着听着睡着了，于是，果戈理把那部剧作投入火炉中。他一生中烧掉的作品不知有多少。《死魂灵》第一部出版后“震动了整个俄国”，可是几年后他对这部作品就不满意了，一八四五年把手稿焚毁。在第一部第二版的序文中，他曾写道：“好的人物和好的性格，是要到第二部里这才

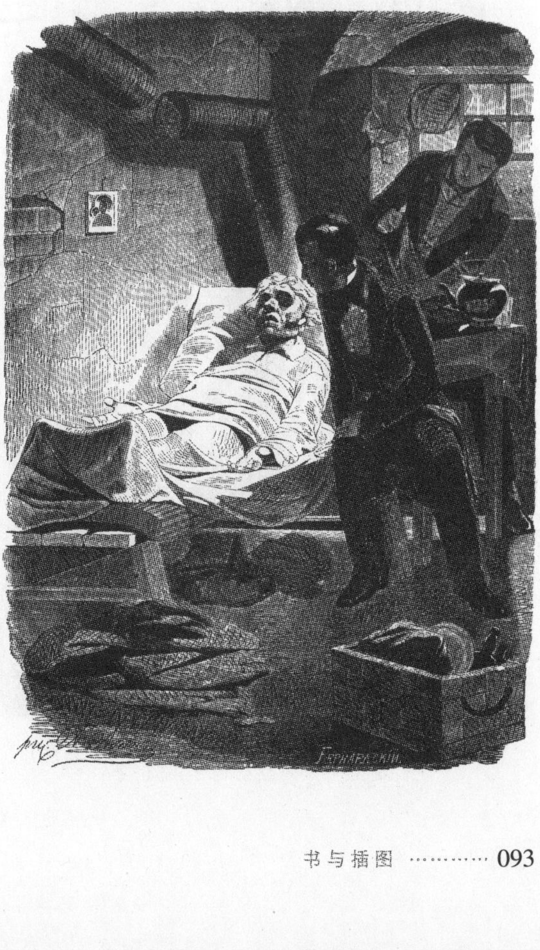

左上：乞乞科夫参加社交活动

右上：幼年的乞乞科夫被父亲拧耳朵

右下：垂死的老师为乞乞科夫的忘恩负义而伤心

乞乞科夫悟到靠"死魂灵"赚钱的妙计

乞乞科夫向玛尼罗夫太太致礼(蟠克莱夫斯基绘)

提出的";他还说:"我真想在自己的著作中显示出俄国人本性中那些至今尚未得到所有人公正评价的高尚的品质来。"然而,恰如鲁迅所说:"这一部书,单是第一部就已经足够的,果戈理的运命所限,就在讽刺他本身所属的一流人物。所以他描写没落人物,依然栩栩如生,一到创造他之所谓好人,就没有生气","这在讽刺作家果戈理,真是无可奈何的事"。他生命的最后几年中患了抑郁症,开始沉迷于东正教。他对自己以往发表的作品表示忏悔,公开声明,《死魂灵》第一部"充满漏洞和时代错误,作者对许多事物显然一窍不通,有些地方甚至故意使用了侮辱性的冒犯言辞";"我生到世上来,绝不是为了要在文学领域占一席之地,而是为了拯救自己的灵魂"。一八四八年他到耶路撒冷朝圣归来,神甫马修斯·康斯坦丁诺夫斯基认为他的作品在上帝的眼中是一种罪恶,要求他烧掉。一八五二年二月十二日凌晨,他把写了多年并修改无数次的第二部的主要章节手稿付之一炬,两周后就离开了人世,年仅四十三岁。

鲁迅翻译《死魂灵》是在他生命的最后两年。是根据德文版并参考日文版翻译的。一九三五年十月译完第一部,一九三六年五月到十月十六日翻译并整理第二部残稿第三章,未完,三日后便去世了。许广平说,在"未完成"这一点上,鲁迅和果戈理"也算一

乞乞科夫向玛尼罗夫太太致礼
（梭可罗夫绘）

种巧合罢”。其实，鲁迅和果戈理有着特殊的“巧合”：他们都是讽刺大家，都善于以大爱书写“民族之劣根”。有人说，鲁迅受了果戈理影响。比如，他的小说处女作《狂人日记》就来自果戈理；在他的书信、日记中，大约有一百多处提到果戈理及其作品。他一生中最重要的译著是《死魂灵》。在《死魂灵百图·小引》中，鲁迅写道：“果戈理开手做《死魂灵》第一部的时候，是一八三五年的下半年，离现在足有一百年了。幸而，还是不幸呢，其中的许多人物，到现在还很有生气，使我们不同国度、不同时代的读者，也觉得仿佛写着自己的周围，不得不叹服他伟大的写实的本领。不过那时的风尚，却究竟有了变迁……倘使没有图画，是很难想像清楚的……先有七十二幅，未详何年出版，但总在一八四七年之前”。在为此书写的广告中，鲁迅又说：“读者于读译本时，并翻此册，则果戈理时代的俄国中流社会情状，历历如在目前。介绍名作兼及如此多数的插图，在中国实为空前之举。”

据考，当时作《死魂灵》插画的有三位俄国艺术家：阿庚、蟠克莱夫斯基、梭可罗夫。梭可罗夫的十二幅插画，是曹靖华从俄罗斯买来的，鲁迅一并印在《死魂灵百图》书中。我许多年前读《死魂灵》，正是鲁迅先生译本（人民文学出版社 1952 年版），但其中的十一幅精细木刻插图，没有注明作者何人，对照《死魂灵百图》，并非阿庚或梭可罗夫所作。我想，它们或许正是蟠克莱夫斯基的作品？那么，一百多年前三位艺术家为《死魂灵》作的插图就凑齐了。

幸而，还是不幸呢，鲁迅先生去世，离现在也有七十七年了，“其中的许多人物，到现在还很有生气”，就在中国，就在我们身边——这或许是被果戈理两次投入火炉的《死魂灵》，不但没有“死去”，反而穿越时空，在许多一流翻译家和艺术家的劳作下，流传世界各地，流传到今天的缘由。

新一代农民工:中国的现实和未来

◎徐　珏

随着农民工大量涌入城市，近些年，以农民工为题材的出版物，成为一些作者和出版社的关注点。就我手边见到的就有:**《打工女孩：从乡村到城市的变动中国》**(张彤禾著，张坤、吴怡瑶译，上海译文出版社，2013年3月版)，**《中国新工人：迷失与崛起》**(吕途著，法律出版社，2013年1月版)、**《我在富士康》**(潘毅、卢晖临、郭于华、沈原编著，知识产权出版社，2012年10月版)**《中国女工》**(潘毅著，九州出版社，2011年4月版)、**《大工地》**(潘毅、卢晖临、张慧鹏著，北京大学出版社，2012年2月版)等等，这些书从不同的视角、立场和研究方法试图来了解、进入中国农民工这个群体。

农民工、或者说中国新工人是自改革开放以来出现的新的社会群体，这个群体在中国的公众话语领域往往是被代言或者干脆说是失声的。但是随着中国成为"世界工厂"，越来越多的农民工涌入城市，他们成为中国现阶段工人的主体，(原来城市产业工人在产业调整中渐渐弱小)，据资料调查，农民工现在的体量至少有两亿四千万人口，而且这个人群的面貌也随着年龄层次的更新在文化、教育背景上有了很大的不同。更重要的一方面是，他们进城打工，或者落脚城市，或者守望乡村，对中国传统的乡村结构的颠覆也起到了至关重要的作用，如果要厘清中国的城市化进程的图景，不得不首先来记录、描摹、研究中国农民工的历史和现状，倾听他们的声音，然而这在我们经济飞速发展的前三十多年，往往是被无视的。正如《时代周刊》所言：对于世界上的大多数人而言，作为全球经济引擎的中国农民工不过是无名的、可以替换的一块零件，但是他们比起其他任何一切，都更能代表当下的中国，一个正挥别乡土和动荡的过去，并拥抱光明但又忐忑未来的国度。

进城，从乡村到城市的变动中国

张彤禾从二〇〇六至二〇〇八年间深入调查了东莞的打工女孩，写出了《打

工女孩》一书，作品以两个人物吴春明和吕清敏为主线，试图还原出中国打工女性的现实，更难能可贵的是，她的视角不是从知识分子的角度自上而下的，而是不带事前预设的。二〇一二年，张彤禾在TED（在美国举行的集中世界上各领域优秀人物的非营利性会议）演讲中讲道，“如果不是聆听对方真实的心声，而是一厢情愿地可怜别人，这不光是不准确，而且还是不尊重人的。”

关于农民工为何进城，她这样写道：“出去，农民工用这个简单的词给他们的流动生活下定义。家里没事做，所以我出去了，出去打工的故事就是这样开始的。”在坊间也有不少人对这个论点质疑，他们理解张彤禾所说的“家里没事做”是“无所事事”。其实“家里没事做”是包括多种可能性：一、没有有前途的事情做。二、因为新一代农民工，特别是“八五后”的农民工，自小就在学校读书，没有种田的技能，家里也没有那么多田可供种植。秦晖在二〇一二年四月七日北京单向街图书馆的《落脚城市》讲座时曾说：“实际农村经济达到自给自足的水平并不需要那么多人，农业人口只需要百分之四至百分之二十。世界上农业生产效率最高的国家反而是农业人口占比例最低的，大概只有百分之四至百分之五。所以一旦农村发展必然导致城市化，因为农村人口必须离开农村土地，好像是城市化导致了农村的迁徙，实际上是因为农业的发展而导致城市化。”这大约能解释为什么农民工要进城打工，农业的发展把农民从土地的束缚上解放了出来，这些富余的劳动力需要出口，城市的工厂、饭店、工地为他们提供了就业的岗位。

进城，在上世纪九十年代初出来打工的农民工来说，是为了赚更多的钱，但是对新一代打工群体而言已经不那么简单，他们也有梦想。与上世纪七十年代及之前出生的第一代打工者不同，八十年代以后出身的第二代打工者大多没有以务农为生的历史，九十年代出生的第三代打工者中的很多人没有种过地，他们在城市出生和长大。打工者工作、居住、生活在城市，他们的后代也将城市视为最终的归宿。张彤禾写道：“农民工是农村里的精英。他们年轻，受过较好的教育，比留在村里的那些人更上进。”城里人叫他们“流动人口”，仿佛在说一群漫无目的的乌合之众，但是大多数农民工离家的时候心里都有一个工作目标。在接受上海电视台“读书有道”节目采访时，张彤禾强调，**《打工女孩》**中的春明和敏的梦想其实和我们一样，希望有稳定的生活，有自己的空间，做自己想做的事，她们从农村来到城市，不仅仅是想赚钱，还想实现自己的梦想。新一代农民工再也不是简单地提供劳动力，然后回到农村。对他们而言，进城，是为了落脚城市，获得更好的发展，他们的梦想更多的是像一个城市生活的人的梦想。

关于如何落脚城市，农民工更多的是靠自己。在东莞生活了十三年的吴春明，经历了人生的几番起伏，总结出的经验是

“靠自己”。破败的乡村和弱势的亲人不能给予她们关系网络和经济上的支持，在工厂生活中孤独的自己，很容易和别人失去联系，加上在打工者的生活中政府和工会往往是缺席，让农民工只能靠自己。《**打工女孩**》书中描写了春明维权的故事，政府部门的官僚作风、打工群体对法律知识的匮乏都造成了她们在维权道路上的困境。这个“靠自己”是个人奋斗，也是从现实处境出发的必然。在书中张彤禾写道：“打工女孩的故事有某种共性，在工厂里你很容易迷失自我，那里有成百上千个背景相似的姑娘：在农村出生，没念过什么书，穷。工厂是做什么的从来都不重要，重要的是那份工作带来的艰辛或机遇。打工女孩的命运转折点永远是她向老板发难的时候。那一刻她冒着失去一切的风险，从人群中脱颖而出，迫使这个世界将她视为一个个体。”让人思索的是，这个“靠自己”和传统的农业社会的思维是如此不同，在传统农业社会，农民在村落居住，一个村里的人彼此认识，协作生活耕种，而农民工如此强烈的个体意识，已经标志着他们不再是一个农村人，而更接近西方社会“个人”的概念。这种个体意识在吴春明的日记中随处可见：“目前我什么也没有，我唯一的资本就是我还年轻。”“没有人会理解我，我也不需要别人来理解我。我尽可以走自己的路让别人去说罢”……

进城改变了农民工的个体命运，同时也改变了他留在乡村的家庭甚至是整个乡村社会，成为中国城乡巨变的一个注脚。在《**打工女孩**》中张彤禾记录了她在春节期间陪同吕清敏回乡过年的见闻。她写道：“外出务工已经成了村里主要的收入来源 。敏和姐姐俩去年一年一共寄回家五千元，而父母在家里养猪，种棉花，一年的收入只有两千元。她们的钱用来供弟妹们上学，也让姐妹俩在家庭事务中拥有了发言权。”这让张彤禾大大诧异。她回想起自己祖父在上世纪三十年代离开农村的家去外国留学，但是当他回到家乡后，在受教育和知识层面上都大大高过他的祖辈，但他的父亲对他的权威还是绝对的。在传统的中国农村社会父权和夫权是维持农村社会的基础，但是在中国成为“世界工厂”的三十多年间，随着打工者把城市文明的带入，特别是带来了城市文明经济上的好处，轻而易举就颠覆了农村的权力结构。复旦大学社会系教授于海也认同张彤禾的观察，他说：“一个农村孩子在城市的成功，颠覆了农村的权力结构，会赚钱的孩子、妻子成为家庭的权威，她们是回不去了，这就是中国城市化的道路。”新一代打工者也许再也不是单纯的“劳动走出去，财富带进来”，他们虽然对农村有经济上的支持，和乡土有着联系，他们的父母子女还在农村，他们也会成为自己同村人来城市的接应，但是不同于中国的传统社会，在城市的漂泊者最后还是要告老还乡，把财富留在本乡本土，新一代的打工群体更渴望的是把财富留在城市，成为新的城市人。敏的阿姨对张彤禾说：“在城市里住了一段时间，想法就变了，你会不停地想怎么改善农村的生活"她和丈夫在武穴（一个三线城市），在当地租了套房子住，但是他们四岁的女儿还跟祖父母一起住在乡下，他们计划等存够了钱买房子，就把孩子接到城里来，他们俩结婚的时候也没跟村里要耕地。敏的阿姨说："村子还是家，但是我已经住不惯了。"

中国新工人，在城乡间进退两难

《中国新工人：迷失与崛起》是社会工作者吕途撰写的一部社会学著作。作者所说的新工人是指工作和生活在城市而户籍在农村的打工群体。对比过去的国企工人而言，过去的国企工人有国家工人的编制，享受国企工人的各种福利待遇，而现在的打工者虽然在工作性质上是工人，但是却享受不到过去工人的待遇。本书作者在北京、重庆、东莞和武汉一共访谈五十四名新工人，在河南、四川、重庆和贵州调查了五个村子，访谈了三十六户农户。作者的主旨是研究"城乡之间和打工者的未来发展"。吕途指出对于新工人群体而言，城市待不下，农村回不去，他们在城乡间进退两难。

在作者所属的"打工文化艺术博物馆"的墙上，悬挂着一幅《打工·三十年·流动的历史》图表，它清楚地说明了这个群体的历史形成：一九七八至一九八八年，农民在受控的条件下进城打工，他们的名字是"盲流"，至一九八八年，人数为两千万；一九八九至二〇〇二年，也许可以称之为"农民工"阶段，其人数达到一亿两千万；在这个时期，政府对人口的流动不再限制，但城市对外来人口的歧视性政策（暂住身份、遣送风险等）是常规性的；二〇〇二年至今的阶段，作者称之为"打工者成为新工人新市民"阶段，人数规模至少在两亿四千万以上。在这个时期，收容遣送制度被废除，劳动合同法得以实施。打工者在城市工作，盘桓于局促的居室，劳动的汗水换来的工资常常用于在"回不去的农村"盖房子。

和张彤禾看到的中国农民工进城依靠的个人奋斗以及资本在中国城乡变化中起到的关键作用不同。她认为社会的严重问题是：个人奋斗也没有出路。她更多看到了两亿四千万中国新工人背后的社会问题：拆迁对中国新工人落脚城市居住点的破坏；留守儿童和老人带来的教育、心理、养老等社会问题；新工人群体的收入和城市消费水平的巨大差异使得他们无法在城市落脚，买不起房，只能在乡村盖房子，但是工作居住在城市，又无法使用新盖的房子，造成经济资源的闲置浪费；虽然收容遣送制度被废除，工人可以理直气壮地在城市打工生活，但是城市和工厂不能为他们提供和有城市户口的居民同样的福利制度，在医疗、教育、住房等领域，他们享受不到应有的福利待遇。这些问题都会对中国社会的发展造成不小的影响。

在书中，吕途引用了孙立平教授的"断裂的社会"的概念，认为在断裂的社会里，人们虽然处在同一个时代，但是在不同的地方人民的物质生活水平和生存环境却处在不同的时代。过去,由于交通和信息传播方式的限制,农村的人也许一辈子都生活在农村,对外界知道甚少,也不会直接产生社会的断裂和人格分裂。现在两亿多打工者从农村进入城市,他们可以直接感受到现代化的生活方式、可以看到优越的生活是什么样子,但是他们和这些没有关系。在这种情况下,我们的社会直接制造了无数生活和精神处于分裂状态的人,制造了无数充满失败感、对社会不满、迷茫和躁动的人。吕途指出,打工者在身份上是分裂的,户籍在农村,但人却在城市工作生活;打工者与土地的关系是分裂的,并不是所有打工者在农村拥有土地,但是很多打工者在农村盖房,他们在事实上已经放弃了农业,回不到农村;打工者"家"的概念是分裂的,在城市的出租屋不是家,在老家的房子才是"家",但又长期不居住。作者认为现在中国社会"持续性的用工荒"主要是由于社会断裂和精神异化导致的。打工者在城市没有归属感、不能安居乐业,又不能回到农村也不愿回到农村,只能在迷茫和躁动中流动,去寻找可能性,或者只是太腻烦了去换个环境。

当深入调查到中国新工人的困境和现状时,吕途也试着开出了解决方案。她认为首先打工者个体的思想和认识决定了自身和群体的命运,并且决定了中国的未来。新工人应该追求平等的待遇,而追求平等要从公平入手。吕途尖锐地指出,改革开放三十年,中国已经发展成为全世界贫富差距非常大的国家,但这以社会不公平为前提——以牺牲大多数人的福祉来谋求少数人发财致富和经济总量的增加——的发展可以持续吗?她指出五种追求公平的途径:一、不要陷入支持社会不公平的话语陷阱中;二、打工者要理直气壮争取社会公平;三、要追求机会和教育的公平;四、要追求消费的公平;五、要追求公平的工资。

对解决新工人居住的问题,吕途很赞同学者李昌平的建议,即每一个"新工人"都有享受基本住房的权利,不能指望市场去完成,落实这项基本人权是政府的头等责任之一。主要做法就是政府在城市交通最方便的地方,建设"新工人"的居住区,——新工人公社,每个新工人公社以三万人为上限,每套住房的面积在四十至五十平方米为宜,价格不超过八百至一千元/平方米,这样他们才能在城市居住下来。配套的还需要农村农业政策,逐步将农民和农村纳入公共财政覆盖范围,让农民、农村享受市民、城市同等待遇;需要落实宪法"土地农民集体所有"制度,给村民集体发放土地产权证明。在此基础上,建立国家土地银行和村社土地信用合作社为主体的土地金融体系,帮助农民充分实现土地产权,获得土地产权"证券化"资本收益。

关于是否建立"新工人公社",我觉得这个问题可以探讨。因为根据西方城市化的经验,比如美国,为了整治所谓的贫民窟，也建立过类似的工人社区，但是在某种程度上也是对这个群体的隔离、区分，反而不容易使得他们融入城市的生活，从底层向社会的上层游动。秦晖先生曾提出希望既对城中村、棚户区有一定的宽容，同时又有国家的公租房的补充，可以让新一代移民得到自由和选择的权利。加拿大记者道格·桑德斯在他的《落脚城市》一书中也指出在西方社会的移民问题，当地人会惊恐地发现来自摩洛哥、土耳其的人占据了他们的社区，他们通常得不到好的教育支持，好的交通设施，唯一来自政府的支持就是警察的分布率比较高，他们也没有完整的公民权，其实他们需要的只是开始自己的小生意，把自己的孩子送进大学，获得一些基础设施方面的支援，使自己获得发展的机会。如果他们能够拥有完整的公民身份，在城市中立足的话，这些贫困现象就会得到很好的解决。其实城市中贫困现象并不是因为有更多的穷人搬进来，而是因为他们在发展的过程中受到阻碍。这也许为中国的城市化道路提供了一种借鉴之道，对待新一代农民工如何在城市中立足，我们既不能单纯地寄期望市场调节的手，也不能只用左派的国家福利手段，强行拆迁城中村，用集中的工人社区来对他们进行管理。也许他们的落脚城市，诸如城中村、棚户区会成为城市不那么光鲜的一张脸，但是就是在这些藏污纳垢的所在，他们可以站稳脚跟，一步步实现自己的城市之梦。悦

补白

英国公布读者最多的一百本书

最近英国一些学者和专家，依据网上收集的信息，以及对两千名成年人的调查。整理出一份“基本读物”书单，上面列出了被英国人阅读最多的一百本书。这个清单不是学者专家“建议阅读”书单，也不是学生“必读书籍”名单，而是在英国读者最多的百部书籍的排行榜。

这一百本书籍雅俗并存，种类风格多样，从经典名著如《简·爱》《呼啸山庄》到《哈里·波特》《霍比特人》、凯蒂·普莱斯(Katie Price)的传记，还有著名科学家霍金的《时间简史》，一应俱全。《哈里·波特和火焰杯》和《霍比特人》(*The Hobbit*)占据第一二把交椅，超过狄更斯的《远大前程》和奥斯汀的《傲慢与偏见》等经典。这份“来自读者”的书单也显示，只要是好书，无论年代多久远，总是有一代接一代的新读者。

医学史背后的中国社会

◎维　舟

《面对疾病：传统中国社会的医疗观念与组织》
梁其姿 著，中国人民大学出版社2012年1月第一版

从表面上，这是一本医学史的论文集，但它并不只对那些对医学史感兴趣的人有意义。因为，它能给予人的最大启发，不是那些知识性的历史事实（那些可能一本普通的中医史教科书上能展示得更丰富翔实），而是其强烈的问题意识、一种思维方式和方法论，正如福柯对临床医学的研究也不是单纯的"医学史"，而更是哲学史、思想史，以及一种文化批评。

这也是梁其姿的研究与传统中国医学史的最大区别。她着眼的其实并非"医学"本身，而是借由医学所透视到的中国社会观念及其特质。她本人也经常遭到误解，被问及为何还在做"有点偏门"的医疗史，但如她在序言中所说，对她来说关键的是立足于此，来了解中国人如何想像身体与疾病，"如果我们难以理解或无法以现代语言说明古人的身体疾病观，那意味着我们对古文化仍没有充分的、全面的认识"，并最终借以反思那种带有浓厚启蒙思想和进步观的医疗史。

正因此，她强调在中国传统医学的理论中理解其本身，反对"把两个互不相干的知识系统硬作对比"，例如将"脑溢血"简单翻译为"中风"，因为"风"在中医理论中还具有其他一系列微妙的含义。这一思路与日本学者栗山茂久《身体的语言：古希腊医学和中医之比较》相似，事实上是把西医和中医都看作是抱有不同身体观和疾病观的两种文化系统和哲学体系。《疾病与治疗：人类学怎么看》（Robert Hahn）也强调不同文化对疾病的认识不同，因而有些疾病的名称实际上是无法翻译的。基于此，梁其姿得以主张一种更开放和多元的现代性，即西方之外的文化如何消化、转化西方知识与制度，呈现不同特色的"现代性"。

也就是说，"医学"虽然是科学，但它与文化之间有着强烈的相互渗透，中国社会因而不可避免地是从自己的观念出发来吸取西方的技术的，并在自己的文化中赋予其意义。例如，西方医学家都十分强调麻风病的传染性，但中国医生却不大提及麻风病的遗传和传染途径；在近代虽也

有将麻风病人隔绝的病院，但它却又有西方所不具备的一种含义：这种疾病本身像征了民族的耻辱。

在近代西方医学传入之前，中国并不存在一个全国性的医疗网络，如何面对疾病基本被认为是病人和病家私人的事，而不是政府需要考虑的公共事务。直到一百多年前“卫生”这个概念输入，才意味着“健康”不再只是个人“养生”的问题，这在促成政府对民众健康和公共卫生肩负起更多责任的同时，也赋予了政府干预个人生活的更大权力。实际上，近现代中国的医学史具有浓厚的“身体政治”色彩，中国社会长期以来都深切期盼着通过这一现代技术拯救一个病弱的躯体，因为根据“东亚病夫”这一隐喻，中国本身就是一个需要治愈的“病人”。医学史中所折射出来的对进步观念的迷恋、对落后民族污名的恐惧感、笃信政府和技术力量来挽救民族命运的信念，实际上就是中国近现代史的缩影。

值得注意的是，如今被进步观念竭力排斥为愚昧落后象征的某些“典型”中医技术，例如针灸，实际上在儒医居统治地位的明清时代，也远非中医的主流。按梁其姿的论述，实际上明清的儒医传统一样将针灸等技术视为迷信，宋代以后几乎没有医学大家以自己长于针灸而自豪。在近百年来现代医学的发展中，很多人更是将之视为医学进步的障碍，几乎把针灸看作比巫术好不了多少，只是因为它所具有的疗效而在民间继续存在。近代以来人们常将一些并非主流的传统（如针灸）、甚至并非传统的事物（例如鸦片和黄包车本来都是外来的）当作是传统负面的象征，但如能深入思考其历史，能促使我们以更审慎的态度面对中国文化。一个不分青红皂白破坏传统的时代已经过去，如今应该是一个更富建设性的时代。

补 白

《当代情书大全》是如何编成的

一九三八年，上海某报登载了一则征婚启事，启事主人声称自己是名门闺媛，年华灿烂，容貌秀丽，还是某名牌大学文学系硕士，非常喜欢写作。现征求一位才华横溢的文学之士，如果有意，请亲笔撰写一封情书寄到某某号邮政信箱，征婚女士会一一鉴赏，选出最有才情者，约期会面。启事刊出后不久，应征情书便塞满了几大信箱。但是，这些信就像是投进了大海，再也没有任何回应。几个月过去了，此事也不了了之。而一年后，上海某书局隆重上市一本新书《当代情书大全》，销路极佳，一时洛阳纸贵。后来有知情者透露，前述所谓的那个妙龄女郎，其实就是某书局老板做下的“局”，号称名家精心编著的《情书大全》，完全是从应征情书中筛选汇编而成。书局因此发了一大笔财，却不必支付稿酬。

纳粹焚书——危险的信号

> 这只是前奏。焚书的地方，最后人也要被焚。
>
> ——(德)海　涅

◎翁义钦

一

柏林是一座历史名城、德国的首都，有许多名胜可以观赏；柏林又曾是希特勒"第三帝国"的大本营，如今还存留不少纳粹活动的遗迹，也值得一看。

那天，我们抵达柏林已是午后时分。在旅馆安顿好行囊，便按事先的计划，驱车前往菩提树下大街六号洪堡大学主楼对面的德国国家歌剧院广场，参观当年纳粹焚书的地方。

车到大学主楼前停下。那里左右两侧洪堡大学创始人、著名教育家威廉·洪堡和他的弟弟、杰出的科学家亚历山大·洪堡的雕像，吸引着我们的目光。正在驻足端详之时，一场滂沱大雨不期而至，我们便躲进主楼大厅。待到大雨稍缓，我们决定立即前去歌剧院广场。可是，此刻离一周前预约参观帝国议会大厦的时间只有十几分钟了，于是我们便改变原先的计划，匆匆赶往帝国议会大厦。

从帝国议会大厦出来，我们参观了附近的"欧洲被害犹太人纪念碑"(亦称"大屠杀纪念碑")及地下坑道的"犹太人被害历史图片展"。参观结束后，我们来到勃兰登堡门。此时，夜幕已经降临。从这里一眼望去，菩提树下大街上灯光微弱，行人稀少。我们徜徉在这条街道上，观赏着这城市中心区的夜景。没多久，我们已来到歌剧院广场。

这时的广场一片昏暗，唯有一处约一米半见方的地方露出白色的亮光。走到那里，透过地面的钢玻璃，看到的是地下四壁从顶部到底部整齐地摆放着三十二个书架的一个面积约五十平方米见方、五米高的书库，而所有的书架却是空空的。

从这里向前走几步，镶嵌在地面上的一块铜制铭牌映入眼帘。那上面左右两边分别镌刻着德国诗人、政论家海涅的话语和这里曾经发生事件的字样。

这就是由以色列雕塑家米夏·乌尔曼设计、一九九五年面世的"无书图书馆"，也就是"焚书纪念碑"。

这"焚书纪念碑"承载着数十年前历史事件的记忆。

二

那是八十年前，即一九三三年的五月十日，数万人陆续汇聚到歌剧院广场和菩提树下大街两侧，约莫午夜时分，几千名染上狂热的大学生，那些有着"奴隶的劣根性"、"令人厌恶的小丑"（德国小说家托马斯·曼语），"十八岁的小丑"（奥地利作家斯蒂芬·茨威格语），身穿冲锋队制服，手举火炬，唱着《德意志高于一切》等纳粹歌曲，沿着菩提树下大街，护送满载着书籍的车辆，游行到歌剧院广场。

他们将火炬扔进广场中央的劈柴堆，待到劈柴起火，就开始焚书，并将书籍连连不断地抛入劈柴堆。

领导大学生的"纳粹大学生联盟"的头头讲了话，刚上任不久的德国国民教育和宣传部部长戈培尔发表了致火词，宛若火上浇油，把整个活动推向高潮。

那个夜晚，柏林歌剧院广场烧毁的书籍约两万册。其他的许多地方，也举行了类似的活动。各地被焚烧的书籍涉及社会科学、自然科学、文学艺术等方面。

作为社会生活反映的文学，是纳粹焚书的一个重要组成部分。多年来，德国一些学者就当年纳粹焚书事件的史实，进行梳理、辨析，取得了可喜的成果。二〇〇八年问世的《焚书之书》（[德]福尔克尔·魏德曼著，陈钰鹏译，华东师范大学出版社

欧洲被害犹太人纪念碑群位于柏林市中心，为纪念600万遭纳粹屠杀的犹太人而建。

2011年版），记述了当晚焚书事件中被列入首批文学书籍黑名单的九十四位德语作家和三十七位外语作家的简况，留下了一份珍贵的资料。事实上，焚书事件后，遭到查禁的作家作品以及其他门类的书籍，数量也很可观。

在被焚烧、遭查禁作品的作家行列中，就包括海涅、亨利希·曼、托马斯·曼、阿诺尔德·茨威格、斯蒂芬·茨威格、德布林、福希伊特万格、图霍尔斯基、雷马克、贝歇尔、布莱希特、安娜·西格斯，还有左拉、高尔基、爱伦堡、杰克·伦敦、海明威、哈谢克、巴比塞等蜚声文坛的作家。

三

纳粹焚烧、查禁书籍，打出的旗号是所谓"反对非德意志精神"。

那么，什么是"非德意志精神"呢？

看一看他们焚烧、查禁的文学书籍，

大概也就清楚了。

反对专制、张扬民主的书，是纳粹焚烧、查禁文学书籍中的一类。

一些作家在不同题材的作品中描述人民群众反抗旧制度的斗争，暴露统治阶级的凶狠、残暴。这在被纳粹称之为“文化布尔什维克主义”的作家，如苏联的高尔基、德国的安娜·西格斯、捷克斯洛伐克的哈谢克等的作品中都有表现。高尔基的《母亲》(1903—1906) 这部反映俄国工人阶级在沙皇专制统治下的痛苦生活及其所进行的革命斗争的长篇小说，在描写工人群众“五一”示威游行、面对军警的刀枪时，响起了这样的歌声：“人民就要起来！”“专制即将垮台！”在长篇小说《好兵帅克》(1921)中，哈谢克通过“天才的傻子”帅克在战争中的经历，讥弹世态，暴露奥匈帝国的黑暗统治，军队的腐败，统治者的专横和愚昧，还通过帅克与一名传令兵的交谈，鞭笞奥地利专制统治，指出：“这种愚蠢的专制王朝，根本就不该在这世上存在！”在反对专制的同时，一些作家还大力宣扬民主。德国小说家亨利希·曼在其政论中，就极力赞扬海涅、左拉等作家作品中的民主主义思想。

法西斯势力的崛起，引起一些作家的忧虑和关注。一九二〇年二月纳粹党的《二十五点纲领》(由希特勒在一次集会上宣读，1926 年被宣布为“永远不变的党纲”)刚出笼，亨利希·曼就指出：纳粹党的企图是夺取高官厚禄，夺取政权。转年六月他又写道：在德国，中央集权，即极权统治是不可避免的。面对出现专制独裁的危险，德国小说家福伊希特万格创作的长篇小说三部曲《候车室》的第一部《成功》(1930)和德国小说家托马斯·曼创作的中篇小说《马里奥与魔术师》(1930)，分别描写一起案件以及不同的人对这起案件的态度和一名魔术师耍弄催眠术的所谓“魔术表演”，勾勒出法西斯头目发迹的情景，指出纳粹势力日益膨胀的危险；提示人们保持清醒的头脑，不要被法西斯的离奇花招所麻痹和蒙骗。

描写犹太人生活、他们所处的困境，反对反犹排犹的书，是纳粹焚烧、查禁文学书籍中的另一类。

犹太作家写的书或非犹太作家而被误认为犹太作家写的书，都要被焚烧、查禁。例如德国作家布莱，由于一位日耳曼学者在著作中将其误写为犹太作家，因此他的书也遭焚毁。

犹太作家写的一些书，或通过历史题材或通过现实题材，反映犹太人的生活以及他们的种种遭遇，例如德国诗人、政论家海涅的小说《巴赫拉赫的拉比》(未完成，1840)，讲述一位犹太教神职人员在家过除酵节[①]的经历：他和家人、亲友和学生正在家里举行庆祝晚会时，来了两名不速之客，随后主人发现其中一人的脚旁有一具血污的小孩尸体，于是，他便设法携妻子外逃……在中世纪，为了迫害犹太人，有些人把当时的大瘟疫说成是因犹太人而发生，还说犹太人为了过除酵节，杀死基督徒的孩子，以孩子的血做礼拜，等等。

小说描述了一二八七年发生在莱茵河畔城市巴赫拉赫的对犹太人的一场大屠杀的情景：某地的一个男孩子被杀，几名修女将其尸体运离原地，船到莱茵河畔城市巴赫拉赫搁浅，修女们将这具尸体就地掩埋，后被发现，并传言男孩是当地犹太人在除酵节前夕为祭神将其放血三天后杀死。随后便是一场大屠杀，导致两千多名犹太人惨遭杀戮。用作者的话说，就是“当年犹太人真是苦难深重”，以此表达他对犹太同胞由衷的同情。一些作家的书则直接触及现实，如德国小说家瓦塞尔曼的自传《我作为德国人和犹太人之路》(1921)，就是以描述作者及其家庭等的生存状态，揭示出德国犹太人的处境。反映这类题材的作品还有不少，例如奥地利剧作家、小说家施尼茨勒的戏剧《贝恩哈迪教授》(1912)，奥地利作家罗特的长篇小说《约伯》(一译《一个犹太人的命运》，1930)等等。

还有一些作家面对纳粹的倒行逆施，挺身而出，为犹太人说话，例如一九三三年四月，德国作家韦格纳针对此前犹太人商店屡遭袭击，以及这年三月二十九日政府发布的关于犹太人店铺不受法律保护的公告，致信希特勒，说明德国犹太人的爱国情怀，指出他们为德国所作出的奉献，还说如何对待犹太人的问题，“不仅关系到我们犹太兄弟们的命运，而且关系到德国的命运”。有鉴于此，他以人民的名义，要求这位元首先生制止歧视和迫害犹太人的行动。也是在这一年的四月，德国小说家、剧作家阿诺尔德·茨威格明确表示：只有反法西斯主义和民主才能保证犹太人堂堂正正地存在。

反对战争、渴望和平的书，是纳粹焚烧、查禁文学书籍中的又一类。

第一次世界大战期间及战后，一些反战作品络绎问世，数量相当可观。

书的作者大多应征入伍，参加这场战争，他们根据亲身的经历进行创作；少数作者并未走上战场，也加入创作这类作品的行列。德国诗人贝歇尔的诗集《致欧洲》(1916)，奥地利作家斯蒂芬·茨威格的戏剧《耶雷米亚》(1917)，德国小说家弗兰克的中篇小说集《人是善良的》(1918)，德国剧作家、诗人布莱希特的诗歌《死兵的传说》(1918)，德国小说家、剧作家阿诺尔德·茨威格的长篇小说《格里沙中士案件》(1927)，德国小说家雷恩的长篇小说《战争》(1928)，德国小说家雷马克的长篇小说《西线无战事》(1929)，德国小说家弗赖的长篇小说《膏药箱》(1929)，法国作家巴比塞的长篇小说《火线》(1916)，捷克斯洛伐克作家哈谢克的长篇小说《好兵帅克》(1921)，美国作家海明威的长篇小说《永别了，武器》(1929)等等，就是属于这类题材的作品。

这些作品，有的揭露帝国主义战争的本质，指明战争的责任，有的并未触及这类问题，但暴露战争的残酷和恐怖，战争带来的巨大灾难，战争的毫无意义等的反战倾向，却是并无二致的。例如雷马克的《西线无战事》中，主人公保罗和他的同学们在校方的鼓动、带领下，前往地区指挥

"无书图书馆"的一角，书架全是空的

部报名参军，亲身经历了第一次世界大战。枪炮轰鸣、硝烟弥漫、拼死肉搏、血肉横飞，一个个年轻鲜活的生命连连消逝，引发人们对这场战争意义的怀疑，厌战情绪滋生、蔓延。保罗的同学不是死就是伤，他所在的那个班只剩下他一个人。后来，停战、和平之说被传得沸沸扬扬，可是，盼来盼去，还是没有"结束"的迹象。待到一九一八年十月的一天，也即烟雾云霾就要过去、和平即将实现之时，保罗也倒地身亡。此时，他的脸上显露出一种沉着的、像是满意的表情，因为"事情终于这样结束了"。战争的血腥、残酷、野蛮和恐怖，战争的严重后果，在小说中被表现得淋漓尽致，字里行间流露出来的，是作者对这场帝国主义战争的厌恶和憎恨。

有些作品在描写战争的罪恶时，还揭露了帝国主义的战争宣传。例如《西线无战事》中，保罗和他的同学被告知参加战争、"为国家服务是头等大事"，但这样的沙文主义的宣传，"在炮火底下崩溃了"。神圣、光荣、牺牲之类的说法，到处可以听到，公告上也可以看到，海明威在《永别了，武器》中，通过人物的思考、独白，表达了自己的看法：这些字眼"令人生厌"，"我观察了好久，可没看到什么神圣的事，而那些所谓光荣的事，并没有什么光荣"，至于牺牲，"那就像芝加哥的屠宰场，只不过这里屠宰好的肉不是装进罐头，而是掩埋掉罢了"。

有些作家在希特勒上台后，越发意识到爆发战争的危险，例如一九三三年二月奥地利作家罗特就指出：让暴力执政的阴谋已经得逞，如今已是"魔鬼在执政"，"我们面临着巨大的灾难"，整个形势"在导致新的战争"。

四

上述几类文学作品所表达的思想，与纳粹党的《二十五点纲领》和希特勒的《我的奋斗》（1924年由他口述，由他人笔录，1926年出版）中的主张是迥然相异的。

纳粹党纲规定：要在联邦内"建立强大的中央集权政府"，并且要具有绝对的权威。希特勒在《我的奋斗》中指出：德国应当成为一个新型的国家，这个国家将以领袖原则来统治，即由"元首"实施绝对的专制独裁统治，不允许民主政治那"无聊的玩意儿"的存在。及至一九三三年二月，他在与国防军、海军、外交部负责人谈话时还说：那个"癌一般的囊肿——民主"，必须予以铲除。

纳粹党纲规定:只有属于德意志民族血统,才能取得德意志国民资格,“犹太人都不得为德意志国民”。希特勒在《我的奋斗》中,把世界上的民族分成“优等民族”和“劣等民族”。雅利安人是人类文化、艺术、科学、技术成果的创造者,更高尚的人性的缔造者,其中的日耳曼人,首先是德意志人尤为突出,是“优等民族”;犹太人等等,则是“劣等民族”,犹太人是“一种瘟疫,一种精神上的瘟疫”,是“雅利安人最大的对立面”,是所有邪恶与灾祸的根源,因此,“对于犹太人没有什么可讲的,决定势不两立”。

纳粹党纲规定:“我们要求国土与领土(殖民地)足以养育我们的民族及移植我们的过剩人口。”希特勒在《我的奋斗》中炮制一个概念:“生存空间”。在他看来,只有在这个地球上有足够的空间才能保证一个民族的生存自由。他强调,纳粹运动必须无视传统的偏见,要“敢于把我们民族及其力量聚集起来,奋勇向前,走出这个民族今天的狭隘的生存空间,走向新的土地”。怎样扩展“生存空间”?这就需要诉诸“永恒的斗争”,或者说,诉诸侵略战争,如他所说,“不能用和平的方法取得的东西,就用拳头来取得”。

从上所述,可以看出,纳粹所谓“非德意志精神”,就是与法西斯主义背道而驰的思想,用戈培尔的话讲,就是“异端邪说”。包含这样思想的文学书以及其他类别的书籍,遭到纳粹焚烧、查禁,也就不足为奇了。

五

焚书、禁书都是属于书劫的范畴。书劫之后必然会出现人劫。一百九十多年前,海涅写了一部题为《阿尔曼索》(1820)的诗体悲剧,其中有这样的台词:

> 这只是前奏。焚书的地方,最后人也要被焚。

时隔一百一十三年,柏林歌剧院广场发生了焚书事件。这以后,相关的作家被抄家,被剥夺公民权、国籍,遭到追捕,被投入集中营,惨遭杀害,被迫去国离家、流亡异国他乡等等,就是海涅这一至理名言最好的印证。

值得注意的是,八十年前柏林歌剧院广场的焚书仪式上戈培尔致火词中的一句话:

> 在这火光下,不仅一个旧时代结束了;这火光还照亮了新时代。

这表明,这场书劫,还有着照亮新时代的意义,或者说,还有着更加深层的内涵。

这深层的内涵,就是将以这次焚书事件所体现的“德意志精神”,扩大人劫的范围。

早在焚书事件前的两个多月,即一九三三年二月二十七日夜晚,纳粹制造了“国会纵火案”,并以此为借口,诬陷共产党,宣布共产党为非法,践踏议会民主制度,解散工会。焚书事件后，纳粹更加严密地控制文化、教育、新闻等领域，使其全盘纳粹化，并且取缔其他政党，宣布禁止组织新的政党，实行一党专政，即纳粹党的专制极权统治。而这种专制极权统治又是以希特勒的独裁为其特征的。冲锋队、党卫军、盖世太保等的纳粹军事、秘密警察组织，法西斯的舆论工具，日益升温的个人崇拜，则是支撑希特勒专制独裁统治的基石。这样的专制独裁，如同当时的一个政治口号所示："德国就是希特勒，希特勒就是德国！"美国历史学家克劳斯·费舍尔将纳粹德国的这一状况概括为"一切都开始也结束于希特勒"。希特勒掌控着一切，威权四溢，不可一世。一九三八年二月，他与奥地利总理舒士尼克会谈时说："凡是不赞成我的人，都要被摧毁。"在希特勒专制独裁统治下，成千上万的共产党员、社会民主党党员、工会会员、其他的反法西斯主义者以及所谓的"劣等民族"，还有残疾人、同性恋者等等，遭到逮捕，被投入集中营，许许多多的生命在暴力的摧残下归于陨灭。来自社会各阶层反抗专制独裁的斗争，屡屡遭到严酷的镇压。例如舒尔兄妹，即汉斯·舒尔和索菲·舒尔及其年轻的伙伴们，二十岁出头，就读于慕尼黑大学，他们组成"白玫瑰"小组，散发传单，矛头直指希特勒，要求"摧毁纳粹的暴政"。兄妹等在散发传单时被捕，四天后就被斩首处死。受到株连的数十人，其中有些只是一般的熟人，都被逮捕、遭拷打，被判处徒刑或被枪决。又如一九四四年七月二十日，由陆军上校施陶芬贝格等一些德国军官发起暗杀希特勒的行动失败，就受到希特勒的血腥镇压。施陶芬贝格等当晚就被处决，他的家人、亲友，包括幼小的孩童，都被关进集中营，其他人以及参与反抗斗争的各阶层四千多人在几个月内相继被处死。

希特勒还连连抛出多项法律法规，疯狂迫害德国犹太人。一九三五年九月通过的纽伦堡法，剥夺犹太人的公民权，掠夺他们的大量财产。此后，反犹排犹更是变本加厉。一九三八年以后，大批德国犹太人遭陷害，被驱赶。这一年的十一月九日发生的"砸玻璃窗之夜"，纳粹焚烧犹太教堂，捣毁犹太人商店，劫掠犹太人财物，还打死数十名犹太人，许多犹太人负伤，两万五千名犹太人当晚就被逮捕，关进集中营。一九三九年一月，希特勒要求一旦战争爆发，就消灭欧洲犹太种族。第二次世界大战伊始，希特勒就考虑进一步处置"劣等民族"、全部消灭欧洲犹太人的问题。一九四一年，在一份由纳粹头目戈林签署的文件中，出现"最终解决"一词，所谓"最终解决"就是消灭所有的欧洲犹太人。及至翌年的一月，在柏林近郊召开的万湖会议上，"最终解决"被确定下来。这以后就按照会议提出的欧洲犹太人最终解决方案，以更大的规模、更快的速度将犹太人投入集中营、灭绝营，置大批犹太人于死地。据统计，第二次世界大战期间，纳粹屠杀欧洲犹太人竟达六百万之多，占欧洲犹太人的三分之二，其中包括一百五十万儿童。

希特勒提出的“生存空间”，在纳粹德国引伸出这样一个政治口号：“今天是德国，明天就是世界！”为了实现这个目标，希特勒大力发展战争经济，加快国民经济军事化，以适应扩军备战的需要。在此基础上，纳粹德国于一九三八年吞并奥地利，随后占领捷克斯洛伐克，一九三九年九月又入侵波兰，第二次世界大战全面爆发。纳粹的铁蹄残暴践踏欧洲的大片土地，还有欧洲以外的一些地方，给各国人民的生命财产造成巨大的损失。据统计，这场战争夺走了五千五百万条生命，许多地方，疮痍满目，留下的是大片的废墟。

英国一位学者曾就焚书事件发表这样的看法：纳粹根除“非德意志精神”的行动，“预示了新政权的野蛮残忍的性质”。焚书事件后所发生的一切，清楚地表明这位学者的论断与客观实际是全然相符的。

六

一九四五年五月，纳粹德国无条件投降，世界人民反法西斯斗争取得了伟大的胜利。

从法西斯势力崛起，到希特勒“第三帝国”建立，直至覆亡，纳粹德国给包括德国人民在内的世界许多国家的人民带来了极其深重的灾难。希特勒“第三帝国”驻波兰总督汉斯·弗兰克在纽伦堡被执行绞刑前说了这样的话：

千年易过，德国的罪孽难消。

柏林“德国历史博物馆”

这罪孽是嗜血成性、十恶不赦的千古罪人希特勒及其同伙们所造成的，包括实施专制独裁统治、煽动蛊惑、暴力所带来的恶果，同时也透示出一个民族的蒙昧、迷狂。长时期以来，德国不少有识之士，曾就这样的问题作过思考和探讨，从德国剧作家沃尔夫笔下犹太医生马门教授开枪自杀前的醒悟（剧本《马门教授》，1935），到德国小说家托马斯·曼有关德国民族性的剖析（《绿蒂在魏玛》，1939），再到德国作家施奈德回忆文字中一些人物的自责（回忆录《让我走吧，妈妈》，2001）……都可窥见德国知识分子及其精英们从第二次世界大战之前迄至战后对那一段历史的不倦追寻和反省。德国政界对这一问题的认识也在不断深化。二〇〇五年，时任德国总理的施罗德在纪念奥斯威辛集中营解放六十周年的集会上有过一个概括的说法：纳粹犯下的反人类罪行至今仍然是德国人的耻辱，对此，每一个德国人都应该反思，以防止历史重演。他强调，德国将永远铭记纳粹所带来的灾难，这不仅是现在，而且也是将来的一个责任。

基于这样的认识，德国主流社会不但

没有掩盖那一段惨绝人寰、不堪回首的历史，而且始终怀着歉疚感、负罪感和羞耻心，不断地反思那一段历史，并且从各个方面采取切实的措施，做出应有的努力。

他们在全国各地普遍设置与纳粹罪恶相关的博物馆、纪念馆、纪念堂、纪念园、纪念碑，就是这种努力的一种表现。

以柏林为例，那里就有“德国历史博物馆”，“欧洲被害犹太人纪念碑”及地下坑道的“犹太人被害历史图片展”，“犹太博物馆”，“信德人和罗姆人受难纪念园和纪念碑”[②]，“战争与强权受害者中央纪念堂”[③]，“反战博物馆”等等。

有些博物馆、纪念馆、纪念碑等是在事件发生地建立的，如“德国抵抗运动纪念馆”及其背后的纪念碑[④]，柏林近郊的“万湖会议纪念馆”，离柏林最近的奥拉良小镇的集中营[⑤]，即“萨克森豪森集中营博物馆”等等。

与上述博物馆、纪念馆、纪念碑相仿，“焚书纪念碑”也是在事件发生地建立的，只是昔日在这广场上所发生的一切，已了无痕迹，于是，德国人挖地数米，以极其简朴的方式，建造了这座“无书图书馆”，这座“焚书纪念碑”。

凡此种种，都是德国人认真反思的结果，凝聚着一个民族对那一段历史的感悟，既揭露、痛斥纳粹的累累罪行，又湔洗民族的耻辱；既是社会良知的体现，又是对世世代代人们的警示：决不能忘记千千万万人用鲜血和生命换来的历史教训，决不能让那旷世惨剧在大地上重演！

离开柏林已经有一段时间了，可是在柏林之所见，至今仍然历历在目。希特勒的滔天罪行在脑海里更加具象化了；德国主流社会对待历史问题的态度，真诚、实在，更是让人难以忘怀。

行文至此，读到德国总理默克尔在“大屠杀纪念日”（1 月 27 日）和希特勒攫取政权八十周年（1 月 30 日）前夕说的一番话：德国对纳粹犯下的罪行承担一份永久责任，“我们正视历史，不回避、不压制任何事情。我们必须直面历史，让自己成为未来值得信赖的好伙伴，正如我们现在这样。”

诚哉斯言！沿着这样的路径前行，德意志民族会成为未来值得信赖的好伙伴的。

---

①犹太教节令之一，节日期间均吃无酵饼，因此得名。

②信德人和罗姆人过去通称吉卜赛人，也被视为“劣等民族”，希特勒“第三帝国”时期，约有五十万信德人和罗姆人惨遭纳粹杀害。

③1960 年名为“法西斯和军国主义受害者纪念堂”，1993 年改为现名。

④坐落在施陶芬贝格大街上的这幢大楼，属于德国军方，1944 年成为陆军上校施陶芬贝格等军官反希特勒专制独裁统治的秘密活动中心。这一年 7 月 20 日，暗杀希特勒行动失败，施陶芬贝格等于当晚在这座大楼的院内被处决。这座纪念碑就是为纪念这一历史事件罹难者而树立的。纪念馆展出这一事件的有关史料，以及所有其他反对德国法西斯的抵抗运动的史料。

⑤萨克森豪森集中营是第二次世界大战期间所有德国占领区纳粹集中营的指挥总部所在地。

为何要审判伽利略

◎萧文泉

伽俐略(1564–1642)

西方历史上有两场最为著名的审判，影响了西方文化的整个走向。一场是雅典法庭对苏格拉底的审判，结果是西方哲学和世俗政治的背离；一场是罗马宗教裁判所对伽利略的审判，结果是科学和宗教的分道扬镳。自一六三三年罗马教廷判处伽利略有罪以后，人们对这个事件的兴趣一直有增无减，甚至超过了对伽利略一生的科学成就的兴趣，无数篇专题论文和大量的学术著作讨论着这场审判的细节及其真正意义，文学家以此获得创作灵感，巨幅的画布上重现着这历史的一刻，更不用提各种版本的历史课本了。伽利略诞生于一五六四年，明年就是他诞辰四百五十周年了，这个现代科学之父是值得我们隆重纪念的，尽管他的故事发生在那么久远的过去，我们还是会看到他的遭遇能给当代以教益。

历史不容假设，不过，我们确实很可能会有一个艺术家伽利略而不是科学家伽利略，伽利略的时代是个艺术家辈出的年代，也是艺术家备受尊崇的时代。伽利略出生在文艺复兴的故乡，从小学习的是绘画，诗歌和修辞等当时人们认为最重要的技艺。伽利略的父亲是位音乐家，伽利略自己曾在佛罗伦萨艺术学院教授过透视和明暗画法。当伽利略越来越显示出他的才华时，同时代的人们常常喜欢指出，他的诞生和米开朗琪罗的逝世正在同一天，不朽的天才在意大利的土地上不绝地传承着。过了许多年代再回头看，人们又发现伽利略正好和莎士比亚是同年出生，然而，尽管伽利略不乏艺术天赋，文才也非常出众，他既没有将他的天才贡献给造型艺术，也没有以文章诗赋为业。他为科学所深深吸引，他父亲希望他学医，他感兴趣的却是纯科学，一生在新科学的道路上披荆斩棘，他所开辟的科学彻底改变了后世世界的面貌，也给守护正统思想的教会带来一大堆麻烦。明年将同时是大科学家伽利略和大戏剧家莎士比亚诞辰四百五十周年纪念年，观察一下世人对他们各自的纪念热忱倒会是非常有意思的事。说不定在意大利的比萨斜塔上会有什么纪念活动，纪念两个铁球同时落地的实验。不过现在大多数历史学家都认为，尽管伽利略一辈子做过许多重要的实验，大众媒体和小学课本里津津乐道的这个最著名的实验他倒真没做过。伽利略的一生已经够戏剧性了,并不需要再加上一个虚构的斜塔实验。

伽利略接踵米开朗基罗来到世上,他的事业也正是直接继承着文艺复兴的精神而展开的。尽管青年伽利略从文艺转向科学，在实际的精神和方法上并无脱节，文艺复兴时代的文学和艺术与现代的文艺不一样,艺术家们和科学家们一样的求真求实求完美。无论是米开朗基罗,达·芬奇还是其他文艺复兴时代的艺术巨人,他们都直接地勇敢地观察现实世界,精确地测算和实验，根据实际的观察来创造,因此都成了离经叛道的创新者,他们的天才就在于不为传统的规矩所束缚。不管是表现距离还是人体结构,他们相信的是实验证实的结果而不是古代传下来的信条。伽利略一辈子在科学领域里所作的,就是继承和发扬这个实证和革新的精神,只是把它运用到观察和解释自然界上去。不过,他们各自的成果引出的反应不一样,诗人们和艺术家们通过忠实地观察现实世界而创造出来的艺术杰作没有让教会当权者警觉,相反教皇们和主教们还都是新艺术的热情赞助者。四五百年前的这些意识形态卫道士们还不老练,远远不及当代的宣传官员们,他们不懂得,这些在精神上崇扬人性在技术上忠实现实的诗歌绘画和雕塑已经不能充当思想教条的宣传品,他们反倒大力投资,让这些内涵颠覆性信息的新兴的艺术占领了艺术阵地。不过,当伽利略将这个忠实地观察经验世界的方法运用到自然科学上去时,情况就不一样了。

事实上,教会的意识形态,当局的宽容是有限度有选择的。艺术家们从经验观察出发来表现现实进行创作,这在当局看来无害有益,教廷还大量购买辉煌的艺术品来装饰教堂和城堡;当伽利略遵从着实践是检验真理的唯一标准的原则来描述世界解释世界,这就是另一回事了,因为他的解说和《圣经》说的不一样。当时教会赖以生存的正统意识形态来自于《圣经》和亚里斯多德的哲学,认为世上万物都有一个内在的本质,这个本质驱动着事物行动。地球是个粗糙不平有生有死的沉重地方,所以落在下面固定在基点上,而星星们都是光滑明亮纯粹的球体,所以按照它们完美的本质而高悬天际。伽利略本是个虔诚的天主教徒，年轻时还曾打算当神父,他毫无和教会作对的愿望,事实上教皇和一些手握大权的主教都是他的朋友和崇拜者，他也知道得罪教会的严重后果。不过,他看到了一些他作为科学家无法漠视的事实。文艺复兴时代的巨人们都使用仪器,都用仪器来观察世界,但是伽利略以前的艺术家和学者使用仪器工具观察的都是人及其周围物体,伽利略不同的地方是他拥有了一个前所未有的观察利器——望远镜。望远镜不是伽利略发明的,他听说荷兰人发明了一种可以帮助人看到远方景色的仪器,在从朋友那里得知了望远镜的制作原理后,巧手的伽利略自己动手造了一台。他没有将这个大大扩展了人的视力的奇器用于看远方的风景，而是把镜头对准了星空。这一看看出了大问题。十二月的一个晴朗的晚上，他把望远镜对准了月亮，看到了他之前从来没人看到过的东西，原来月亮并不是一个无暇的圆球，月亮表面凹凸不平，到处是低坑和山峰。他随后把镜头指向木星，看到了木星旁有几个小小的星星，这些星星的位置变化很特别，仿佛是粘在木星旁。他突然悟到，这些是木星的卫星，正像月亮是地球的卫星一样。伽利略一边观察木星和它的卫星一边随手在一个旧信封的背面作记录，这个信封现在还保存在纽约的摩根图书馆里。他又发现了太阳上有黑斑。所以这些观察结果都不符合教会对宇宙的权威描述。到底应该相信教会的官方宇宙理论还是相信自己看到的宇宙图景？更要命的是，他通过观察和计算，越来越相信哥白尼的日心说是对的。这使他的天文学说变得更加难以为教会当局所容忍了。

哥白尼提出他的日心说后，开始并没有引起教会的激烈反应，一方面是哥白尼小心翼翼地避免和教会冲突，把他的日心说当作是一种为了数学计算上的方便而假设的理论，他大概自己也没有觉得这个学说能导致整个人类世界观的转变；另一方面教会一时也没有完全意识到这个理论的革命性含义，没有看到日心说会将人从世界的中心挪出去。哥白尼的巨著出版后半个多世纪里，日心说没引起多大声响，学者们在悄悄地讨论，开普勒和伽利略在私人通信中谈过哥白尼的日心说，开普勒怂恿伽利略公开发表支持哥白尼日心说的证据。不过，在伽利略时代，官方的反应就很不一样了，日心说已经成为一个相当敏感的政治问题了。而且伽利略的学说是建立在严格的观察经验上的，他是把他的理论作为真实的宇宙图像提出来的，这样就不可避免地和教会的正统意识形态发生无法调和的矛盾。因为《圣经》里明确地写着，上帝把地球固定在它的基础上，地球不能被移动。《圣经》记录的是上帝的话，句句是真理，不可能有点滴差错的，那么，日心说就只能是一个异端邪说了。一六三二年，伽利略发表了肯定哥白尼日心说的著作《关于两大世界体系的对话》，他以为能得到新当选的教皇——他的朋友乌尔班八世的支持。不料，当年他就接到受审的通知。第二年他奉命来到罗马接受罗马宗教裁判所的审判，审讯持续了好久，最后，在受到施用酷刑的威胁后，他被迫发誓放弃日心说。一六三三年六月二十二日，宗教裁判所作出判决，“非常怀疑他犯有异端罪”，判他下狱，第二天，改判终身软禁。

伽利略受审的时代，其实早已不是正统观念一统天下的时代了，经过理性精神日益昌盛的文艺复兴时代，中世纪确立的正统意识形态早已处处受到怀疑和漠视了。而教会对日益多元化的社会也无可奈何，或许事实上还很享受这多元社会的成果，只是不容许人们公开地否定过时的教条。社会上一般人也都明白，心里早已知道教会的正统说教不可信不可行，但是口头上还是先要表示对正统意识的忠诚。谁也不愿意惹上宗教裁判所的麻烦。

宗教裁判所是天主教会用来保持意识形态纯洁性的重要机构,起源很早。和异端学说斗争一直是教会的大事,历代的教宗都深知,思想不能乱,只有把信徒和民众的思想都统一到教会的正确路线上来,才能保证教会统治的千秋大业。一一八四年在法国南方正式成立了历史上第一家宗教裁判所,大主教亲自担任大裁判官,专职审判异端思想。十三世纪时,教皇决定把裁判重任交给多明我修道会的教士们。历史上有过许多不同的宗教裁判所,不同时代和地区的宗教裁判所担负的任务也是随形势而变化的。法国南方的宗教裁判所主要和那里的纯洁教派斗争,十五世纪时在德意志地区是镇压巫术巫师,西班牙的宗教裁判所是在天主教国王和王后的命令下成立的,严厉监视和打击改宗天主教的穆斯林和犹太人。葡萄牙的宗教裁判所也是依仗王室的权威行动,主要对象也是犹太人。由于西班牙和葡萄牙都是殖民大国,势力遍布全球,这两个国家的思想警察的触角也就伸向了全世界。在天主教教义受到严重威胁的文艺复兴时代和宗教改革时代,面临人文主义以及后来新教这些危险的异端,宗教裁判所更是处于思想斗争的第一线,承担的任务就是保证社会上正统思想占主流。一五七八年制定的一本宗教裁判所手册上明确地规定,裁判所刑法的最终目的不是制裁犯下异端罪的人,而是恐吓大众,使民众远离不良思想。

审判伽利略的罗马宗教裁判所是一五四二年教皇保罗三世创立的,正式名称是教廷神圣裁判理事会,是天主教会抵抗种种异端邪说的坚强堡垒。这个裁判所监督着每个有思想的人,惩治不合正统的思想。宗教裁判所的威权使得罗马居民都有了敌情观念,伽利略的女佣就向裁判所举报过伽利略,说他不做弥撒。正在接受裁判所调查的人要在外衣上缝一个红色的"X"以提请人们警觉。一六一六年,罗马宗教裁判所审查哥白尼的日心说,决议认定日心说在哲学上是"愚蠢的和荒唐的",太阳是宇宙中心的说法是"完全的异端",地球围绕太阳转的说法"至少在信仰上是错误的",由此判定日心说为异端,这个判决是伽利略一案的定罪根据,也是今天的教会最感到后悔的一个判决。不过,天主教会始终觉得裁判所的功能还是不可或缺的。尽管从十六世纪到现在世上人物两非,这个维持正统思想的机构还是一直存在的,只是由于裁判所的名声不太好,现在改称"宗教正统教义委员会",由教皇任命一位红衣主教主持,成员包括另外十名红衣主教,还有国际专家学者作咨询。不过,当代的改了名的裁判所已经完全没有过去的威势了。

在开始时,宗教裁判所只是审查思想罪行,一旦确定大逆不道的罪名,再交给世俗司法机构办理刑罚,后来宗教裁判所自己也判刑,最重的刑罚是火刑架上处死,一六〇〇年罗马宗教裁判所在罗马的鲜花广场上将坚持异端学说的布鲁诺处以火刑,因为他的思想违反了正统意识形态。更可怕的是裁判所的酷刑逼供,严刑之下,被指认为异端的罪人都得老实坦白低头认罪。伽利略就是在裁判所法官威胁要用刑的时候认罪悔过的。

宗教裁判所为什么要拿伽利略开刀呢?他可是当时最伟大的科学家。这是因为伽利略的日心学说和宇宙学说触动到了教会的核心利益,把教会信条描述的世界图景给颠覆了。整个教会的意识形态是建立在《圣经》的文字和以亚里斯多德学说为基础的经院哲学上的。伽利略的科学来自于对自然界的观察,是来自自然界的真理;而《圣经》来自上帝的金口,是上帝的真理。当这两个真理不一致而互相发生矛盾时,该相信哪个真理呢?《圣经》是不容怀疑的,自然就在我们面前。努力维护教会权威的人想方设法,想既不放弃科学,也仍然供奉《圣经》,他们别寻蹊径,主张要全面地正确地理解《圣经》,说《圣经》的意义不是字面上的意义,如果按照文字上的表面意思来理解《圣经》就会犯错,必须在更深更高的层次上来理解《圣经》,因为上帝是以寓言的方式来表述他的微言大义的。这个解读方法实际是悬置了《圣经》的真理,只要你不直接否定《圣经》的权威,即便在实践中完全放弃《圣经》也不要紧。

另外还有一种解脱困境的办法,那就是赋予科学一个低一等的位置。根据这个办法,要尽力避免说自然的真理和《圣经》的真理有矛盾,相反,需要划分出两类不同的理论,一种理论关系到天地万物的本质,一种理论只是起实用工具的作用。也就是说《圣经》里讲述的理论是放之四海而皆准的根本性真理,需要我们信仰,而哥白尼的日心说则是一种有用的数学工具,可以用来方便地计算天体位置,但是不能用作我们的信仰。天主教会就曾试图和伽利略达成默契,让伽利略把他的日心说当作一种实用的"故事"来讲,而不是当作对自然界本身的揭示。伽利略对教会的威权不是没有畏惧,不过他内心对哥白尼学说的认同难以动摇,结果他在《对话》中还是写道:"我们所说的是真正的现实的宇宙。"在教会当局看来,伽利略的错误就是将工具性的学说论证成本质性的真理了,因此犯下了大罪必得惩治。

当然,这些试图在科学和信仰之间做出调和的机巧方法都不那么令人信服和有效,也都相当勉强,科学和信仰的矛盾无法用这样的解释来完全掩盖过去。伟大的科学家伽利略被迫跪在宗教裁判所的法庭下悔罪的一幕,几百年来一直被当作是信仰压迫科学的象征而动人心扉。

不过,现在也有不少历史学家认为,伽利略一案,或许并不是信仰和科学之争。伽利略的时代是人类文化蓬勃进步的时代,社会在发展,知识在进步,教会里的那些人并不傻,他们自己其实也明白,过去时代传下来的《圣经》故事只是故事而已,高级教士们都受过良好教育,并且也对学术研究颇有兴趣,很知道来自于严格的实验和严密的数学推理的新学说难以推翻，但是他们的权势地位和正统的意识形态是紧密相关的。审判伽利略，并不是因为日心说使虔诚的教皇和主教们太感震惊，内底里还是有权力和利益的作用，否则，怎么解释是教会鼓励伽利略写出《关于两大世界体系的对话》，并且也是教会同意出版这本著作。教皇本人原是伽利略的朋友，有人说，他在读这部著作时，以为里面那个为地心说辩护的傻傻的角色是影射他，不禁勃然大怒，再说，伽利略曾经就彗星问题和一个耶稣教会的学者论战，用语颇不恭敬，得罪了耶稣会的教士们，在教皇身边树了敌，所以没人护卫他，他就被送上了宗教裁判所。因此，这个案件涉及到的是教皇的个人颜面和教廷官员之间的倾轧争斗。

不过，这个解释把那么重大的一个事件归为私人恩怨，不太令人信服，这个事件还应该有更深刻的原因。我们知道教皇本人和伽利略有过六次会面，一起讨论过这部著作的构想，伽利略的书稿写成后也通过了好多位图书检查官的审阅，有的检查官还感动得流泪，非常赞同这部作品。在得到宗教裁判所和教皇正式批准后，《关于两个世界体系的对话》才得以出版的。那么为什么后来他们的态度会有这么大的变化呢？可以设想，很可能当时天主教会就是在寻找一条将正统的意识形态从地心说转换成日心说的路径，他们希望伽利略能帮助他们走出这条路，也就是说，既要接受显然是正确的日心说，又保持教会永远正确的权威地位。但是，伽利略的著作只是证明了日心说，并且把证明这一点的理由归为实验的观察和理性的演算。他没有像教会所期望的那样，把日心说的证明归因于上帝即教会的全知全能：过去讲地心说，证明教会是正确的，现在讲日心说，也证明教会是正确的，教会是真理的源头。相反，伽利略在他的著作里，拒绝把真理从属于教会的权威，这动摇了教会在思想上的合法性，由此也就动摇了教会主宰人世间的权力。伽利略是因此而被判为异端的。

这样看来，宗教裁判所审判伽利略，不是为了信仰的纯洁，而是为了权力的持久；或许可以换个方法说：在信仰的背后，其实有着现实的权力考虑。

四百多年以后，梵蒂冈的天主教廷终于宣布，对伽利略的审判是个错案。教廷的权威早已不是建立在地心说之上了，天主教本身也早已没有了统领大半个世界的权势了，主教们现在在许多科学问题上可以宽容一些了。不过，在教会以外的世俗社会里，专制权力和思想自由之间的纠结还是和过去一样。来自实践的真理，即便明显是对的，如果妨碍了权力，还是不能明确而大胆地说出来的。关于伽利略的另一个著名的传说是，当伽利略发誓放弃日心说时，他喃喃地说，“不管怎样，它还是在转的。”蒙昧的权势可以欺人于一时，但是真理的步伐是不以人的意志为转移的。

电影，另一种选择的可能

◎彭小莲

依然是那么喜欢看电影，以至于喜欢到，再也不敢进中国电影院了，因为害怕，害怕那些票房影片把自己对电影的热爱破坏了；更害怕的是，在票房电影面前，总是有坐蓐针毡的感觉。票房开始冲击我们的价值观了，我有点抵挡不住，因为在它面前，我缺乏对价值的把握。依然想把对电影的一份热爱完好地保存下去，依然对电影有一份敬畏和尊重。于是只要有出国的机会，第一件事情还是跑电影院。去年五月，去了一次芝加哥，终于可以在电影院好好看几场电影，终于能将以往生活中缺席的电影院狠狠补上。

当我面对着大银幕，看着修复版的《教父》时，竟然忘记这是四十年以前拍摄的电影，还是深深地被影片里的人物和故事震撼，电影院所展现出来的视觉威力是DVD机器无论如何都替代不了的。大银幕上的画面直接冲击着你的感官，那真切的表演，把微妙的细节放大了，当影片在最后，阿尔·帕西诺长久凝视着妻子黛安·基顿的时候，你突然看见了他们内心的战栗，所有的一切，都变得更加立体，似乎你就站立在他们俩的身边，你已经能感受到人物的呼吸，可是，帕西诺还是狠心地将门关上，把孩子与妻子隔离开。那扇门一点一点从你眼前划过，虽然，那时候没有立体声效果，喇叭更是单声道的，可是，当那扇门合上的时候，那门把发出的声音，却像一根细针，直直地插进你的胸膛，那份疼痛的感觉，是很难用语言、文字表达的。但是，那巨大的银幕，把这一切都端在你的眼前。扎实的人物塑造，强烈的视觉语言，在这宽大的银幕前，你体验到的情感世界，让你在黑暗中无处逃遁！这不是技术上的进步，不是花哨的镜头，依然是故事本身以及人物的情感和命运。

我想起了美国编剧阿伦·索尔金(Aaron Benjamin Sorkin，1961 年 6 月 9 日生于纽约曼哈顿)说：我宁可制作、编写一个只有一百个人喜欢的好本子和电影，我也绝不制作受千万人欢迎的烂片子。

如果，我一直想明白，什么叫“选择”，而什么又是“选择”的价值，当我读到阿伦这段讲话的时候，我才意识到，每一个人的选择里面，包含着他个人的力量、智慧和精神。这个骄傲的纽约人，一直没有被票房和金钱绑架！美国，似乎这样的电影人不在少数，所以无论好莱坞如何走票房路线，支起美国电影另外半边天的独立电影，依然稳稳地朝前走着，从《撞车》《阳光小美女》《老无所依》到今天的《安娜·卡列尼娜》。你总是会看见，那不倒的精神力量，那些低成本的影片，依然用他的价值支起了美国电影的半边天；于是好莱坞的大片再如何商业，他们的基本伦理还在那里，他们的文化水平，仍然保持着。他们的商业品味也努力保持着。你会看见，这是一个真正庞大的工业产业在掌控着文化市场。

我们这里似乎也很重视文化，听见的口号就很响亮，“文化产业化”“文化市场化”；文化是打着前排的头阵，像所有的旗帜那样，高高举着！现在看来，产业化基本实现，很多影视公司都上市了；国产片又抢占了市场，一部片子就挣了好几个亿的票房。可怜的是，不知道在何时何处，这站在前沿的文化早消失了，无影无踪；电影变得越来越无趣，谈何文化？不信，在谈剧本的时候，试着谈一下文化，这会让所有人吃惊，大家一定认定你是脑子坏了！拍摄为了降低成本，制作人员的酬金压了又压，减了又减，于是大部分的技术和制作工作都只能请民工兄弟去完成。我们的电影，正开始往农耕时代后退。

这时候，我想问自己，我该选择什么？

依然是在去年五月的芝加哥，去看望我们北京电影学院的老教授周传基(1925年3月12日生于北京)，那个倔强的老头，那个参加过远征军的大学生，怎么从来就是和“组织”“领导”处不好关系呢？一九五七年才过了三十二岁的生日，就因为他的“一派胡言”让他成了“右派”。总以为，老了，他就会安定下来。谁也没有想到，六十岁一到，就离开北京像小青年似的，跑深圳开埠闯天下去了；他七十岁那年，我从美国回来，到处打听周老师，大家都说联系不上他，因为他又跑到四川去教电影，后来，偶尔从学生作品的得奖名单上看见，那是周老师在重庆的学生；八十岁以后，他干脆离开了中国，住在芝加哥的老人公寓里，今年八十八岁。唉，听到这个年龄，又独自居住在老人公寓，听上去已经让人感觉到一份凄凉……

老人公寓的大楼管理比较森严，按照周老师的指令，怎么也打不开他的密码，看来人都会老的，周老师或许表述也会有问题了。我进不去，只能打电话上去，把周老师请下来开门。心里充满了内疚，不知道这个年纪的周老师，走路是否方便！可是，当他出现在大厅里的时候，只见那个帅老头依然如故，迈着大步，动作利落地拉开大门，一副美国做派，张开双臂给了我一个拥抱！最让我吃惊的是，怎么在美国呆了那么几年，看上去竟然像一个外国老头了。周老师哈哈大笑，他说几年前开了白内障，结果美国医生给他眼球装的保护晶体膜是蓝色的……加上他流利的英文，这里常常会有人疑惑他的身份，到底是哪一国人啊！

周老师竟然丝毫没有改变！似乎又回到了当年的朱辛庄，回到了那个拿电扇吹着房门口，在那里拼命翻译着绍拉剧本的人，且不关心是否有地方发表。周老师，还在不断地学习，还在那里教授电影！

走进周老师的房间，那宽敞的客厅，

被他搞得成了一个电影工作室。三架台式电脑，还有两架手提电脑都打开着，四周全部是书本，地上有一些摄影器材，以及照明用的色纸和材料。他的床，仅仅挤在房间的小角落里，一个小沙发架在那里，沙发的尾部放着两个连接在一起的沙发凳子，然后，上面铺着厚厚的绒毯和被子，周老师就睡在这里。

他让我去里屋取东西，突然发现，大卧室里有一张舒适的单人床。周老师说："不行，我不能睡这种床。我只能睡自己设计的床。你不要看这只小沙发，比这个床贵多了。我在沙发上睡觉，躺下就睡；醒来，一骨碌就能爬起来，舒服极了！"

周老师是按照中国的生物钟在那里工作、生活。因为，他收了十几个学电影的学生，隔天都有课程，他通过视频给学生上课。这些学生没有文凭，但是他们必须交作业，而且还要通过周老师的考试，如果成绩不好，周老师会劝退。周老师感慨地说："这些学生，就是劝都劝不了，死活不肯退学。"

"你收学费吗？"

"那当然啊！"

"可是他们连什么 Certificate（证书）都拿不到的啊？"

"是啊，他们才是真正喜欢电影的，而且是想学到真本事的孩子。"

周老师的屋子里，石膏像是米开朗基罗的美男子，他把四周打上光。啾，原来周老师还在学素描呢。周老师说："哪里，这是在教学生怎么打光。告诉他们辅光是起什么作用的。"

"你的学生都在哪里？"

"哪里都有，有在伦敦的，一个在澳洲，他们就得跟中国时间上课，比较辛苦。因为大部分的学生在中国各地。现在是网络时代，哪里还有什么课堂！"

这就是周老师，思维还是那么敏捷，这个当年参加远征军的小伙子，现在对着伟大的电影，还是战斗力很强，他正开设着世界课堂。等到马耀文和冯棱棱从 Ohio 赶来看望他的时候，周老师又开始说英文了。因为当年在北京，马耀文跟着周老师读研的时候，就是用英文教学对话的。麦燕文夫妇也来了，我们似乎又回到了周老师的课堂，像当年听他给我们上课那样，侃侃而谈。太喜欢周老师了，我们都在他面前找到了一份信任、学识和自信！

周老师给我全部的启示，是他的选择，他将生活设计得快乐、充实、进取，他让自己依然生活在自己的舞台上。电影，占据着他的全部，文化是断然不能缺席的，他没有旗帜，没有口号，更没有权力；可是他有一个教授的全部智慧和独立精神，他在完成的是他自己的选择。

我没有本钱像阿伦·索尔金说出那样铿锵有力的宣言；我也做不到周老师这样的博大；但是，我会在自己的角落慢慢地学习，看书、看好片子，做下笔记，为的是成就自己的选择，为的是让生活变得有质量。

2013 年 2 月 22 日　于上海

海外书情

使用电脑的预言家

◎ 金克州

《信号和噪音》
N.西尔弗 著
企鹅出版社

预言家是个古老的职业，因为谁都希望能够知道将来的秘密；但是预言又是一个危险的职业，因为未来是难以预知的。不过近年来美国出现了一个新的预言技术，能够相当可靠地预言从球赛的胜负到大选的结果等所有你想早早知道的未来事件。运用这个技术的一位高手就是本书的作者。

作者原来在一家会计公司里当个默默无闻的咨询师，他厌烦了自己平淡的生活，业余时间忽发奇想，设计了一个方法来预测篮球赛事的胜负，结果成效非凡，名声鹊起。他转而用他的统计技术来赌扑克，又赚了大钱。他的预测力如此之神，奥巴马的竞选团队也来求助于他，请他预测那些所谓的摇摆州的选情。

作者的预言本领并不是因为他有什么独门绝活或特异功能，那完全是靠着现代电脑的巨大威力。传统的统计学能给出事件发生的概率，但是局限于统计的数据，结果都不太靠得住。现在则不同了，当代的大数据技术能够把过去难以想像的海量数据都输入电脑统计，这样得出的结果就能出人意外地准确。作者的预言家的声望就是建立在这样的一个大数据技术上的。他把与一个事件有关的所有数据都收集起来让电脑运算，得出的结果的精确程度是传统的统计技术所无法比拟的。在美国有好些技术怪才从事这样的预言工作，二〇一二年美国大选时各州票数的最后结果就是这样被人准确猜出的，令传统媒体上的那些屡屡出错的老资格政治评论家们大丢颜面。

大数据统计技术不仅能预测出政治动向，它还能影响公共问题的讨论。反对环境保护主义的人常常喜欢指出，气候变暖的预测是错误的，因为一九九〇年联合国气候变化会议预见的气候变暖并没有实现，上世纪整个九十年代全球气温上升的幅度只有这个会议预测的一半，而二十一世纪第一个十年里气温没有上升。他们因此主张放手发展工业，不必理会温室气体的排放。

大数据统计学者得出的结论完全不同，根据他们的计算方法，只使用那些几十年间的气温数据是根本不可靠的，对于地球大气变化这样的重大问题，必须收集和计算大时段的巨量的天气数据来测算，从这样的计算得出的结论表明，地球的气温确实是在上升，减少温室气体的排放刻不容缓。

看到大数据统计学的成功，人们可以设想，对于许多重大的社会问题，我们或许可以不从意识形态或政治立场出发来规划政策，而是按照精确统计大数据测出来的结果制定政策。

法国大革命的卫道士

◎ 纪祖家

《罗伯斯庇尔》
P.麦克菲 著
耶鲁大学出版社

罗伯斯庇尔是法国大革命的化身，更确切地说是法国大革命恐怖的化身。在他主宰法国大革命的短短一段日子里，各色各样的人，从国王贵族到一起革命的战友，都被他毫不留情地送上断头台。他在人类历史上留下了深刻的印记，可是我们对这个不苟言笑的人知道的实在太少。除了他的几篇演讲词和工作报告，他没留下日记回忆录或其他个人的文字，几乎没有什么材料能让后人深入到他的内心中去。事实上，对于历史学家来说，他的一生充满了谜。罗伯斯庇尔早年反对死刑，后来却很喜欢断头台，毫不犹豫地处死一批一批的政敌。他醉心于启蒙运动的思想，是个启蒙精神的儿子，但是却与启蒙运动的宽容精神完全绝缘，容不得一点异端的表现，他的极端立场连他的同盟者都感到害怕。

罗伯斯庇尔的传记有几部，不过都只是记载他的政治生涯，这部新的传记试图揭示罗伯斯庇尔这个人。作者追溯到他的童年，他出生在法国北部一个叫加拉斯的小城，后来得到机会在巴黎著名的路易大帝中学读书，成绩拔尖。学成后又回到风气闭塞的外省家乡当律师。他在家乡的交往，特别是和一些著名的革命家的相识决定了他的政治生涯。罗伯斯庇尔是个真正的革命者，他毫无保留地信奉革命的理想，内心还认同基督教的道德观念。他知道法国大革命面对的威胁来自国内而不是来自国外，如果贵族的特权，对税收和征兵制的抵制以及反革命运动等问题得不到解决，法国大革命就会失败，所以他要运用一切手段来粉碎革命的敌人，而他到处看到革命的敌人，包括他原来的朋友。他觉得自己被反革命的阴谋家们所包围，他怀疑到处都有人在策划阴谋，所以他坚决地用革命恐怖来捍卫革命，他让密探监视法国国民公会里的代表，他下令调查每个流言，他用断头台来消灭所有他认为的敌人。在作者看来，恐怖政策不是法国革命内在的逻辑所致，甚至也不是罗伯斯庇尔个人的行为逻辑的后果，那是因为他身受的压力和他个人的遭际所致。他本人也是这个政策的牺牲品，被他的敌人逮捕后立刻送上了断头台。法国人至今在心理上也没有完全接受这个令人生畏的革命家，尽管所有的法国人都自认为是大革命的后代，巴黎到今天也没有一条街是以罗伯斯庇尔命名的。

西方经典的辑佚

◎ 钱如镜

卡利马科斯著，
A.哈特 编辑
牛津大学出版社

中国传统学术的重头工作是辑佚，从浩如烟海的传世文献或地下出土的简帛中重新发现早已失传的著作。辑佚同样是西方古典学中的一项非常重要的学术传统和基础工作，其繁难深奥一点也不比我们的传统差，常常是一代一代的学者为一篇文本的复原而贡献其终生精力。

公元前三世纪有位希腊学者兼诗人名叫卡利马科斯，他写过一部诗作，题为《起源》。这是一部哀歌体诗作，共有四卷，早就失传了。后世学者对这部诗作一直有着非常大的兴趣，这并不完全是因为这四卷诗是旷世杰作，更是因为卡利马科斯生活在古典时代的文化中心亚历山大城，他熟读古代世界最伟大的图书馆亚历山大图书馆收藏的典籍，是古代最博学的学者之一。他在《起源》里质疑了古代传下的种种风俗和观念的来源，有点像我们屈原的《天问》，但是篇幅更加宏大浩繁。《起源》一书在古代世界里影响非常深远，它涉及了整个古代世界的文化传承，并重塑了传统的面貌。

但是，如此重要的一部著作还是散佚了，只留下断片残语。直到一百多年前，学者们只能在古代别的作者的引语中窥见一二。不过，从上个世纪初以来，人们开始在发掘出的纸莎草文本上发现《起源》的残篇。因为卡利马科斯的这部作品是古代世界流传很广的读物，所以在很多古代遗址里都有这部诗作的发现，最重大的发现来自于埃及的俄克喜林库斯，十九世纪和二十世纪之交在那里发掘出了大量的希腊文和拉丁文的古代纸莎草文本，这对西方古典学界的震动好比敦煌藏经洞的发现对于中国古典学术界的冲击。在俄克喜林库斯的一个重大发现就是失传已久的卡利马科斯的《起源》，但是也只是个残本，加上从别的典籍中辑出的，目前我们见到的只有卡利马科斯原本五千行诗作中的四分之一左右。

从那时起，西方学者就开始了对《起源》的艰难的整理工作，经过几十年的努力，一九四九年出版了权威的珀凡弗编订本。

随着新发现的出现,后来一直有修订本出版。现在,哈特教授编出了这个新版本,她为这个新版本花费了极大的精力,和牛津大学出版社签合同还是在一九八九年,书到去年才出版,厚厚的两册,一千三百多页,尽可能忠实地复原了这部古代世界经典的面貌,并且通过编者的博识的校注,能让读者在整个古代世界文化背景中理解这部巨著。

希腊世界的民主化

◎ 姜立忱

《小小的希腊世界》

I. 马尔金 著

牛津大学出版社

近年来英美史学在古希腊城邦史的研究上投入了巨大的精力,为的是在世界民主化大潮的背景下探索民主制度的起源问题。这些研究的成果揭示出了古希腊社会文化许多很有意思的现象。

希腊民主制度是一个漫长过程的结果,公元前八世纪的希腊社会也是处于贵族专制统治之下,在随后的几个世纪中希腊社会不断地自由化和平等化,最终建立起了民主政治。这个民主制度的建立也是产生在一个大的历史背景下的。

希腊城邦大都是移民们建立的,爱琴海沿海土地贫瘠,无法供应密集人口的生计,所以需要不断移民海外以建立新的家园。持续的移民,使得整个地中海北岸从今天的法国一直到黑海边都散布了数百个希腊人筑起的移民城邦。这些城邦都不大,彼此间隔也远,但是希腊人口在地理上的分散并没有削弱希腊人的身份认同,并没有使希腊人互相之间变得越来越疏远,相反,倒是更加强了他们同为希腊人的意识。因为这些城邦一般都在异族人的包围之下,这些异族人被希腊人称为野蛮人,是他们时时需要警惕提防不能被同化的。正是在外族的威胁下城邦内的希腊人更加团结更加在意保持他们的文化特性,这其实是世界上一切移民的本能反应。同时,海上交通的便利使得这些分散各处的希腊城邦之间一直保持着密切的文化联系和交流,大大增强了天下希腊人是一家的泛希腊观念。

在这样的环境下,雅典等希腊城邦里的居民出于一种共同的文化优越感,建立起了民主治理社会的制度,民主的雅典打败了专制的波斯后越发凸显了民主制度的先进性,这样,希腊人创立的这种政治制度及其思想基础成了西方文明最伟大的遗产。

上帝显灵了

◎ 季连问

《奇迹和新教的想像》

S.泽格尔 著

牛津大学出版社

自然界的异象,不管是彗星还是地震,或者暴风雨大洪水,都会使古人惊愕,也会引发他们从中读出些深意来,这是中外一样的。中国古代皇帝会因为自然界的灾难而下罪己诏，遇到无害的灵异则会解释是上天对皇上德政的鼓励和赞同。西方意识和我们不同，对异象的解说当然也不会一样。他们信奉基督教，在基督教徒看来，天上的异象要么是上帝意愿的表现，要么是魔鬼的作为，总之是对世上人事的一种至高无上的评判，很能影响人们的行为，异象的解说也因此而成为能自己实现的预言了。公元一〇六六年，哈雷彗星横越英格兰天际，人们纷纷议论，说那是上帝在预示着将要发生巨变，本地的盎格鲁—萨克逊人要倒霉了，跨海而来的诺曼人要大胜了。一旦大家都相信了这个解释，诺曼人当然就会得胜了，诺曼征服也就成功了，预言也灵验了。

一直到十六世纪西方的宗教改革，自然界的异象还是被看作是具有重大含义的。尽管路德主张的新教神学认为上帝的意图全在《圣经》一书里，他仍然接受传统的观念，相信自然界的怪异也表达了上帝的意愿。当时出版业大兴盛，有位神学家编著了一本专著，把从有史以来到十六世纪为止所有记载下来的自然界异象都搜集起来，一共有一千五百余次。同时代这类灾变录还有很多。如果把这些记载和中国史书上的灾异记载相比较，倒会是一个很有意义的学术工作。

意义不仅在于能够提供自然史资料，也在于这些材料能显示思想史的演变。宗教改革时期的这些灾变录都不仅是记录，还蕴含着宗教解释。有的作者以为这些灾变是魔鬼的作为，魔鬼在最后审判将来之前加快了他的行动。许多作者则把灾变的频繁出现解释成是上帝对人类社会堕落的警告，预示最后审判的即将来临。他们认为，尽管上帝在《福音书》里把什么都说了，还是有许多人不肯听，所以上帝又用大自然这本书来教训人类，用水灾和暴雨表达他对人类的失望和愤怒。

随着时代的推移，到十七世纪时，路德神学悲观的灾变解说渐渐地不那么流行了，慢慢出现了以自然界本身的原因来解释灾变的说法。经验科学知识的积累，气象学和天文学的进步，使得人们能够不再用神学来解释灾异现象了。

学术著作的市场

◎ 李景卫

《学术，商务和宗教》
I. 麦克莱恩著
哈佛大学出版社

现在的学者老爱抱怨学术著作出版难，收益低，没销路，大家都相信这是高度商业化的当代社会给学术界造成的害处，不过，如果我们看看出版历史，就会知道这个现象是古已有之的。

德国的法兰克福书市天下闻名，是世界上最重要的图书市场，这个书市在十六世纪时就已经是欧洲书籍的集散中心了。作者研究欧洲学术书籍的出版历史，一直追溯到十六世纪的法兰克福书市，发现现在学术书籍出版的种种问题当时都有。那时学术书籍的出版就几乎没有收益，著作出版后作者是拿不到金钱报酬的，一般是出版商送些书作为报酬，作者则会再三感谢。有个作者居然拿到一百本书，非常感动。有的作者看到自己的著作印制得很漂亮，还会反过来给出版商送谢礼，比如送个银碗什么的。当学者需要在自己的著作中加印图片时，常常是由作者自己支付额外的印制费用。

出版商推销书籍的方法也古今类同，许多著作尽管已经有了相当合用的版本了，出版商还是会想方设法出版各种新版本，促使研究者重复买书，有的新版本是建立在新的研究上的，有的则是改头换面的旧版本，目的只是要多卖书。盗版书也早就是个老问题了。反过来也一样，学者们会尽力地要求出版商出版他们的著作，不顾出版商自己有什么规划。当时一家大出版商出版的学术著作中有一半以上是计划以外作者自己送来的稿子。

十七世纪出版商的有些做法构成了出版业值得发扬的好传统，那时出版社里工资最高的职员是校对员，为了保障质量，有的出版商会印出三份校样重复校对，这在当时的技术条件下是非常昂贵的做法。

也和现在一样，尽管只有畅销书能赚钱，那时还是有出版人坚持学术出版，特别是人文学术著作的出版，从当时的档案材料里就看到有几位出版经纪人，他们周旋在学者、出版商和书店之间，努力推动新知的传播。

德意志的钢铁根基

◎ 秦基文

《克虏伯》
H. 詹姆士著
普林斯顿大学出版社

德国在现代史上的兴亡和一家企业紧密相连，那就是赫赫有名的克虏伯钢铁公司，这不是一家普通的公司，在很长时间里它是德国力量的象征，它经营的确实也就是德国力量所在：钢铁和军火。

克虏伯是一家家族企业，创立于一八一一年，专门生产钢铁。在克虏伯家族的第一代，公司并不是很成功，几乎没有什么赢利，勉强维持着经营。家族的第二代，阿尔弗雷德·克虏伯，建立起了一个独特的企业模式，他打造出一支献身于公司事业的员工队伍，克虏伯的员工福利好，工资高，终身就业，对公司忠心耿耿，但是劳动强度大并且不容许参加工会。克虏伯的管理层着眼的是长期目标而不怎么在乎短期的利润，公司在技术创新和研发上投入重金，以保持对竞争对手的技术优势。克虏伯在发展业务时尽量不依赖银行的贷款，而主要靠国家的支持。不管是在战时还是在和平时期，不管是在经济危机时还是在繁荣期，一个多世纪来克虏伯公司的这个经营方针和模式一直不变。

克虏伯公司的成长正和德意志的崛起同步，普鲁士的霸权和德意志帝国的建立都需要钢铁的支撑，德意志爱国主义自然地成了克虏伯事业发展的动力。俾斯麦宣称要用“铁和血”来解决国家问题，他心里想的就是克虏伯生产的铁，德国皇帝威廉二世亲自到克虏伯工厂里对工人发表演讲，说坚硬的克虏伯钢铁就是坚韧的德国民族意志的象征。希特勒对克虏伯公司的发展也关怀备至，给予这家公司特别的照顾。所有的德国政治家以及德国军事领袖都明白，他们的力量是建立在克虏伯的钢铁上的。

第二次世界大战结束后，克虏伯家族作为战犯被送上了纽伦堡军事法庭，他们被控使用奴工，因为战时有十万名俘虏在克虏伯工厂里强制劳动，还有一个罪名是掠夺被占领国家的资源。好几名克虏伯家族成员被判徒刑，家族的资产被没收，但是公司没有被解散，这个和德国共命运的公司一直维持到了一九九七年，那年克虏伯公司和蒂森公司合并，结束了它将近两个世纪的传奇式历史，克虏伯家族不再参与新的公司的管理，公司本身也由一个慈善基金所拥有。

十字军东征的起源

◎ 齐国林

《第一次十字军》

P. 弗兰克潘 著

博德利出版社

世界历史上一个非常重要的转折开始于一个演讲，一〇九五年十一月二十七日，教皇乌尔班二世挺立在法国小城克莱蒙城外的一个广场上，对聚集在他面前的法兰西骑士们发表了一个激情四射的演讲，上帝赐予基督徒的圣地现在受到了异族的入侵，教皇号召主的忠诚骑士们向东进发，从异教徒那里夺回基督的圣地。教皇的演说激起了虔诚的骑士们热烈的响应，这次演讲引发了西方的十字军东征运动。从乌尔班二世发动的这第一次东征开始，总共组织了九次十字军东征，持续了近一个世纪，改变了历史的进程，给东西方都带来了巨大的冲击，影响直至今日都能感到。

十字军东征的起源有一个现实政治原因，教皇乌尔班二世当时面临着巨大困难，他是在流亡中被选为教皇的，意大利处于神圣罗马皇帝亨利四世的威权之下，流亡中的教皇的权力摇摇欲坠。他急切地需要盟友，需要采取有力措施来巩固他的地位。正在这时，远方的拜占庭皇帝派特使来寻求他的支援，给他一个绝好的机会来发动一场以他为中心的宗教战争。而东方的拜占庭皇帝阿历克塞一世转向西方求救，也并不是出于宗教原因。阿历克塞一世原来有两个穆斯林苏丹盟友，帮助他统治一片广大的领土，不料这两位穆斯林盟友都死了，他的外交政策失去了依靠，一下子置他于强大的突厥军队的威胁之下，所以他想从西方得到援力。这样，一个西方教皇，一个东方皇帝，都出于巩固自己地位的计算，策划出了这场东西方冲撞的十字军东征。

媒体不时有一些值得关注的信息，现摘录若干，以飨读者——

两年后每个成年人每年可喝102.5瓶白酒

过量饮酒对身体是极其有害的，然而，我国各白酒主要产地均推出了激进的产能扩张计划。按照中国酿酒产业的“十二五”规划，到二〇一五年，全国白酒总产量将达到960万千升。不过这一“目标”已经提前数年超额完成。根据国家统计局数据，二〇一二年中国白酒累计产量1153.16万千升，同比增长12.4%。按照二〇一二年的产量，换算成500毫升一瓶的白酒产品，大约是230亿瓶白酒。

目前在各地、各企业大幅扩产计划都排到了二〇一五年。据业内人士估算，如果这些产能落实，二〇一五年全国白酒产能将较二〇一一年增长一倍。这样，二〇一五年全国规模以上企业白酒出厂量大约将为2051万千升。按照一瓶酒500毫升换算，也就是410万亿瓶白酒。按13亿中国人计算，每人一年需要喝掉31.54瓶白酒；如果按照4亿成年男性计算，每人每年需要喝102.5瓶白酒，相当每3.5天就要喝掉一瓶！

中国人口的老龄化正在加速

中国人口的老龄化正在加速。一方面生育率下降，另一方面预期寿命延长——从一九五五年的45岁提升到二〇一〇年的73岁。这两方面因素的共同作用使中国快速迈入了老龄化国家的行列。

二〇一〇年中国60岁以上人口达1.65亿，占总人口的12%。到二〇五〇年，这一数字将达4.4亿，占总人口的34%。同时劳动力人口在经历了从一九五〇年至二〇一〇年年均1.8%的复合增长后，从二〇一〇年至二〇五〇年将进入年均复合增长-0.7%的负增长期。劳动力人口在二〇一五年达到10亿左右的总量峰值后，劳动力总量将进入净减少阶段。老年抚养比（每百个劳动力抚养的退休人口）将从二〇一〇年的18%逐年上升，至二〇五〇年达40%左右。

一般而言，劳动力人口的净减少将导致经济潜在增长率的下降。而且老龄化会导致国民储蓄率趋势性下降，投资对经济增长的贡献就会下降，这对中国过去以高投资和出口拉动的经济增长方式也提出了挑战。

我国有3.6万公顷耕地土壤重金属超标

二〇一三年初，国家环保部一份文件引起了国内公众对土壤污染的强烈关注。这份文件指出：我国有3.6万公顷耕地土壤重金属超标，由此每年造成的粮食污染高达1200万吨，直接经济损失200亿元。

早在二〇〇六年，国家环保部与国土资源部就组织了一项全国性的土壤污染调查。两万名工作人员，用了三年多时间，在全国用网格化的方式，采集土壤样本，拍摄照片，进行样本分析统计，建立数据库和样品库。二〇〇九年，国家环保部编制了污染调查报告和各专题报告。但是，这项耗资高达10亿元的调查结果却以"国家机密"为由，始终不向公众公布。

我国真实的土地污染状况究竟如何？人们从另一些相关文件还是可以得到一些信息。据另一些文件显示：在珠三角、长三角、环渤海等发达地区，因工业"三废"排放，农用化学品使用，城市污染向农村转移，污染物通过大气、水体进入土壤，重金属和难降解有机污染物在土壤中长期累积，致使局部地区土壤污染负荷不断加大，其中华南地区部分城市有50%的耕地遭受镉、砷、汞等有毒重金属和石油类有机物污染；长江三角洲地区有的城市连片的农田受多种重金属污染，致使10%的土壤基本丧失生产力。环保部文件还显示，我国30万公顷基本农田保护区土壤有害重金属抽样监测时发现，有3.6万公顷土壤重金属超标，超标率达12.1%。国土资源部的文件表述相仿：目前全国耕种土地面积的10%以上已受重金属污染，共约1.5亿亩；此外，因污水灌溉而污染的耕地有3250万亩；因固体废弃物堆存而占地和毁田的约有200万亩。一些土壤研究者称："市场上的大米将近30%铅超标，十分之一镉超标，这已给我国粮食安全带来隐患。"

中共党员的发展速度明显高于总人口的发展速度

现在是有史以来中国人口最多的时候，也是中共党员人数最多的时候，13亿人口中有8000多万党员。

一九四九年全国总人口约5.42亿，按二〇〇九年国家统计局公布的13.21亿人估算，六十年来全国人口年均增长1298万人，增长率为2.4%。中共党员的发展以一九四九年449万名党员为基数，至二〇〇九年的7593.1万人，六十年来党员人数年均增长119万人，增长率约为26.5%。

中共党员的发展速度明显高于总人口的发展速度。党员占总人口的比例也从一九四九年的0.83%增长到二〇〇九年的5.75%。

中国科学界的精英出现了严重的老龄化趋势

从中科院和工程院的公开资料统计，在中科院全部709名院士中，70岁以上的有527人。而中国工程院764名院士中，这个数字更是达到604人。由此可见，中国科学界的精英出现了严重的老龄化趋势。例如，二〇〇七年国土资源部所有的20名院士中，70岁以下的只有两人。二〇〇八年有媒体报道，在植物学领域从事传统学科研究的院士，最年轻的也已经72岁。

然而，与中国院士老龄化现象相对应的，是随着时代发展，科学家发表学术著作的年龄逐渐提前，年轻化趋势明显加强。十六世纪科学家发表重要学术著作的平均年龄是50.1岁，而二十世纪上半叶已降到34.9岁。据推测二十一世纪和二十二世纪科学家发表著作的平均年龄应为32.73岁和30.06岁。

上海地面沉降问题严重

中国处在世界两大灾害地带之中，是世界上多灾、灾害强度大、灾情严重的少数几个国家之一。中国70%以上的人口、80%以上的城市受到气象、海洋、洪水和地震等灾害的严重威胁。二〇一一年至二〇一二年，各类自然灾害造成中国4.3亿人次受灾，直接经济损失3096.4亿元（不含港澳台地区数据）。

诸多灾害中，地面变形灾害包括地面沉降、地面塌陷和地面裂缝，愈来愈突现。地面沉降活动始于二十世纪二十年代，但当时只限于沿海个别城市，一九五〇年代以后明显发展，一九七〇年代急剧发展，成为影响人民生活、妨碍城市建设的重要环境问题。

上海地面沉降的历史较长，幅度较大，地面沉降累计达2.63米，上海市地质调查研究院的数据显示，从一九二一年到一九六五年上海市区总共沉降了1.69米，如果当时没有开始治理沉降问题，上海可能早在二〇〇〇年前就“下海”了。过度抽取地下水，曾经是造成上海地面沉降的主要原因。上海的地面沉降导致黄浦江、苏州河防汛墙降低，码头、仓库被毁，桥下净空减少，建筑物出现裂缝，城市基础设施功能下降。地面沉降的结果使城市在地形上成为漏斗状洼地，不利于降水排泄。近十几年来，上海市因地面变形灾害造成的经济损失达50亿元人民币。

中央政治局的一次紧急会议

◎武健华

关于粉碎"四人帮"的种种细节，随着时间的流逝，已陆续公之于众了。然而，人们对抓捕"四人帮"的当天深夜，中央政治局在玉泉山召开的紧急会议的具体经过，知之甚少。这是一个影响中国历史发展的会议，《炎黄春秋》刊登的《叶剑英汪东兴密谈处置"四人帮"》一文中，对此作了介绍。现摘录如下——

对"四人帮"实施隔离审查后，中央政治局立即召开紧急会议并处理善后工作。

华国锋对汪东兴说："你通知并安排政治局会议。"汪东兴一面安排警卫局副局长李钊准备政治局在玉泉山开会、办公等事项。同时告知秘书局长，做好晚十点政治局紧急会议的会务工作。他自己则亲自打电话通知在京政治局委员和候补委员晚十点到玉泉山九号楼开会。华国锋、叶剑英、汪东兴处理完在怀仁堂要办的事后，先后分别驱车赶往玉泉山参加政治局紧急会议。

根据列席这次政治局紧急会议的中办副主任李鑫和中办秘书局局长周启才的记录，人们始知会议的如下内情：

开始，华国锋请叶剑英主持会议并讲话。叶帅说："这次会议应该由你主持，你是毛主席提议、中央政治局讨论批准的党中央第一副主席，一直主持中央的日常工作，责无旁贷，你就主持开会吧！"

华国锋说："那我就先讲几句，再请叶帅主讲。这次中央政治局紧急会议这样晚的时间，在玉泉山九号楼叶帅住地召开，是由于事关重大，形势非常，为了有利于高度保密，确保中央安全，决定采取这样的措施，这是十分必要的。我现在向大家宣布：今天晚上八时，中央已在中南海怀仁堂正厅以召开政治局常委会，讨论《毛泽东选集》第五卷的出版和建造毛主席纪念堂选址问题为由，在中南海怀仁堂正厅拘捕了王洪文、张春桥。江青是在中南海她的住地拘捕的。根据他们篡党夺权的严重罪行，分别向他们宣布了由我签署的中央对他们实行隔离审查的决定。对王洪文、张春桥的拘捕是在怀仁堂正厅，叶帅坐镇，我分别向他们宣布的。江青和姚文元是由执行任务的有关负责人员向他们宣读的。对毛远新实行了监护审查。'四人帮'在北京的几个骨干分子，由北京市委、北京卫戍区根据中央批示解决的。"

华国锋接着介绍了实施这一重大行动的过程:“叶帅亲临怀仁堂正厅现场,同我一起坐镇指挥。东兴同志按照预定方案,组织指挥参战人员具体实施。由于决策正确,精心组织,高度保密,措施得当,整个行动过程进行得很顺利。对中央新闻单位,我们选派了耿飚同志带领精干的工作组进驻,掌控情况,把好关。”

华国锋说:“‘四人帮’篡党夺权的野心由来已久,毛主席在世时,他们不敢轻举妄动,毛主席逝世后,他们认为时机到了,变本加厉,肆无忌惮,急不可待地进行篡党夺权的反革命活动。他们利用控制在他们手上的宣传工具,大造篡党夺权的反革命舆论。他们篡改毛主席的亲笔指示,伪造所谓毛主席临终嘱咐。他们在上海建立由他们控制、指挥的武装力量,并发放了大批枪支弹药。种种迹象表明,我们党和国家的命运处于生死存亡的关键时刻。为了保证党和国家的领导权不被他们篡夺,不让他们的罪恶阴谋得逞,中央采取了坚决、果断的措施,非常的手段,稳妥、快速地粉碎了‘四人帮’反革命集团,取得了重大的历史性胜利,为党为国为民除了一大害。”

华国锋的话音刚落,叶剑英强调:“这次粉碎‘四人帮’反革命集团,是在毛主席逝世后,党和国家处于危难时刻进行的。毛主席生前就提出要解决‘四人帮’的问题,而未来得及解决。毛主席逝世后,‘四人帮’篡党夺权的反革命活动和嚣张气焰更加猖狂,他们正在准备动手了。”

接着,叶剑英严正指出并分析道:“我们党同‘四人帮’的斗争是一场势不两立、你死我活的斗争。在毛主席逝世不久的情况下,采取什么样的斗争策略、措施和方法,做到既要把这个反革命集团彻底打掉,又要保证首都北京和全国局势稳定。这是一步险棋,非同小可,要慎之又慎,做到万无一失。经过我和国锋同志及东兴同志几次个别交谈,统一思想认识,决定采取‘以快打慢’的方针,用在怀仁堂召开中央常委会的形式,对‘四人帮’采取行动,实行隔离审查。在决策和实施这一重大行动过程中,保密问题重之又重,知密范围很小,参与人员十分精干。实战证明,这样做是正确的,未放一枪一弹,即迅速粉碎了这个反革命集团,取得了预期的胜利。”

叶剑英又说:“粉碎‘四人帮’反革命集团,是全党全军全国人民的共同愿望,中央采取这样的措施,也体现了党、军队和人民的意志。许多老同志、老领导特别是聂帅和徐帅等在毛主席病重期间和逝世以后,曾通过各种方式向我表达这种强烈愿望,提出要采取坚决措施打掉这个反革命集团,绝不能让他们篡党夺权阴谋得逞。这次粉碎‘四人帮’的胜利,必将得到全党全军和全国人民的衷心拥护。军队完全拥护和支持党中央的这一重大决策。”

华国锋插话说:“这场粉碎‘四人帮’斗争的胜利,我们的叶帅起了最为重要的作用。”

叶剑英说:“不能这样讲。解决‘四人帮’的问题,是毛主席的遗愿。毛主席逝世后,你是党中央第一副主席,主持中央的日常工作，又是国务院总理，这件大事，如果你不下决心，你不拍板，做起来就难啊！正是因为你下了决心，你拍了板，做起来就相对容易了。”

叶剑英又说：“在这场同‘四人帮’的斗争中，东兴同志具体对行动方案组织实施，胜利完成，是出了大力、立了大功的。八三四一部队的参战人员也为党为人民作出了很大贡献。”

汪东兴插话说：“叶帅过奖了。在这场同‘四人帮’的决战中，我是在国锋同志和叶帅的直接领导和指挥下，做了应该做的一些事情。一个老共产党员，长期从事保卫毛主席、保卫党中央的领导干部，为了党、国家和人民的根本利益，完成中央交给我的政治任务，是完全应该的。”

叶剑英最后说：“在中央，我们从政治上、组织上解决了‘四人帮’问题，这是第一步，是初战的胜利，地方上还有些‘四人帮’的帮派骨干分子要清理。更艰巨的任务是彻底从思想上肃清‘四人帮’的余毒和影响，这需要相当长的时间和多方面的努力。”

华国锋说：“毛主席离开我们快一个月了，乱党、乱军、乱国、妄图夺取党和国家最高领导权的‘四人帮’反革命集团，被党中央及时果断地粉碎了。在此新的形势下，我向中央政治局提议，请我们叶帅担任党中央的主席，主持中央的工作。叶帅德高望重，长期在中央协助毛主席、周总理、朱老总，处理国际、国内重大问题，多谋善断，有多方面丰富的实践经验，思想政治理论水平很高，在危难时刻，两次挽救了党。”

叶剑英起来大声说：“国锋同志这个提议不妥。我年事已高，今年已七十九岁，且长期从事军事工作，工作面窄。经过慎重考虑，我提议由华国锋同志担任党中央主席，中央军委主席。他年龄比我小二十多岁，有实际工作经验，为人实在，民主作风好，能团结同志，尊重老同志，他现在是党中央第一副主席，主持中央的日常工作。我认为他是比较合适的人选。这个担子是不轻，我们大家可以协助，请大家考虑。”

经过认真讨论，与会政治局成员完全赞成叶帅的意见。一致通过了由华国锋担任党中央主席、中央军委主席，待召开中央全会时予以追认。

接着，会议讨论并原则通过了关于建立毛泽东主席纪念堂的决定、关于出版《毛泽东选集》第五卷和筹备出版《毛泽东全集》的决定。这两个决定在十月八日的政治局会议上定稿，九日见报。

最后，安排了当前和今后一段时间的工作。在这一非常时期，为了便于及时研究处理可能出现的各种复杂和重大问题，决定出席这次会议的全体政治局成员和随行人员都住在玉泉山，并从十月七日开始，迅速向中央党、政、军领导机关的主要负责人和各省、市、自治区、各大军区的主要负责人传达党中央粉碎“四人帮”反革命集团事件及中央政治局紧急会议的几项重要决定。

这次中央政治局紧急会议，从十月六日晚十时开到十月七日清晨四时多，历时六个多小时，顺利结束。

“右派”是如何得到“改正”的

◎胡治安

上世纪八十年代初，胡乔木为了写一篇文章，打电话问中央统战部的一位领导：当年到底划了多少右派？这位领导如实报告，右派分子五十五万，其他如“中右分子”二十一万六千人、“反社会主义分子”十九万人。此外，各地还有名目不同的“地方主义分子”“民族主义分子”“孬分子”……胡乔木听后说，以后对外一律说五十五万，统一口径。

这五十五万“右派”如何得到“改正”的呢？《中国新闻周刊》刊登的原中央统战部干部局副局长胡治安撰写的《一九七八：从“摘帽”到“改正”》一文介绍了具体的经过。现摘录如下——

一九七八年五月三日，我受时任公安部副部长凌云指派，到“摘帽办”工作。

“摘帽办”是中央五部为处理反右斗争遗留问题而成立的办事机构，由中共中央统战部牵头，中组部、中宣部、公安部和民政部均派员参加。

从那时起，到一九八一年三月，我在“摘帽办”工作了三年。

“摘帽办”是为贯彻“十一号文件”而成立的。一九七八年春天，中共中央统战部起草了《关于全部摘掉右派分子帽子的请示报告》。由于时任中组部领导拒绝签名，只好由统战部、公安部两部联署，于四月四日上报中共中央。第二天，报告即获批准，这就是中发[一九七八]十一号文件。文件下发到中共县以上党委。

这个报告是在“两个凡是”的气氛下形成的，带着严重的历史伤痕，虽然提出要全部摘掉右派分子的帽子，但又重申了一九六二年的规定：“对右派分子一般不搞甄别平反，只有个别完全搞错了的，即完全没有右派言论和行动的人，才实事求是予以更正。”上报的报告中，还有一句“绝不允许右派分子翻案”。时任中共中央主席华国锋主持讨论时，删去了这句话。

六月十四日至二十二日，中央五部在山东烟台召开了关于全部摘掉右派分子帽子的工作会议，讨论制定贯彻“十一号文件”的《实施方案》。

出席会议的，多是从“牛棚”和监狱中

解放出来的"走资派",对右派多有同情。但是,面对这个禁区,又矛盾重重,心事重重。与会者都认为,搞错的不是个别,而是一大片。但如何才能既维护毛泽东的威信,又解决实际问题?还有些人是当年的反右积极分子,此时既有内疚,又有担心。

因此,会上出现了两种对立意见。有人主张,按照实践是检验真理的唯一标准的原则,重新审议右派案件;有人主张,不能以现在的政策翻过去的案,应遵照中央以往的规定,只摘帽子,一般不搞甄别平反。会上争论激烈。

六月二十二日,公安部副部长凌云主持闭幕会议。他原是一九六一年成立的"改造右派分子工作领导小组"的成员,一九六二年因摘帽面过大,受到过中央批评。有了这一教训,他就以自己的切身体会劝告与会者,不要搞甄别平反。

凌云讲完后,中组部副部长杨士杰发言。他引述胡耀邦在中组部的讲话说:再不能通过我们的手去制造新冤假错案,也不能因为我们的疏漏,使历史上的冤假错案长期不得解决。他主张坚持实事求是的原则,错多少改多少,全错的就全部改正。他的话音刚落,全场响起热烈掌声。后来听讲,胡耀邦说:"老杨头在烟台会议上放了一炮,放得好!"

烟台会议没有争出结果,《实施方案》带回北京,仍处于讨论中。

胡耀邦见此情况,提议再开一次有关部门领导人会议,重新审议右派问题。

一九七八年九月,会议在北京民族文化宫八楼举行。除摘帽领导小组成员杨士杰、廖井丹、童小鹏、凌云、李金德仍然参加外,中共中央统战部部长乌兰夫、中宣部部长张平化、公安部部长赵苍璧、民政部部长程子华出席,中组部部长胡耀邦因公请假,由副部长杨士杰代表。

在当时"真理标准大讨论"的气氛下,几位重量级人物敞开思想,各抒己见。他们都认为,对右派分子的摘帽问题,上下都没有阻力。但对平反问题,他们却疑虑不少,最担心的是:"如果五十多万右派都改正了,全党会不会乱了套?""全都改了,会不会否定反右斗争?"

上午休会后,杨士杰找来了一份一九六三年中共中央批准中央监委关于甄别平反情况的报告。下午的会议上,他拿出这份报告说,一九六二年为党员、干部六百九十五万人平反,取得了弄清是非、增强团结、促进生产的效果,如今解决五十万人的问题,怎么会"乱套"呢?部长们都结合本部门实际情况,发言支持胡耀邦、杨士杰的观点,都认为右派问题必须实事求是地解决。

会议决定,立即以五部名义,补充修改《实施方案》,增加了"关于改正问题"一节,规定了"不应划为右派而划错的,应实事求是地予以改正""恢复政治名誉""恢复原来的工资待遇""生活困难的给予补助""原是共产党员,没有发现新的重大问题的人,应予恢复党籍"等极为重要的内容。

九月十七日,中共中央以中发[一九

七八〕五十五号文件，批转了《实施方案》。后人称之为“解放五十五万人的五十五号文件”。

原中共中央统战部部长李维汉曾致信胡耀邦，认为对右派分子，不应只是摘帽，而要甄别平反。后来，在全国政协礼堂召开的一次统战系统大会上，他为一九五七年反右扩大化表示歉疚，向受了委屈的朋友深深一鞠躬。

然而，党内抵触情绪不时流露，被错划为右派的人则徘徊观望，虽喜犹惧，踟蹰不前。有人认为改正右派搞过头了，政策太“右”了，甚至有人指责“摘帽办”吃共产党的饭，为国民党办事。

直到十二月召开的十一届三中全会后，局势才起了变化。

由此，复查改正工作全面展开。右派改正工作进展加快。到一九七九年五月，全国改正了四十九万余人，有二十一万人重新走上了工作岗位。

到一九八〇年底，全国改正了五十四万余人的右派问题，占原划右派总数的百分之九十八，尚有一万余人在复查中。随后，他们中的绝大多数人也得到了改正。

现在都说右派分子是五十五万，其实这是概数。关于右派的总数，反右结束时说是全国划定了右派三十万，一九五八年十月统计时为四十三万三百零五人，一九六一年说是四十五万，到一九七八年四月“十一号文件”下达时，仍说是四十五万。

一九八一年六月报送中共中央的《关于处理反右派斗争遗留问题工作的总结报告》中记载，全国右派人数为五十五万三千四百三十四人，占当时全国干部总数的百分之五点七。

补白

曹禺说：“我要写出一个大东西才死！”

据曹禺的女儿万方回忆，曹禺的晚年常依赖安眠药寻求安宁。那段时间，曹禺枕边总放着一本《托尔斯泰传》。有时，他读着读着突然撒手，嚷嚷起来：“你不知道我有多惭愧。我要写出一个大东西才死，不然我不干。”万方时常被父亲房里突然爆出的一串呼喊惊醒：“小方子！我要跳下去！我为什么要这样活着，每天用嘴活着！托尔斯泰那么大岁数还要离家出走，我也要走！”第二天早晨醒来，曹禺又怏怏自嘲：“就我，还想成托尔斯泰？”

病榻上的曹禺在心境灰暗时，会找来弘一法师的书，翻到其中一页，念给万方听：“水月不真，惟有虚影，人亦如是，终莫之领。”他放下书本，对万方说：“这是另一个世界，和马克思的世界不一样，和资本主义世界也不一样。你觉得如何？”

奇怪的"老太太"

◎瞿定国　刘先廷

李德生是一位参加过两万五千里长征的革命老战士。在"文革"动乱时期,受到毛泽东的赏识,成为中国政坛上升起的一颗新星,被调到北京参加中央的领导工作,在中共"十大"上被选举为中央副主席。高层激烈的斗争,迫使他于一九七五年辞去了副主席职务,回到地方工作。中共党史出版社出版的《曾经沧海——李德生调中央工作前后》介绍了这段经历。以下是书中的一个片断——

一九七一年年底,周恩来批给总政一封群众来信,要李德生抓紧办理。那封群众来信说:在贵州一个偏僻的地方,关押了一个奇怪的老太太,只有代号,没有姓名,只身孤影,景况凄惨,建议中央调查。

李德生看到周恩来亲自批示后,赶忙派人去贵州了解情况,并很快弄清了事情的真相。原来那个"奇怪"的老太太不是别人,就是"失踪"多年的贺龙元帅的夫人薛明!

贺龙是在一九六九年六月九日被迫害致死的。

为了"斩草除根",他们继续迫害贺龙的夫人薛明。薛明在一九四三年延安整风时,曾经揭发这样一件事:"七七事变"后,她随平津学生到南京请愿,看到叶群与国民党人物来往密切,并在CC派学生讲演比赛中获得第一名。对薛明的揭发,叶群一直怀恨在心。于是,在贺龙逝世后,叶群便让吴法宪把薛明弄到京外去,说是弄得越远越好。对叶群毕恭毕敬的吴法宪,立即布置把薛明押送到贵州的一个空军农场,并改了名换了姓,还不准她给三个孩子写信。年逾五旬的薛明,身体极其虚弱,被迫进行繁重的体力劳动。她被当成一个要犯看管着,吃饭、走路、劳动、睡觉,甚至上厕所都有人监视。他们还以准备打仗、进行训练为由,经常把老太太弄醒,叫她打起背包,在房子里转来转去。薛明的健康情况一天天下降,难怪人们把她当成老太太。

李德生知道了"老太太"的身份,很快把薛明接到了北京,办理了安置事宜。

薛明在未去贵州之前,一直是和受审查的贺龙一起共度苦难的。贺龙被整,也是林彪一伙搞的。林彪主持军委工作后,借口有病,常常疗养。毛泽东让贺龙主持军委日常工作。当时，叶剑英负责全军训练，积极推广了李德生创造性地总结出的郭兴福教学法，并和贺龙、罗瑞卿成功地组织了大比武，受到了毛泽东的赞扬。林彪由此便忌恨贺龙、罗瑞卿。“文化大革命”前夕，林彪一伙把罗瑞卿整倒。“文化大革命”开始后，林彪一伙又把斗争的矛头指向了贺龙。他们经常给毛泽东送有关贺龙的黑材料，说贺龙的手伸得太长，伸到了海空军；说贺龙要搞兵变，已经准备了武器和工事；说贺龙历史上有问题，是大土匪、大军阀；说贺龙品质太坏，是定时炸弹、搞山头……从而动摇了毛泽东对贺龙的信任。于是，在军委碰头会的名单上，贺龙的名字被删掉了。接着东交民巷十七号贺龙的居所，就经常有红卫兵来抄家，来揪斗。

一九六七年九月十一日，林彪一伙给毛泽东写报告，要求成立专案组，审查贺龙“政治历史问题和阴谋篡军反党反对毛泽东思想罪行”。两天后，即九月十三日，毛泽东圈阅，表示同意。这个专案组由康生任组长。从此，林彪一伙迫害贺龙就更加大张旗鼓地干了起来。他们把贺龙描绘成为一个“十恶不赦”的人。一九六七年十一月一日，康生、叶群要求专案组把“投敌叛变”作为全案的“突破口”。康生说：“文化大革命就是共产党同国民党长期斗争的继续。贺龙不但是国民党，而且是土匪，过去他和我们打过仗的，一直斗争的。”“湘鄂西肃反，他杀了许多共产党，到底是肃反扩大化，还是贺龙有意杀共产党，向蒋介石投案，扫清投降的道路？”一九六八年四月二十二日，贺龙专案组一位副组长的工作日记上记着康生这样的指示：“我提醒你们：体委是贺龙反革命活动的重要地点。他给体委发了枪炮，炮安在什刹海，炮口对准中南海。海空军都有他的国防俱乐部，有无线电俱乐部。”林彪一伙还提出要把“贺龙私自调动军队搞兵变”的事查清楚。

林彪一伙控制的专案组不仅大整贺龙夫妇，而且强迫他们站在“金像”前“早请示，晚汇报”，深刻反省，交待“罪行”。同时，对贺龙的一些部下和与贺龙有“重大”关系的人也分别立案审查，扩大材料来源。一九六七年春，贺龙在夫人帮助下，向中央递交了一份《关于洪湖地区肃反扩大化的报告》。显然，他是在呼吁全党引起警惕，别让扩大化的历史悲剧重演。在西山，生活上，贺龙夫妇受尽了折磨。一九六九年五月，即党的“九大”开过不久，贺龙病重被送往三〇一医院十四病室抢救。在邱会作“医疗要为专案服务”的指示下，贺龙得不到及时的恰当的诊治，于六月九日下午三时零四分逝世。

李德生安置了薛明，心里觉得这也算是有慰于地下的贺老总了。

一九七三年十二月二十一日，毛泽东在接见军委会议成员时说，“我看贺龙同志搞错了”，“要翻案呢，不然少了贺龙不好呢！”一九七四年九月四日，毛泽东又问，贺龙恢复名誉搞好了没有？不要核对材料了。毛泽东还对邓小平讲过，要为贺龙恢复名誉。

中共中央于一九七四年九月二十九日发出二十五号文件，为贺龙恢复名誉。宣布，贺龙同志是一个好同志。但仍留有尾巴，说审查是必要的。直到一九八二年十月十六日，中共中央发出《关于为贺龙同志彻底平反的通知》，推翻对贺龙的一切不实之词，并为所有受贺龙案株连的人彻底平反。

“四人帮”被粉碎后，薛明给中央写了一份报告，详细记叙了贺龙病危时的经历。李德生说，我虽没看过那份报告，但听说写得是很令人凄然的。

这里要说明一个情况，在“文革”开始以后，中央专案组设有三个办公室：第一办公室主任是汪东兴，主要负责刘少奇专案组等七个专案组；第二办公室主任先是杨成武、后为黄永胜，副主任是吴法宪，主要负责彭德怀专案组等军队的三个专案组；第三办公室主任是谢富治，主要负责“五一六”专案组等四个专案组。以上共十四个中央专案组，每个专案组还牵涉到的一些人则作为附案处理。在“九一三”以前，军队被打倒的一些高级干部，一直是由中央“二办”负责审理的，上面由林彪、黄永胜等人直接控制，总政治部无权过问。李德生虽然在一九七〇年被任命为总政治部主任，但对彭德怀、贺龙等一批军队高级干部的专案并不了解。即使在“九一三”之后，这些专案也没有交给总政。黄永胜等人后来被收审，再没法控制“二办”了，而且这时毛泽东、周恩来往往又直接将军队干部受迫害的问题批给李德生处理，这样“二办”就不能不执行总政的指示了。

补白

胡耀邦对茅盾治丧的指示

胡耀邦同志“性情冲动、事必躬亲”的个性，在沈雁冰（茅盾）治丧过程中也有所体现。

当时中共中央决定恢复沈雁冰的中国共产党党籍，党龄从一九二一年算起。就是根据胡耀邦的指示办的。一些老同志听了这决定，有些惊异，有所议论。中联部老领导、时任中纪委副书记的李一氓向有关人员打电话，表示沈可以重新人党，以追认为中共党员，但不宜恢复上世纪二十年代的党籍。

胡耀邦还指示：对沈雁冰的治丧规格要与郭沫若等同。有人便提出，郭沫若和茅盾地位相等，但职务不同，治丧规格不能等同。郭沫若是全国人大副委员长，属于国家领导人，沈雁冰是全国政协副主席，在法理上不属于国家领导人 。依据当时的规定，不宜下半旗致哀。后来这一意见被采纳，没有下半旗。

两岸默契护西沙

◎马振犊

中国共产党和国民党的军队兵戎相见了几十年，直到各踞海峡两岸后，很长一段时期，仍是彼此虎视眈眈。然而，每当国外势力对中国侵犯，在维护中国主权时，常表示出相当程度的共识。九州出版社出版的《台前幕后——一九四九至一九八九年的国共关系》一书，披露了在保卫西沙群岛和钓鱼岛的斗争中，两岸是如何默契配合的，现摘录如下——

尽管海峡两岸在多方面都存在着根本性的分歧，几十年来一直也难以统一起来，但是有一点，那就是在一致对外，反对国外势力对中国的侵犯，维护中国主权方面，却都存在着相当程度的共识，并表现出了行动上的一致。在维护中国对南沙群岛及钓鱼岛的主权方面，两岸表现出了行动的同一与默契的配合。

南沙群岛与西沙群岛自古以来就是中国的领土。抗战胜利后，国民政府曾派军舰巡视西沙与南沙，在永兴岛、太平岛各主要岛屿上设立主权碑，还在南沙群岛上设立了管理处，有效地行使主权与治权。

一九五○年前后，国民党从大陆败退，在当时内部一片混乱的情况下，国民党当局也顾不上什么边疆主权了。

这时，一向与国民党政府"友好"的菲律宾政府则乘人之危，企图武装攻占南沙群岛，但国民党当局对此予以强烈抗议，菲律宾政府迫于当时的国际环境压力，只好收起野心，并公开承认南沙是中国的领土。

菲律宾人刚被撵走，越南人又来了。当时越南分为南越与北越，南越美国扶持的傀儡反共政权，与台湾当局保持"友好"关系，北越是胡志明领导的越南共产党政权，与中国大陆"亲如兄弟"。但这次侵犯南沙的恰恰是与台湾交友的南越政权。一九五六年六月九日，南越派出海军登陆南沙群岛，升起南越国旗，台湾当局立即作出了强烈抗议，并下令驻太平岛国民党海军派出海军陆战队向南沙群岛增援，南越一看情况不妙，立即撤离了南沙群岛。

南越当局并没有就此罢休。一九七四年一月二十一日，南越派出一支海军特遣队大规模武装入侵南沙群岛，这支"特遣队"包括护航舰、驱逐舰、巡逻舰各两艘及一个加强连的陆军部队，企图对南沙群岛实行武装占领。在此外敌入侵的危急关头，海峡两岸即刻表现了团结一致对外的精神。

二月初，南越海军特遣队在南沙群岛登陆，占领了南子岛及其附近七个大小岛屿。二月四日，中华人民共和国政府向南越当局提出了强烈抗议，中国人民解放军海军舰队整装待发，奉令开赴南沙，为保卫祖国领土而战。

二月四日同日，台湾当局也向南越政府提出了强烈抗议。蒋经国在记者招待会上回答有关记者提问时，明确地表明了决不允许外国霸占南沙群岛的态度。

有记者问，如果中共海军与南越在南沙群岛开战，台湾海军持何态度时，蒋经国回答说，共军也是中国人，中国人当然站在中国人一边，"中华民国"海军绝不会趁中共海战之时出击，做不利于中国人的事。记者们为此热烈鼓掌。

台湾《中央日报》就南海局势发表了社论，社论中提及大陆方面时没有沿用过去谩骂式称为"共匪"的言词，而换之以"毛共"代之，使之避免了外国人有"可乘之隙"。这说明，在涉及国家领土主权问题上，台湾方面头脑还是清醒的。

南海紧张局势迅速发展。南越当局不理睬中国海峡两岸的共同警告，赖在西沙、南沙群岛不走。中国人民解放军南海舰队六艘扫雷艇与猎潜舰组成战斗群体在西沙海面与南越海军展开了激烈的"西沙保卫战"。

西沙大战之后，南中国海成为世界瞩目的热点地区。南越"总统"阮文绍，不甘心失败，扬言要再派兵"夺回西沙"。战争阴云仍未散去。为了迅速增强南海防卫力量，中共中央军委决定从东海舰队抽调一个护卫舰大队迅即开赴南海，以防南越再次来犯。

从东海到南海最近的路线是通过台湾海峡。而台湾海峡又处在国民党海军与美国第七舰队控制之下。过去中国人民解放军在东南海面的航行，为避免冲突都是由外海经巴士海峡绕道东南公海而行，但此次由于西沙战事吃紧，为抢时间夺取主动权，按照毛泽东主席指示"直接走"的方针，东海舰队决定冒险穿越台湾海峡，估计台湾方面也不至于拦截。

台湾"国防部"收到驻守海峡东端东引岛驻军的电报："中共海军导弹护卫舰四艘，清晨抵达东引岛一侧，企图穿越台湾海峡。请求应付办法。"

正在阳明山官邸疗养的蒋介石，思忖半晌，蒋介石缓缓地把电报放在茶几上，似乎是自言自语又像是在下指示一般地说道："西沙的战事紧哪……"

"国防部"根据蒋介石的指示，作了妥善部署。

当天晚上，四艘中国人民解放军军舰在高度戒备而紧张的气氛中缓缓驶进台湾海峡，黑暗中，国民党军舰就停泊在不远处监视着，当中国人民解放军军舰靠近时，国民党军舰毫无反应，甲板上大炮的炮衣都没褪下，双方默默地对峙着。忽然，一声鸣笛，所有台湾军舰都打开了探照灯直射大陆军舰前方海域，为他们通过照明。

昔日双方是战场上的对手，此刻为了共同的目的暂时"化干戈为玉帛"了，这历史性的一幕成为国共隔海对峙四十年中罕见的情景。历史将记录下这场景。

邓丽君悄悄来到大陆

◎马多思

邓丽君是这三十余年来对大陆歌坛影响最大的一位台湾歌手，她的名字几乎无人不晓。一九七九年中国大陆开始改革开放，邓丽君的歌声便在人民大众中愈来愈公开化地传播。“白天听老邓，晚上听小邓”，成为当时的一种文化现象。《中国周刊》刊登的《偷听邓丽君的日子》介绍了当时的一些情况，现摘录如下——

五十三岁的太原人郭俊明一直在期待着那个日子——二〇一三年一月二十六日，他购买了当天纪念邓丽君六十周年的演唱会门票，他早早地买好了到北京的机票。

邓丽君(1953-1995)

一九七八年，郭俊明参军入伍，在排长的收音机中，第一次从敌台中听到邓丽君的歌声。那时，收听邓丽君虽不像在“文革”期间那样面临劳教甚至判刑的风险，“但是被单位内部批评、处分甚至开除的风险还是有的。”

郭俊明是一名通讯兵，参军没几个月，通讯排的排长就带他收听台湾对大陆广播的邓丽君的歌曲。郭俊明回忆，开始一段时间，每当他听到“中央广播电台，自由中国之声为大陆同胞广播，现在是《为您歌唱》”时，心中就一阵紧张，毕竟是“收听敌台”。但是看看排长和一起收听的战友们的坦然表情，他放下心来。

从一九四九年到二十世纪八十年代初，中国大陆在很长一段时间把台湾当作敌区，敌区的电台就是敌台，不管公开听还是偷听敌台都是不被允许的。后来，郭俊明的战友们有的偷偷把大小如砖头的小录音机带到宿舍中，播放邓丽君的磁带，这些磁带是一些在南方沿海有亲戚朋友的战友带来的，都是翻录的，效果不是很好。如果有团级以上领导来视察，战友们就赶紧把录音机和磁带藏好。有时部队去靶场拉练，士兵们坐在火车里十几个小时才能到达，睡不着时郭俊明就和战友

20 世纪 80 年代，台湾歌星邓丽君在金门岛眺望厦门。

们哼唱邓丽君的《香港之夜》。

当时，台湾对大陆的“自由中国之声”广播政治性很强，但为了吸引大陆听众，电台设置了很多音乐元素。除了晚上六点播放的《为您歌唱》栏目，每个整点的节目开头也都要播放十分钟的歌曲，很多都是邓丽君的，还有凤飞飞和刘文正的。音乐是糖衣，炮弹是政治节目，有新闻、调侃大陆的专栏《三家村夜话》以及为“某某同志”播放的数字密码。

比郭俊明早，在伊春公安局工作的董少华一九七五年就开始偷听邓丽君的歌曲了。现年六十岁的董少华说，自己是在一九七五年一次修建国防工事的劳动中结识了几名邓丽君歌迷，从此迷上了邓丽君的歌曲。“我们有时会聚在一起，通过短波收音机偷听邓丽君的歌曲。每当邓丽君的歌声从收音机中飘出时，大家都陶醉了。”

但是董少华们也没有放松警惕，每次聚会时，他们都要把门窗关好，窗帘拉上，把声音调得小小的，有时甚至要用耳朵贴在木头壳子的收音机上。在公安局工作的董少华很清楚，这种行为一旦被发现，就有被判刑的可能。“听到邓丽君唱到美妙的地方，有的歌迷会激动得身体轻轻抖了起来，也可能是一种害怕。”

敌台的音乐美妙而刺激，但总是被严重地干扰，声音忽大忽小，有时都无法完整地听一首歌。后来，人们发现，澳洲广播电台的华语节目非常清晰，甚至超过国内的一些广播电台。

澳洲广播电台著名主持人王恩禧说，正是因为澳洲广播电台没有什么政治内容，以娱乐和旅游节目居多，几乎没有受到过大陆的干扰。澳洲电台转而成为人们收听邓丽君歌曲的最佳选择。

广播中的音乐节目，让人们毫不犹豫地用脚投票。一九七〇年代末，电台是人们最重要的娱乐工具，与大陆电台的音乐充斥着铿锵有力的豪迈歌曲相比，境外电台传出的邓丽君的歌曲让人们紧张的神经一下子得到了最大程度的释放。

曾供职澳洲广播电台的王恩禧是早年邓丽君歌曲在大陆传播开来的关键人物，早在上世纪七十年代，他就通过广播节目为大陆听众介绍邓丽君的歌声，还曾先后四次采访邓丽君，其中两次是面对面，两次是电话连线。

一九八一年秋天，王恩禧利用回台湾的机会采访了邓丽君。邓丽君完全没有大牌明星的架子，平易近人，非常亲切，认真回答每一个提问，还耐心为大陆听众签名留念。

这次采访在澳广播出后，一下子收到了十万多封听众来信，来信基本来自大陆，大都是表达对邓丽君歌曲的钟爱并索取签名照片。由于来信太多，以至于王恩禧和他的同事们在节目里不得不恳请听众暂时不要来信了，因为当时澳广每处理一封大陆来信需要花费一澳元。

王恩禧说："一九七九年以前没有一封大陆的听众来信，开放后一下子来了这么多。"王恩禧身处收音机的另一端，广播人的独特身份让他亲眼目睹了邓丽君在大陆通过小小的收音机流传开来的全过程。他认为，中国大陆从清一色的样板戏过渡到丰富多元的听觉选择的过程中，邓丽君担当了非常独特的关键角色，没有哪个华人歌手在那个转折点上对中国人产生这么巨大的影响。她让人们首先从收音机里找到了听歌的乐趣，抛开了意识形态的束缚，找回了音乐本该有的功能。

而在台湾，邓丽君的音乐则以另一种方式与政治紧密捆绑在一起。一九七九年开始，台湾"中央广播电台"开辟对大陆听众广播的《邓丽君时间》节目，这个节目每周播出六次，每次二十五分钟。一九九五年邓丽君去世后，节目才停播。王恩禧告诉《中国周刊》记者，这样的播出方式有政治因素，只不过是柔性的政治宣传手段。

一九七九年中国大陆开始改革开放，邓丽君的歌曲开始在大众中间越来越公开化地传播。但是大环境对邓丽君和她的歌曲并不是十分有利，一九七九年，在中国音协召开的北京西山会议上，专门展开了一场邓丽君歌曲是"靡靡之音"、"黄色音乐"的讨论与批判。官方舆论认为，邓丽君的一些歌曲内容比较灰暗、颓废，特别是她翻唱的《何日君再来》，对这首歌曲的主题指向是谁提出了质疑。不久后，大陆就开始了"反对资产阶级自由化"运动。

一九八一年，邓丽君到金门为国民党军队演出，这不但让她的歌声在大陆更难传播，也导致她终身不能到大陆演出。

一九八〇年，"反对资产阶级自由化运动"开始。

一九八一年，北京新源里中学初一

在金门复兴屿慰劳部队的邓丽君

立于台北县的邓丽君墓地——筠园，每天都有人来献花。

(1)班，一位同学家长把中国音协有关邓丽君歌曲为什么是黄色歌曲的讲座磁带带到学校，听完讲座后，有的学生担心地问老师：“听了邓丽君的歌曲会不会变成流氓呢？”居委会挨家挨户上门询问，谁家有邓丽君磁带，必须上缴。当时还在伊春公安局当民警的董少华也记得，二十世纪八十年代初期严打时，查抄邓丽君磁带也是工作内容之一。

一九八〇年代初的禁锢很快消解，毕竟时代的方向是更加开放。一九八三至一九八四年邓丽君在香港、台湾等地举行大型演唱会之后，追捧其的大陆歌迷不断增加。邓丽君热甚至蔓延到大陆的音乐界，邓丽君教会了歌手们甜美歌唱的方法，即所谓“气声唱法”，后来被归纳为“通俗唱法”。《人民音乐》总编辑金兆均认为，“第一批流行歌手百分之百摹仿邓丽君”，当时备受争议的李谷一也曾一度被指责在模仿邓丽君的“气声唱法”。

此时，随着政治环境及两岸交往的相对宽松，邓丽君及其音乐逐渐被中国大陆舆论接受并认可。一九八五年二月一日，《中国青年报》刊登了题为《邓丽君说：真高兴，能有电话从北京来》的新闻报道。这篇报道是当时《中国青年报》文化艺术记者关键撰写的新闻采访报道，据说这是中国大陆新闻界对邓丽君的第一次正式的新闻采访报道。此后，有关邓丽君的书籍、唱片、磁带，在中国大陆随处可见，中国唱片总公司在此时还整套引进出版了邓丽君歌曲磁带系列。

一九九五年五月九日，邓丽君因哮喘去世，昔日的通讯兵郭俊明从中央电视台第四套节目看到这条新闻，新闻中播放了多段邓丽君生前演唱活动的电视画面。这也是中央电视台第一次报道邓丽君。

人们再也不需要从敌台中收听邓丽君的歌了。

三八线传来的枪声

◎[韩] 白善烨

自从一九五〇年六月二十五日朝鲜三八线附近响起枪声后，这个半岛一直没有平静过。弥漫的硝烟延续至今。不仅半岛的人民不得安宁，扰得周围地区以及世界上不少国家都不胜其烦。

当年这场战争是如何发生的？尽管各有各的说法，随着时间的推移，史料的披露，已不是什么秘密了。这些年，国内的一些出版社，翻译出版了不少国外出版社的介绍这场战争的书籍，读者从这些书籍中，大致也能对这场战争有一个客观的了解。

重庆出版社最近出版了韩国白善烨所著的《最寒冷的冬天Ⅱ——一个韩国上将亲历的朝鲜战争》，白善烨是一位全程参与朝鲜战争及战后重建的陆军上将。他的叙述，对我们了解六十多年前的这场战争，很有参考价值。现摘录如下——

"师长，朝鲜军队突然在前方发起了全面进攻，开城一片混乱，好像……已经丢了！"

一九五〇年六月二十五日早上七点，师作战处长金德俊少校惊慌失措地打来了电话，这是我在"六二五"战争中接到的第一个战报。

我当时是陆军上校，任韩军第一师师长。第一师是驻防三八线的韩军四个师中的一个，主要负责从黄海道青丹、延安、白川至京畿道开城、长湍、高浪浦和积城一带全长九十公里的正面防线。

美国的布莱德利将军(时任美参谋长联席会议主席)曾说过，"六二五"战争是一场"在错误的时间，错误的地点发动的一场错误的战争"，对我来说，这更是一场发生在错误时间的战争。因为就在战争爆发前两个月的四月二十二日，我刚刚从驻守光州的第五师师长位置上调任第一师师长，而就在十天前，我甚至仓促到连第一师的情况还尚未了解清楚，就又被派到始兴步兵学校的"高级干部培训班"开始

荣升四星上将后的白善烨

为期三个月的学习。

冲突时有发生。从一九四九年开始，大大小小的冲突在三八线附近就没有停止过。一九五〇年六月中旬，陆军司令部情报局局长张都暎上校在主要指挥官会议上就曾警告说："朝鲜目前的军队调动情况不太正常，随时都有发动进攻的可能。"

"六二五"战争爆发时，我和妻子及两岁的女儿生活在汉城（汉城，韩国首都，自2005年1月18日后中文名称统一为首尔。下同。——译者注）的新堂洞。在接到金德俊少校的电话后，我匆忙从家里冲出去，这时恰好有一辆军用吉普经过，我当即拦下来，随后直奔位于龙山三角地的陆军司令部。在那个汽车还是稀罕物的年代，能这么快找到辆汽车真是太幸运了！我向车窗外望去，外面同往常一样沉浸在周末的宁静之中，远处还传来了教堂和平的钟声。

到达陆军司令部后，我便直奔参谋长办公室。之所以这样做，一是想尽快了解当前的战况；二是由于我当时还是步兵学校的学员，我必须确认自己是否可以返回第一师指挥战斗。

已经有七八名军官聚集在参谋长办公室里，表情严肃地讨论着战况，气氛十分紧张。

当我问及我是否该返回第一师指挥战斗时，蔡秉德参谋长厉声喝道："这都什么时候了，还问这种问题，你马上给我回到第一师的位置上去！"

现在最重要的是弄到一辆汽车，于是我立马想到去找第一师的美军首席军事顾问洛克威尔中校。他就住在陆军司令部的旁边，虽然他好像对发生了什么事情还不太清楚，但他的军用吉普正好停在那里。在我向他通报完战况后，洛克威尔中校二话没说，立刻就发动了汽车带我直奔位于南大门的崔庆禄上校的家。第十一团团长崔庆禄上校在我培训期间代理第一师的日常工作。当我们到达他家门口时，他恰好刚接到战报从家里出来。于是我们三人一同驾车向京畿道水色的师部驶去。

去师部的途中，街道上还和往日一样平静，只是来来往往急驶的军车在暗示人们发生了突发事件。

上午九点，我们抵达了位于水色的师部。这时，炮兵营长卢载铉少校、作战处长金德俊少校和通信连长董弘旭上尉正在师部门口等我们。

我们来不及进入师部，就站在门口听取了目前部队的情况介绍。由于开城已经陷落，我们与驻扎在那里的第十二团（团长全盛镐上校)失去了联系,不再抱任何希望了。驻守汶山的第十三团(团长金益烈上校)正在与朝鲜军队交战。而驻水色的第十一团,正在整合兵力准备投入到前沿阵地上去。

从报告中得知,由于开战的前一天(6月24日)是星期六,许多官兵都在外出休假中,因而现在只有一半的兵力留守。其实,进入六月以来,第一师一直处于战备执勤状态,外出和在外留宿是绝对禁止的,陆军司令部也是刚刚才解除禁令而已。

由于在外学习,十多天不在部队,现在我的脑子有点儿乱,只是潜意识里预感到要出大事儿。我们几个人分别乘坐军用吉普和三轮军用摩托风驰电掣地奔向位于坡州小学的师前沿指挥部。坡州小学前面有座小山,天气晴好的时候在山顶上能看到整个开城。考虑到战时的需要,我把师前沿指挥部设在了坡州小学内。随后我们登上了坡州小学前的山头,看到前方到处弥漫着硝烟并不断传来隆隆的炮声。现在最困难的问题是无法掌握前方战况,特别是位于东线的第七师的情况,由于通信不畅,我们与第七师一直无法取得联系。

这时,一同来坡州小学的洛克威尔中校突然跑来对我说,美军事顾问团(KMAG)发来撤退命令,让他速回汉城。

“不是说好来帮助我们的吗?现在情况对你们不利了,就急着撤走?”我对美军的期待瞬间变成了绝望,只好强忍着泪水,同洛克威尔中校握手话别。当时,韩军的大部分后勤装备依靠美国顾问团供给。如果美国顾问团撤走的话,这不是等于让我们赤手空拳和对手作战吗?不行,我现在需要直接掌握战况。想到这儿,我便立即动身前往对手坦克在临津江最可能实施渡河作战的高浪浦。

第十三团打得不错,位于最前沿的一个营挡住了朝鲜军队的进攻,且战且退。这个营在战争爆发时恰好在临津江南岸训练,一接到命令就直接进入了坡平山阵地了。

休假外出的官兵陆续赶了回来,第一师右翼所受的压力减轻了不少;在占领临津江南岸阵地后,我们又遇到了何时炸掉临津江铁桥这个棘手的问题。正午刚过,工兵营营长张治殷少校便急匆匆地赶来向我报告:“爆破铁桥的准备工作完毕,请师长指示爆破时间。”

我回道:“再等一会儿,等第十二团主力撤过来以后再说。”

下午三点左右,我终于看到第十二团的全盛镐上校带着三四十名余部乘三轮摩托车通过了铁桥。全上校面部受伤,流了很多血,我连忙派人把他护送到后方。我们又等了一个多小时。在这期间,不断有撤退归来的士兵三三两两地通过铁桥。

这时,铁桥北端的警备部队突然报告:“敌军从后面追上来了!”我连忙下令炸掉铁桥,却一直都没有听到爆炸声。过了一会儿,工兵营营长才黑着脸来向我报告说,由于线路故障,爆破失败了。这在这时,朝鲜军队已经冲上了铁桥。一瞬间,双方陷入激战,子弹在我的身旁乱飞。

朝鲜向韩国开始进攻后，韩国人携带所有家产从与朝鲜军交战的地区向南逃。

的头一天没能通过坡平山，这为位于汶山的我师预备队赢得了时间。

太阳落山时，我回到位于坡州小学的指挥部。当时，通信部队已经抢通了部分通信线路，我们因此得以迅速地掌握了前线的战况。

就在这时，电讯官送来一份电报，是驻守在能津半岛的陆军司令部直属第十七团团长、我的弟弟白仁烨上校发来的。电文如下：

请转告第一师师长：前方官兵们正在奋勇抵抗，但战况对我方非常不利。这也许是最后一次发报了。

白仁烨

看过电报之后，我极力控制住了情绪，因为在这个时候，这种感情在士兵们面前是绝对不可以流露出来的。

"一万余名士兵的生命握在我这个既年轻又缺乏实战经验的人手中，我该如何应对这场战争？"一想到这里，我肩上的担子便似千万斤重。虽然表面上未动声色，但那一整天我都处于神经紧绷与内心慌乱之中。我总是感到口渴，几乎喝了一天的凉水。

炮声彻夜未停，我也度过了一个不眠之夜。随着太阳西沉，我和战友们艰难地熬过了这场即将历时三年零一个月两天十七小时的战争的第一天。

面对偷袭，第一师可谓损失惨重。但

眼看铁桥这一战略要地几乎落入朝鲜军队手中，万幸的是，朝鲜军队的坦克部队选择高浪浦为主攻方向，借以向坡平山和汶山一带推进。也许他们当初判断临津江铁桥一定会被我们炸掉，才没有选择在这里渡江。

下午晚些时候，俞海濬上校和金东斌中校率领陆军士官学校教导大队和步兵学校教导大队乘火车赶来增援我们。他们的到来，对于已经丢掉一个团兵力的我来说真是雪中送炭。而在另一边，负责坡平山以北防御的第十三团与已渡过临津江的朝鲜军队坦克部队展开了血战。第十三团的士兵们还是非常勇敢的。特别是他们自告奋勇地组成敢死队，当看到一个个身上绑着炸药和手榴弹的敢死队员冲出战壕与对方坦克同归于尽时，无人不为之动容。他们用血肉之躯迫使朝鲜军队在进攻是六月二十六日一大早，士兵们又不顾疲倦，与在兵力和火力上占尽优势并有坦克支援的朝鲜军队展开鏖战。由于我军熟悉地形，并事先在重要地点构筑了完善的防御工事，对方军队在这里受到顽强的抵抗。而且当我们从第一天被偷袭的噩梦中镇定下来后，发现对方军队的战斗力也没有想像中的那么强大。

对方的炮火非常猛烈。我在带着副官金判圭上尉和汽车兵检查部队防务时，几乎是被炮弹追着跑的。说实话，如果说我当时不害怕，那肯定是假的。尽管那一天我累得两腿发颤，但一想到自己是在指挥着一万多没有经过严格训练的士兵作战时，沉重的责任感又让我瞬间战胜了恐惧。我在那一刻根本顾不上生死。同时，作为一师之长，我是万万不可将恐惧表现在脸上的。

公路上，向北奔赴前线的士兵与向南逃难的人群混杂在一起。当时，能用的兵力几乎全都投入到前线去了。在第十一团和教导大队都被投入到汶山前线后，我这个师长手中已经没有一兵一卒的预备队可用了。

正午时分，第十一团和教导大队在师属第六炮兵营的火力支援下，发起了反攻。由于教导大队平时要给军官和军校士官生进行战术示范，所以在这次战斗中显得训练极为有素。虽然个别部队冒着枪林弹雨几乎把朝鲜军队逼退到了临津江边，但迫于对方的凶猛火力，我们最终还是被压了回来。我为丧失了反攻的最佳时机而自责不已。因为，如果我们早一点发动反攻的话，还有可能把失去的阵地夺回来，但是现在，我们面对的却是对方加固过的防御工事了。

傍晚时，天下起了小雨，我不得不命令部队放弃防御阵地向后方撤退。之所以这么做，是因为驻守在我师右侧东豆川防线的第七师防御失利，因而被迫提前向议政府方向撤退。

我师在后方重新集结，地点是位于三八线与汉城之间的从苇田里奉日川到金村的防线。那是我被任命为第一师师长后修筑的防御工事，用来作为战时确保汉城安全的最后一道防线。不记得是什么时候，第十二团的美军顾问多诺万少校来到我师指挥部。他说："美军顾问团已经取消了撤退的命令，韩国陆军司令部很快会派六个团增援议政府一线，并准备反攻。因此，现在第一师能否守住奉日川的阵地非常重要！"

在发出后撤命令时，我再也无法掩饰住自己焦虑、惶恐的心情，但同时又告诉

1950 年 10 月 28 日，一名朝鲜士兵被俘。

自己:“一定要死守奉日川。”

第二天天刚亮,隐蔽在苇田里北侧树丛中的朝鲜军队在二十五辆坦克掩护下,沿国道向南推进。经过一天的炮火洗礼的我师所属各部已经重新找回了自信,士兵们集中反坦克火力对付对方的坦克,同时,炮兵营对对方坦克前进的道路进行了炮击,这有效地延缓了朝鲜军队的进攻。

前一天夜里赶来增援的第十五团官兵也组成了敢死队,他们身上绑着炸药,与朝鲜军队的坦克同归于尽。那壮烈的场面无人不为之动容。

经过一天的胶着战事,防线丝毫没有动摇。

当天下午,作为陆军司令部派遣的战略指导组组长,金弘一少将和闵机植上校来到位于奉日川小学的第一师师部。听完我的汇报后,五十二岁的金将军称赞道:“没想到第一师会打得这么好!”

他接着说道:“现在放弃阵地,撤到汉江以南,你认为怎么样?”

我回应道:“我也是这么考虑的,但我不能随意下令撤退。”

我建议金将军赶紧回到陆军司令部请求蔡秉德参谋长下达后撤命令。金将军同意我的建议,随后火速向陆军司令部赶去。

但在当天晚上,陆军司令部的一名军官乘吉普车带来了参谋长的手令,上面写着四个字:死守阵地

一纸命令,让第一师撤到汉江以南的希望成为泡影。我们只能战斗到最后一刻,期待着战局能出现奇迹。

后来我才知道,蔡参谋长这么做当时是有原因的,因为他听说美军即将参战,因此想以此表明韩军要御敌于汉江以北的决心。

……

开战之后,朝鲜军队势如破竹,相继占领了汉城、晋州。我们只好从汉江南岸开始后撤。经过三百公里的长征后,我们来到了洛东江边。战况已十分危急。就在这时,美军进入朝鲜半岛,与在洛东江防线坚守多日的韩军展开了绝地反击,局势开始发生逆转……

补白

还是生在中国好

一九三一年六月,一对著名的日本夫妇——宫崎龙介和柳原白莲来到上海,在内山完造的安排下与鲁迅、郁达夫会面。在席间,鲁迅对中国的很多方面进行了抨击。于是柳原白莲问道:“那么你讨厌出生在中国吗?”鲁迅答道:“不,我认为比起任何国家来,还是生在中国好。”此时大家看到鲁迅眼中含着泪水。

“九一三”之后的林豆豆

◎刘家驹

随着史料的发掘，对林彪和“九一三”事件的认识愈来愈接近真相。在震惊中外的“九一三”事件中，林彪之女林豆豆是一个重要的角色。她很早就向党中央揭发了有关情况，此后又受到了长期的审查。刘家驹先生曾应解放军出版社《星火燎原》编辑部所约，撰写林彪传。这一写作计划后来虽然中断了，但作者曾访问过林豆豆及其与林彪有关的许多人。《炎黄春秋》刊登的《我写林彪传的遭遇》，介绍了有关情况，现将此文中叙述的有关林豆豆的情况，摘录如下——

一九七一年九月十三日林彪从北戴河出走后，举报这一事件的豆豆和她的未婚夫张清林，十月四日被召回北京玉泉山（这里是中共中央常委的住地）接受高规格的秘密问讯。审问人是毛泽东的机要秘书谢静宜，她带来毛的安抚的口信：

豆豆：

不要伤心，你是立了大功的，你们家分两派，我在一个月前就听说了，好好注意身体。

毛泽东　十月六日

谢静宜开出一张要豆豆交代的清单，内容有：“九一三”事件的经过；林彪手令怎么来的；《五七一工程纪要》的幕后；林彪和刘少奇、邓小平等人的关系；特别要追查九月十二日晚上叶群和周恩来通话的内容——这是毛最担心的自己的卧榻旁，是不是还睡有“中国的赫鲁晓夫”？

豆豆只回答了一条：林彪是被叶群、林立果诓骗上飞机的。

谢静宜认为豆豆是在舍车保帅，她凛然告诉豆豆：“你要放明白，毛主席派我来不是来听你宣传的，你交代好了，还能给你保留《空军报》副总编辑的位置。”

谢是毛泽东身边了解外界的一只眼，“文革”中，“六厂二校”是毛泽东狠抓阶级斗争的试点，谢静宜是联系人。谢更熟悉空军内部的派系争斗。她的丈夫苏延勋，原是空军的机要局长，因反对老司令刘亚楼已“靠边站”。毛请他吃饭安抚他，要他继续留在空军：“看看他们会对你怎么办？”苏把搜集“小舰队”的异常活动都通过自己夫人报给了毛，这些信息在毛林之争中（特别是毛南巡前后），起了特殊作用。

豆豆坚持不改自己的说法，谢静宜难以应对豆豆的不屈，唯一能惩治的，就是下令撤销她俩六菜一汤的优待，一日三餐送来战士食堂的大锅饭菜。

豆豆也写出不少交代，在谢静宜看来都是在避重就轻，不是毛泽东所要的。其中，有毛林关系对毛不利的言词，谢静宜看了，大为光火："这是放毒，要是把这些告诉群众，你们是在犯罪！"

她要完成钦命，不得不天天来施压，争吵。谢看到久拖难有成果，想出新招软化张清林，把她俩分开，各住一座楼。要张清林站在毛主席革命路线上跟她合作："为党立功，交代出了成绩，毛主席高兴了，会接见你的。"

三人苦争苦斗了半年，张清林被迫起草了一份交代，谢静宜修改后交豆豆重抄，送给了毛泽东过目。

一九七二年八月二十六日晚上，周恩来带领李德生、纪登奎在人民大会堂接见豆豆。还有总政副主任田维新、副总参谋长张才千、中央警备局局长杨德中在座，谢静宜做记录。

周恩来开场说得很亲和："主席要我和你们俩谈谈，我拖了几个月，今天我代表主席来见你们。"

接着，周批评豆豆："听说你们和谢静宜同志吵架了？她是代表毛主席的，你们做得不对嘛。"

周又询问豆豆九月十三日晚上一些情况后，转入正题：

"豆豆，你在北戴河向我报告，林彪的出逃，都是老虎搞的，他是副统帅，谁还能命令他？老虎在'九一三'前我还见过嘛……"

豆豆不放过这一机遇，向周恩来陈述林彪是怎么被骗出走的，没说几句，周不容分说，拉下脸来训斥豆豆："你林立衡的思想作风，完全是你林家的那一套！……"

纪登奎也跟着指责："林立衡，你不要自认为是很清白的！"

对豆豆的执迷不悟，周要领导专案组的李德生对豆豆继续管束。李说："我要出国。"

周当即宣布由他亲自管理豆豆，并要豆豆回空军去接受群众的再教育。

豆豆回到空军，空军派出著名女飞行员诸惠芬等三人来轮番地"帮助"。中组部部长郭玉峰和公安部副部长李震三天两头来查案情。豆豆在高压下精神崩溃了，服用了一把安眠药，经三〇一医院抢救后，把她交回《空军报》隔离审查。

豆豆被视为林彪留下的"钉子"，由《空军报》组织人大会批、小会斗。

为防止她再自杀，把她关进一个只有八平方米的房间，派专人日夜监守。房间内昼夜开着灯，不准挂蚊帐，她身上被蚊子咬得遍身是肿块，看守人每天端来一盆稀释的敌敌畏泼洒在地面上。屋内空气污浊，又数月不见阳光（看守人在墙上挖了个小洞，每天让她伸出手臂晒半小时的太阳），豆豆掉了六颗牙，头发掉了一半，体重剩下七十多斤。在自己生死存亡的关头，她向毛泽东写出求救信。

一九七四年七月三十一日，由空军政委高厚良来向监禁中的豆豆传达毛泽东的最高指示：

解除对林立衡的监护，允许她同张清林往来，他们与死党有区别。

经政治局讨论，决定把豆豆下放到农场劳动锻炼。

八月初，豆豆和张清林一起来到黄河滩上，这里是空降十五军四十三师的农场。豆豆改名叫张萍。

最初安排豆豆的劳动是给果树打农药，农药引起她皮肤过敏，浑身红肿瘙痒。后改为牵牛种地，牛不听她使唤，又让她锄草、喂猪、做酒。一天忙活八小时。

空降十五军政委张纯清来看望她，同情她的处境，要她给毛泽东写信申诉。豆豆说："我不会再写信了，我会活着，我活着历史也活着。"

一九七五年十月五日，中央组织部和空军干部部派人来农场，向豆豆宣布邓小平的指示：

恢复组织生活，恢复真名，按干部待遇安排到地方工作。

豆豆提出回北京的请求被拒绝，只能去人生地不熟的郑州。

豆豆被"发配"在河南郑州汽车制造厂一分厂工作，汽车厂是纪登奎抓的点，造反派当家，豆豆在汽车厂虽担任革委会副主任，但因是个特殊人物，一直受到公安部门的监控。郑州市公安局副局长说，豆豆就是他掌控的重点人物并属中央监控对象，到郑州落户后，省公安厅对她的"安全"有严格的约束，她的日常行动，由汽车厂革委会指派得力的专人给予"保护"，不经允许不得离厂，经批准外出必须有人随从。

当初，市局严控豆豆，还建有专为监控豆豆的日志，记录汽车厂天天报上来的豆豆的活动内容，如：

×日×时，到传达室取报即回，无异常发现。

×日×时，一女工进林豆豆家，一小时后出来，待查。

×日×时，有人夜间送一盒点心，置放在林豆豆家的窗台上……

这都是些浪费精力的无效劳动。后来省局也嫌烦，也不干了。

豆豆刚进厂，正赶上"反击右倾翻案风"，郑州市在体育场召开群众性的批判大会，指名要豆豆参加。那天，主持会议者宣布省市革委会领导人名单之后，大概是为了加大讨伐邓小平的声势，提高了嗓门又宣布说："到会的还有林彪女儿林豆豆！"这下像炸了窝，引起一片骚动，都伸头四望，发现观众席中有个女军人，误认是豆豆，纷纷围过去看稀罕，会场乱成了一锅粥……从此，汽车厂成了风景线，每天都有一大群人守候在厂门口，等着一睹豆豆的尊容。

豆豆刚安家时，搬运工人抬的一只木箱很沉，就传言说是一箱黄金，林彪留下的遗产。市公安局派人查实，是豆豆的一箱书。豆豆深居简出，除了上班下班，偶尔到食堂打打饭菜，很少与外人接触。

十世班禅大师的两次“监护”

◎汪东林

班禅额尔德尼·确吉坚赞(1938－1989),藏传佛教“格鲁派”两大教主之一。一九四九年国民党中央政府批准其为十世班禅。一九四九后,曾任西藏自治区筹备委员会第一副主任、代主任,第二、五、六、七届全国人大常委会副委员长,第二、五届全国政协副主席。上世纪六十年代初,他通过调查研究,写了一份《通过敬爱的周总理向中央汇报关于西藏和其他藏族地区群众的疾苦和对今后工作的建议》(即《七万言书》),不久便受到批判。当代中国出版社出版的《民主人士》中的《十世班禅大师》一文,对他作了介绍。现将班禅受到两次“监护”的经过摘介如下——

一九七八年二月,全国政协召开五届一次会议,笔者担任小组秘书工作。所在的小组有一部分“特别邀请人士”。在三十多人的名单中,最引起我注意的是班禅,他在“文革”前政治地位最高——当过全国政协副主席、全国人大常委会副委员长,但这次却是作为一名普通委员来出席这次盛会的。

代表所住的楼所有房间都是一个格局——大间在外,有二十多平方米;小间在内,只有十来平方米,按名单,每个套间都得安排三个委员,只好小间住一人,大间住两人。我把班禅安排在向阳的套间中的一个小间。

班禅来宾馆报到,当时他刚四十岁,穿一驼色藏袍,身材高大。我迎上前去自我介绍,他那双大手紧紧地握着我,笑着说:“您好,给您添麻烦来了!”我对他能讲出这种带京味的汉语甚表惊讶。在引他上楼进了小单间之后,他马上询问,外间两个铺位住的是谁?我答复是宋希濂、陈铭德两老,他立即说:“陈老最年长,他住单间,我和宋委员住在外间更好。”我坚持说宋、陈二位是老朋友,他们愿意住在一屋,他才作罢。刚落座，就像老朋友一样和我交谈起来。我脱口而出："听说你刚出来不久，这些年你一定受了不少苦。"我的冒昧使他愣了一下，随后就接过话头说："没有什么，这场运动前所未有，全中国受折磨的有多少人？我是去年十月放出来的。十月是个好日子，十月一日是国庆节，前年十月六日粉碎了万恶的'四人帮'，我是十世班禅，'十'这个数字对我也是吉祥的。"

第二天早饭前，宋希濂先生对我说："真没想到，我和陈公早起，在外边转了一圈回房，见班禅正猫着腰在我们屋里擦地板。我们劝阻，说这活服务员同志会干的，但他头也不抬，连连说：'没关系，没关系，为二老服务，我就是服务员。'他先打扫大房间，又打扫他自己的小房间，统统打扫得干干净净。陈老要我来找你，请你同他谈谈，无论如何明天不能这样干了。"当天早饭后我对班禅说了，他笑了，满不在乎地说："我度过漫长的监禁生活，恢复了自由，我的心情只有共同经历过磨难的人才能完全理解。三个多月了，我每天早上从家里（东城东总布胡同）沿着东长安街跑步到天安门，在广场上同市民们一块做体操，呼吸新鲜空气，有时随便聊天，这种自由自在的普通人生活，不但我在狱中十年，而且在'文革'之前，都未曾有过。'文革'之前，我去什么地方都有随行人员，几乎从来没有机会单独外出过。这三个多月来，尽管问题还没有彻底解决，思想上仍存在若干疑虑，但当我与普通老百姓自由相处的日子里，第一次感受到我也是中国的一名普通公民时，我的心里不由得常常升起未曾有过的欣幸和满足。白天在家里，我除了吃饭、看书、读报，就帮着做点家务，搞清洁卫生是每天的必修课。现在住在宾馆，陈、宋二老比我年长许多，我仅仅打扫一下室内卫生，有何不可呢？"班禅大师这一席坦率而真诚的话，真有点使我无言以答。

在会议的间隙，班禅有机会与我聊起他的一些往事。

关于我的《七万言书》，说来话长。就形成的时间说，从一九六〇年至一九六二年，最早的提纲和蓝本是我同李维汉同志的《谈话纪要》，我在《谈话纪要》的基础上，经过更广泛的调查研究，听取意见，在会议上作更系统的发言，然后写成文字作为向中央汇报的材料，即《七万言书》，题为《通过敬爱的周总理向中央汇报关于西藏和其他藏族地区群众的疾苦和对今后工作的建议》。《七万言书》首先肯定各方面的巨大成绩，然后指出缺点、错误和偏差，最后提出改进的办法和今后工作的希望和要求。其着重点是批评了西藏工作中"左"的错误，言词有偏激之处，有些事实也不一定那么准确，但我的本意是爱党爱国，为民分忧，希望党和国家在西藏和藏族地区的各项政策贯彻得更好，对国家、民族更有利。在开始时，我的这种积极性曾受到鼓励，但后来情况大变，主要是党中央在一九六二年夏天召开的北戴河会议之后，我的《七万言书》也就变了性质。

这一年九月下旬，中共中央召开八届十中全会，李维汉受到严厉批评，被免去中共中央统战部部长的职务。自一九六二年底开始，我在西藏受到严厉的批判，《七万言书》的命运与彭德怀的《万言书》相似，被定性为"反党反社会主义的纲领"。因为我不服而抗争，后来又整出个"班禅叛国集团"。这些事都发生在一九六三年至一九六四年的西藏。至一九六四年十二月，第三届全国人大第一次会议和第四届全国政协第一次会议在北京召开，我被免去全国人大常委会副委员长职务，只保留了全国政协常委一职。从一九六四年至今，十四年时间过去了，如何评价"文革"以前的这桩历史公案，我不知道，但我相信党中央会作出公正结论的。让我于一九六四年底离开拉萨，以全国政协常委的身份常住北京。

班禅一边摇头叹气，一边继续说：

一九六六年八月下旬的一天，中央民族学院的少数红卫兵翻墙入院，闯进我的住所，二话不说，把我五花大绑，强行拉上停在门口的卡车，拉到中央民族学院关押。更严重的是他们私设公堂，在肉体上对我进行折磨，捆绑踢打，啐口水，揪耳朵，边打边骂，极尽恶言污辱之能事。他们在家中抄出一些外币，就硬说是我"叛国投敌"的铁证。他们不仅召开几千人的批判大会，还揪我示众，通过宣传车的高音喇叭大声喊叫，说他们已揪出"叛国头子"、"最大的反动活佛"、"西藏最大的寄生虫、吸血鬼"班禅，借此把许多不明真相的人也吸引到中央民族学院看热闹，对我的批斗会也持续不断。我虽然相信这不是党中央的政策，但面对这种残酷的肉体折磨和精神污辱，预感到自己的生命很可能会被活活折腾掉。后来中央统战部部长徐冰得知领导指示，立即同刘述周副部长一道与卫戍区的解放军同志一起赶到中央民族学院，与红卫兵谈判，传达指示，把我交由卫戍区的解放军同志看管，实际是把我解救并保护起来。这里还有一段插曲：在卫戍区把我转移走的同时，仍有一部分红卫兵不同意，他们不认识徐冰，却认出了刘述周副部长，于是蛮不讲理的红卫兵把刘副部长揪住，当场在中央民族学院校园揪斗，说刘述周是"李、徐修正主义司令部的黑干将"，是"牛鬼蛇神的保护伞"，从民院校园里四处游斗后又转移到民族印刷厂批斗，刘述周副部长为保护我也吃了不少苦头。

事情并没有到此为止。我人身受到卫戍区的保护，但外边各地区、各高校的各派组织对我的批斗却要升级，先后成立了"揪斗班禅联络站"、"批判班禅指挥部"等联合组织。经过反复协商、调解，达成三条协议：一、各级组织联合召开批判会，不能轮流批斗；二、要文斗，不能武斗，不能捆绑，不能"坐飞机"；三、只能联合批判一次，批判会结束后，必须把班禅交回卫戍区，押送工作由卫戍区全权负责。

卫戍区把我转移到北京军区的一个

解放军营房里，使我吃惊又感动的是这营房里的官兵都称我“首长”，这是我无论如何也意想不到的。自一九六四年以来，几年时间没有人叫我“副委员长”、“副主席”、“主任”等官衔了，而更多的是“反动分子”、“叛国分子”、“吸血鬼”、“反革命”等帽子，听得太多，也听惯了，忽然听到周围的人叫我“首长”，我心里是什么滋味啊。红卫兵野蛮地打我、污辱我，我也没掉一滴泪，但听到“首长”的称呼，我的眼圈却红了。在这个军营里，我住了两个多月，他们送我一本《毛主席语录》，一部《毛泽东著作选读》，还送了一枚毛主席像章，让我佩戴。我一个人住一间房，每天早上同战士们一块起床、出操、跑步，一日三餐由战士送到我的房中，伙食比指战员们都好。我在这里住到寒冬来临，一位年轻的领导找我谈话，说：“红卫兵运动过去了，首都现在平静了，首长可以回家了。”当天夜里，他们派出吉普车，把我送回我在东城东总布胡同的寓所。现在回想起红卫兵作乱的那段日子，有多少人被迫害致死！没有解放军同志的保护，还有我班禅活在世上吗？

班禅第二次被监护，则完全是另一回事了。时间是一九六八年夏天，即在他离开解放军营房回家居住一年半之后，突然来了一些解放军，说奉上级指示把他带走，到达地点后向他宣布实施“隔离监护”。这一“隔离”，竟长达九年零八个月；准确地说是关进单人牢房。这里不是营房，而是“文革”时期的准监狱，有许多党和政府的高级干部被关押在各自的单人房间里，里边穿军装的，不是看管人员，便是专案审查人员，他们完全不同于第一次“监护”班禅的营房里的解放军官兵，班禅自己也已不是什么“首长”，而是一名被审查的“罪犯”。“文革”自一九六八年之后，进入了一个矛盾更加复杂、斗争更加尖锐的时期。对于这九年零八个月的情况，我请他谈谈详情时，他谢绝了。他当时只说了如下一段话：

我不愿回忆这段伤心的事，有些事情的来龙去脉我至今也搞不清楚。我只能讲这么两点：第一，九年零八个月，我没有受过体罚，但常有一连许多天，十天半个月没有人同我说一句话，这活哑巴似的折磨差一点使我发疯。我的最大收获是天天拿着一本《新华字典》，攻读毛主席著作和有限的报纸，并想尽办法同专案人员和看管人员讲汉语。这漫漫岁月，我坚持不懈学汉语，如今我不但能讲，而且能写，汉语基本过关，汉字也够中学程度了。要在过去，你我这种长谈，没有翻译是根本不行的。第二，在我最困难甚至面临绝望的时候，只要一想到敬爱的周总理，我就相信总会有出头之日，自新中国成立以来，在年岁上我从少年到青年、壮年，所走过的路，党中央、毛主席特别是周总理，是最清楚的。别的细节我不想说，甚至连想也不愿再去想它了，但愿所有痛苦的记忆忘得越快越好。

一九六六年"文革"风暴，把西藏日喀则扎什伦布寺的佛像、佛塔和佛经等文物破坏殆尽，尤其是历世班禅的肉身灵塔连同祀殿全被毁坏，伤害了广大僧俗信徒的宗教感情，自然也成了班禅大师的一大心病。中共十一届三中全会之后，班禅大师向中央提出"将被破坏的五位班禅额尔德尼的遗体修补，建立一座精致壮观的灵塔及祀殿"的建议，得到党中央、国务院的批准。班禅大师亲自主持了这项工程的进行。经过几年努力，寺庙灵塔终于建成。在一九八九年一月二十二日的开光典礼上，班禅大师心情激动地发表了讲话。就在班禅大师发表这篇维护民族团结、祖国统一，充满爱国主义激情的讲话之前的一月十一日上午，中共西藏自治区党委书记热地将当年批判审查班禅期间，从班禅处没收来的档案文件，包括有名的《七万言书》的藏文本手稿，亲手全部当众退还给班禅本人。在现场，班禅大师从一大堆档案材料中拿出《七万言书》的手稿，颇有感触地对在座的领导同志说："你们看，这七万言意见书，完全是我亲手写的，亲自修改的，我为此费了不少心血，熬过无数个日日夜夜！但当时批判我，却说这意见书是这个人那个人写的，连累了不少人，也冤枉了他们。"对班禅大师历史冤案的平反，是从"文革"结束后就逐步进行的。一九七九年一月之后，实际上已在政治上彻底平反，但通过人大常委会对外正式宣布却延迟到一九八八年，最后一批材料退还给他本人，则在班禅大师病逝前的十一天。

一九八九年一月二十八日，十世班禅因心脏病突发，以其五十一岁的盛年圆寂，与世长辞。

补白

未来的十大心愿

在二〇一三年春天，有一个名为刘胜军的网友发出一则题为《我的未来十年十大心愿》的帖子，一下子被转发了十万次。帖子写道，未来十年他最大的心愿是：一、不用再到海外买婴儿奶粉；二、能在大超市买到安全的食品；三、白领不再沦为房奴；四、环境污染不再恶化；五、贫富差距不再扩大；六、企业家不再忙着移民；七、裸官不再增多；八、股市从圈钱机器变成价值创造场所；九、人民不再"拼爹"，机会公平；十、对公权力的约束取得显著进展。《中国改革》杂志在转发这个帖子时写道："这十大心愿都是与中高收入阶层切身利益攸关，不是书生论政的抽象价值追求。也正因此，只要政府做出认真回应，他们比较容易达成妥协，不像知识分子议政具有不知疲倦的批判性。"

陈伯达的三次婚姻

◎传希贤

在中国历史上,知识分子从政,其结局都是难以预料的。陈伯达就是一例。他跟随毛泽东三十余年,曾担任毛泽东的秘书。毛泽东的"七大"政治报告,一九四九年《共同纲领》和《中华人民共和国第一部宪法草案》、"八大"政治报告、评苏共二十大文章、毛泽东的《论十大关系》、"国际共运二十五条"、一九六二年七千人大会上刘少奇的报告、"文革十六条"等,都出自陈伯达之手,他的一支笔曾驾驭万民,影响全党全国,在中国历史上也是少见的。在中共"九大"还被选为政治局常委,名列第三,排在周恩来之前。可是,在庐山会议上,毛泽东突然翻脸,把他作为批判的对象,此后又把他定性为"国民党反共分子、叛徒、特务、修正主义分子",判了十八年刑。

中共党史出版社出版的《陈布雷与陈伯达——历史转折点上的两个"秀才"》,将国民党蒋介石的文胆陈布雷与陈伯达作了对照,编者认为这是"一本文人从政和从政文人必读书"。现将书中介绍的陈伯达的家庭生活摘介如下——

陈伯达其人,因其复杂的经历和个人性格的原因,一生中家庭生活也是磕磕绊绊。

陈伯达的家庭属于闽南一般人家,其父过世后,家境日益衰落。陈伯达十五岁去厦门读书,厦门集美师范学校毕业后,常年东奔西跑,之后又投身革命,暂时还没有时间、没有机遇遇到个人婚事问题。

一九二七年,刚刚加入中国共产党的陈伯达,奉党组织之命赴苏联莫斯科中山大学学习。二十三岁的陈伯达遂乘火车向列宁主义的故乡驶去。与陈伯达同车前往的，有一位端庄纤细的南国姑娘，坐在陈伯达的邻座。近十天十夜的火车，两人也就自然而然地亲近起来了。经过交谈，陈伯达得知，邻座的姑娘叫诸有仁，四川人，是中国共产党重要领导人罗亦农的妻妹，受其姐夫的影响、鼓励和帮助，亦去苏联学习。当时诸有仁还不是中国共产党党员。陈伯达也把自己的简单经历娓娓动听地告诉了诸有仁，面对着仅比自己大四岁而有如此丰富经历的陈伯达，诸有仁不禁充满敬意。

进入苏联莫斯科中山大学后，两人每天都见几次面，不知不觉之间，愉快地度过了三年多。在这三年多的学习生活中，两人加深了感情，明确了恋爱关系。陈伯达先诸有仁于一九三〇年底从苏联莫斯科起程回国。

一九三一年的四月上旬，陈伯达奉命刚到天津，一天工作也未展开，就被捕入狱了。就在这年三月下旬，诸有仁完成学业，也从苏联起程回国。到上海，诸有仁向组织上说明她和陈伯达的恋爱关系，要求和陈伯达分到一个地区去。中组部康生告诉她："陈伯达刚走不到半月，去平津地区了，你也去平津地区吧；具体工作单位是顺直省委机关，到那以后，省委再分配你具体工作。"诸有仁满心喜悦，分别四个月的情侣马上又要见面了。

诸有仁抵天津，得到的消息是顺直省委机关遭到破坏。她找不到陈伯达，心急如焚。旋得消息，陈伯达已被捕，日前已押往北平军人反省院。

一九三一年冬天陈伯达出狱后，去北京西山疗养治病，诸有仁前往北京准备照料伺候。见分别近一年的陈伯达，此时十分憔悴，诸有仁一下子哭了。在医生的精心医治和诸有仁的细致入微的照顾下，陈伯达的精神逐渐好转。一九三二年春，陈伯达和诸有仁商量：身体见好了，不能老待着，我搞点东西吧。陈伯达初步确定，要写一下戊戌六君子中谭嗣同的事迹和思想。经过几周的冷静思考，陈伯达把提纲拟了出来，把要参考的书籍写了出来。诸有仁全力支持陈伯达的事业，遂不辞辛苦，按陈伯达的要求，遍北京搜求。秋末冬初，《论谭嗣同》初稿完成。一九三二年冬，陈伯达告别西山疗养院，找到北平党组织，要求安排工作。

一九三三年，冯玉祥、吉鸿昌、方振武领导的察哈尔抗日同盟军起事时，急需要大批的干部前往工作，陈伯达与诸有仁一同奉调，前往张家口同盟军司令部工作。在张家口，经吉鸿昌主持，两人结了婚。

一九三三年冬，诸有仁身怀有孕，一九三四年，三十岁的陈伯达与二十六岁的诸有仁生了一个男孩。陈伯达希望儿子将来继承父志，诸有仁说："那就叫孩子小陈伯达吧。"陈伯达经过妻子的提示，给孩子取名陈晓达。"七七事变"爆发后，陈伯达一度留在北平，后带一家三口赴天津，准备去延安。在青岛，陈伯达巧逢黄敬。然后陈伯达一家三口与黄敬同路，取道胶济铁路抵济南，换津浦路火车达徐州，再乘陇海铁路火车到达西安。陈伯达一家三口遂于一九三七年八月下旬，离开西安，向革命圣地——延安奔去。

向中共中央组织部报到以后，陈伯达先后在陕北公学、马列学院和中宣部工作。诸有仁被安排在延安干部子弟学校任校长。诸有仁在学校工作很忙累，回到家中，仍要照料孩子，帮助陈伯达整理一些文稿。年过三十岁的诸有仁和陈伯达结婚后九年操劳，东奔西跑，看上去比实际年龄要大好几岁。而陈伯达此时正摆脱了昔日的艰难生活，跟随毛泽东，当上秘书，走上青云直上的道路。婚后多年，在爱情问题上，夫妻间的裂痕越来越大，而对外陈伯达解释为夫妻性情不和。诸有仁对此，有苦难言。一九四二年延安整风期间，陈伯达托李六如出面调停，两人办理离婚手续。这样，两人相互之间爱恋了六年，婚后生活了九年，随着陈伯达地位的变迁，就这样结束了。

与陈伯达离异之后，诸有仁一直独身。在“文化大革命”的日子里，诸有仁被打成“苏修潜伏特务”受尽了折磨。晚年过分的抑郁，不仅加重了诸有仁的衰老，而且催生了疾病，诸有仁病倒了，一九八五年二月二十三日，她离开了人世。

陈伯达办理离婚前后，开始与延安中央党校另一位姑娘相识。余文菲，湖北省红安县人，一九一八年出生在一个小职员家庭，原名余维法。

一九四〇年春，余文菲结识了陈伯达、艾思奇等在延安的名人。陈伯达慢慢地与余文菲接近，始则相互交换学习心得，继之深谈古今中外的名人与学问。这些，逐渐地深嵌在余文菲的心灵深处，双方由开始的爱慕之情渐渐走向感情的升华。一九四二年陈伯达与诸有仁离婚后，两人的关系逐渐公开。一九四三年，由董必武做月老，两人结婚。时年，陈伯达四十岁，余文菲二十五岁。婚后，余文菲倾其全部身心打理陈伯达的衣食住行和著书立说。一九四五年，余文菲生下个男孩，取名陈小龙。陈伯达第二次婚姻，初时很幸福，而前妻诸有仁却于万分痛苦中自己艰难度日。一九四三年春夏之间，在延安搞起了“抢救失足者”的“抢救运动”。康生大搞逼、供、信，大批党员被定为有“特务嫌疑”，蒙受不白之冤。一九四三年底，“特嫌”问题搞到了刚刚结婚的余文菲头上。陈伯达和余文菲两个人都如五雷轰顶。在陈伯达看来，身为毛泽东的秘书，是绝对不允许自己家庭有“特嫌”存在的。在余文菲看来，她亦深知此点。但她更为看重的是她有可能要与陈伯达离异。为此，余文菲十分痛苦，几乎发展到“神经质”的程度。为此事，两个人在家中经常拌嘴。后余文菲问题弄清了，是个好同志，不是“特务”，但家庭裂痕的出现，随着两人要强的个性与三天两头吵架而再也无法愈合了。

一九四六年，余文菲怀着苦不堪言的心情，带着一岁多的孩子赴东北地区参加土改。一九四八年夏，余文菲带着孩子来到河北省平山县西柏坡，与陈伯达再度生活在一起。余文菲本想离开两年，夫妻关系或许好些。谁想，生活如旧，再也恢复不到刚结婚的程度了。全国解放后，余文菲随陈伯达到北京，被分配在北京一所中学教书，两人的日子因经常吵架，已经无法再很好地生活下去了。一九四九年，经中共中央组织部同意，部长安子文为他们办理离婚手续。两人离婚后，孩子陈小龙留在陈伯达身边。这样，从一九四○年到一九四九年，两人从相识到结婚，九年，最终以离婚收场。

一九五○年，陈伯达第三次组建家庭。时年，他四十六岁，妻子刘淑宴二十八岁。

陈伯达的第三位妻子刘淑宴，原名刘肃宴，四川灌县人。一九二二年生，一九三八年加入中国共产党。入党后，在重庆中共中央南方局做党的工作。工作中与南方局青委书记刘光恋爱。一九四二年，二十一岁的刘淑宴与刘光结婚。一九四三年，生下一个女儿，取名刘海梅。一九四三年夏，刘光在重庆病故。一九四六年春，刘淑宴带着未满三岁的女儿来到延安，进入马列学院跟班学习。时陈伯达主持马列学院日常工作，刘淑宴母女受到了很好的照顾。因生活上的诸问题，必须找组织上帮助解决，于是一来二去，也就和陈伯达熟识了。三年的接触，两人走上了相爱的道路，并于一九五○年结婚。

结婚之后，陈伯达有了一个五口之家。长子陈晓达，仍在苏联学习，次子陈晓农，始读小学一年级。女儿刘海梅改姓陈，亦读小学二年级。刘淑宴于颐和园北边中央马列学院学习结束后，被分配到北京通县双桥农场任副场长，每周回家一次。时陈伯达把家安在中南海院内，每周六下午，陈伯达嘱其秘书派车接刘淑宴回家，生活倒也相安无事。一九五一年，刘淑宴与陈伯达商量，要把自己母亲从四川接来。陈伯达同意了，并派人去四川接来了老太太。

接来刘淑宴的母亲，陈伯达不禁怀念起自己的母亲。亦在一九五一年，利用出差福建的机会，陈伯达向毛泽东请假要回故乡看望母亲。毛泽东欣然同意了，并嘱咐陈伯达见其母时，代他问个好。陈伯达心中十分感谢毛泽东。回到老家，其兄嫂告诉他，其母于解放战争开始时就病逝了。陈伯达哭了，觉得自己的母亲甚为可怜，未及儿子尽孝，就离开了人世。他嫂子盛情地款待了他，因他过去寄的钱，都是他嫂子收下了。回到县城，孩提时代的故人告诉他，他母亲是因为婆媳不和，上吊自杀的。陈伯达难过之极，遂返回北京，不再与老家有任何瓜葛。

陈伯达与刘淑宴结婚之后，又生一男一女，女儿取名陈岭梅，儿子取名陈晓云。有了孩子之后，再去双桥那边工作，十分不方便。于是，一九五六年，陈伯达把刘淑宴调进中南海，担任自己的秘书。初时一半工作，一半照看孩子，刘淑宴也就轻松多了。

"文化大革命"开始后，陈伯达的家庭，又一次发生裂变。"文革"开始时，陈伯达红极一时，其妻刘淑宴也跟着"洋气"起来了，负责范若愚专案组，受江青表扬。一九六七年，刘淑宴无事生非闹起了陈家院外后墙可疑脚印之事件，这事惹怒了江青，旋江青赶陈家出中南海。为此，陈伯达和刘淑宴还吵了架。打这以后，陈伯达夫妻之间经常出现小的矛盾冲突。一九六七年春，“二月抗争”后，陈伯达即受到毛泽东的批评，又受到“五副四帅”的斥责，还受到中央文革小组内部张春桥、姚文元的猛烈攻击，一度处于很不稳定的状态。这期间刘淑宴天天为陈伯达担心。陈伯达也终日心烦意乱，回到家中，两人经常发生口角。刘淑宴直言不讳：“我看啊，‘文革’第六个回合，该打倒你陈伯达了，你不用在家跟我耍威风。”陈伯达就怕别人说“文革”第六回合要打倒他。此时此刻，见其妻如此与他对峙，他简直气得要死。可是也拿刘淑宴没办法。这样闹了多次，陈伯达与刘淑宴越来越觉得对方陌生，越来越觉得日子没法过，家庭的破裂日益逼近。为此，陈伯达向周恩来诉说了他的近况，诉说了他近来家庭的十分不安定，几至无法工作。周恩来开导了陈伯达几句，也批评了陈伯达几句。后来，陈伯达通过自己手中的权力，采取措施，把刘淑宴发配到山东济南部队某部疗养所软禁。刘淑宴在疗养所，心中十分苦楚，更恨陈伯达不该用政治方法来解决家庭问题。她几次三番要求回北京，但没有陈伯达发话，谁也不敢放她回北京。北京家中两女一儿，日夜思念自己的母亲，亦对其父陈伯达产生憎恨之情。

一九七〇年秋，陈伯达倒台后，刘淑宴在山东疗养所被隔离审查。一九八二年回到北京。刘淑宴回到北京后，一气之下，把其长女又改回姓刘，把其子陈晓云，改姓刘，叫刘晓云，并教育其子女与陈伯达断绝关系。

一九八九年九月二十日，陈伯达去世。通知刘淑宴后，她虽然没有出席陈伯达的遗体告别仪式，但也送了花圈，表示了夫妻之间的哀悼。

陈伯达一九七〇年十月十八日在北京被监禁，一九七一年九月被关进秦城监狱整整十年。一九八〇年冬被审判，一九八一年一月二十五日中华人民共和国最高人民法院下了法庭判决书：判处陈伯达有期徒刑十八年，剥夺政治权利五年，刑期从一九七〇年十月十八日算起。一九八一年八月，陈伯达获得保外就医，次子陈晓农一家从石家庄来京照料其父。一九八八年十月十七日，陈伯达刑满释放。

第二年的九月二十日，是个阴雨天。早上很冷，陈伯达起床后连声说冷。吃午饭时，陈在过厅吃，儿媳妇兰华和孩子在有电视的屋里吃。忽然听到过厅里传出盘子和碗的碰撞声，接着咚的一声。兰华赶紧过去，只见陈伯达坐在椅子上，头歪在墙壁上，嘴里吐出食物，脸和嘴唇发紫。兰华赶紧扶起陈伯达的头，大声喊他，同时让孩子们叫对门的老萧。老萧过来给陈伯达嘴里塞了救心丸，又赶紧找社区卫生站的大夫，打电话找朝阳医院的的大夫，并通知了陈伯达出狱后的单位北京市文史馆，随后又打长途电话给正在石家庄看望母亲的儿子陈晓农。

卫生站的大夫来后，看老人还有微弱的脉搏，正准备打葡萄糖针，朝阳医院的陈大夫和徐大夫赶来了。陈大夫给老人量血压，已经没有血压了，再翻开眼皮一看，瞳孔已经放大，告诉家人，陈伯达不行了，准备后事吧。

儿媳妇兰华失声痛哭，不知所措，在场的朝阳医院的党委书记、公安局的萧键同志、住地派出所所长等人，商量决定先将陈伯达送到朝阳医院太平间，待其儿子陈晓农回来再商量办后事。随后大家将陈伯达的遗体抬下楼，送上了车。

陈伯达去世后的几天里，天气一直很冷，阴雨不断。北京文史馆在经过商议和请示后，告诉陈晓农要在国庆节前对陈伯达尸体进行火化，决定九月二十八日在八宝山殡仪馆进行遗体告别，一切要从简，现场不挂横幅，用他少年读书时的陈健相的名字举办。北京文史馆提供一辆面包车，派一人兼管办理此事。陈晓农去找人商量如何办理时，没有找到。时间很紧，陈晓农和妹妹不知如何操办。在此情况下，陈伯达过去的秘书王保春和王文耀出面，约陈晓农一起研究办理他父亲的丧事。

一九八九年九月二十五日，在王保春的家中，几个人按照北京文史馆向陈晓农交代精神，商量决定：口头通知过去在工作上接近过陈伯达的几位同志，个人自愿参加；准备一张遗像照片；老人火化时穿的外衣，可从旧衣中找件比较新一点的中山服；送花圈、挽联的署名，均按北京文史馆的要求，署陈伯达年轻时用的名字陈健相。

然后，大家马上分头准备。王保春负责将陈伯达的死讯通知住在附近的同志，告诉他们遗体告别的时间和集合地点。陈穿着他过去常穿的驼色的旧中山服装，平躺在鲜花丛中，身上盖着白布单，四周摆放着他的二十多个生前好友送的花圈。第三个妻子刘淑宴因病没有来，她委托儿子陈晓农专送一个花圈，让晓农写上“健相安息”四个字。陈伯达的门生故旧四十余人来八宝山火化厂与陈之遗体进行告别。遗像上方的横幅位子空着，室外人望去不知是与何人告别。

一九八九年十月一日，《北京日报》第二版发了一条消息：“陈伯达因病去世。新华社北京九月三十日电，本社记者从有关方面获悉，陈伯达于九月二十日因心肌梗塞在他的家中去世。八十五岁的陈伯达于去年十月刑满释放。”

几天后，陈晓农和张兰华在王东升陪同下，到八宝山殡仪馆领取了陈伯达的骨灰。之后，将骨灰安放到八宝山附近普通老百姓存放骨灰的老山骨灰堂。因老山骨灰有规定，存放期不能超过三年，一九九一年陈晓农一家将陈伯达的骨灰带回了福建惠安老家，至今还放在老家的空水缸中，没有入土下葬。

令人警醒的一些数字

◎陈永杰

中国的巨大发展需要巨大的资源支撑，为此，中国既向国土内的自然资源索取，也向全球的自然资源索取。三十四年来，中国向自然资源索取的速度之快、规模之大、影响之深，在中国历史上绝无仅有，人类历史上也绝无仅有。一九七八年，中国能源消费总量为5.71亿吨标准煤，二〇一二年为36.2亿吨标准煤，增长了5.3倍。二〇一〇年，我国以占世界10%的经济总量消耗了世界约20%的能源、60%的水泥、47%的铁矿石、49%的钢、44%的铅、40%的铝和38%的铜。目前我国单位GDP的能耗为世界平均水平的2.5倍、美国的2.9倍、日本的4.5倍，我国单位GDP的水耗为世界平均水平的3倍。二〇〇〇年至二〇一〇年，中国人均水资源拥有量下降了20%以上，人均用水量上升了3.4%。

另一个问题是排污问题。二〇一一年，中国废水排放量为659.2亿吨，人均48吨多，居世界前列。二〇一〇年，我国二氧化硫、氮氧化物排放总量都超过2200万吨，位居世界第一，工业烟粉尘排放量为1446.1万吨，均远超出环境承载能力。全国330多个地级及以上城市中，有近三分之二的城市达不到二级标准要求。中国约有64%的城市地下水遭受严重污染，33%的地下水受到轻度污染，基本清洁的城市地下水只有3%。二〇〇〇年至二〇一〇年，全世界二氧化碳排放量年均增长2.63%，中国年均增长8.5%，占全世界排放总量的25%，占世界新增长排放量的61.64%。

中国过去三十多年保持了10%的增长速度，未来到二〇二〇年是否要继续保持8%的增长速度？要保持这样的速度，如果仍沿用过去粗放式的发展方式，其结果会是什么？一方面，若今后GDP年均增长8%，到二〇二〇年，中国GDP总量将96

万亿元，人均 GDP 达到 11000 美元，都比二〇一〇年翻一番。这是中国确定的未来目标。而另一方面，按二〇〇〇至二〇一〇年中国能源消费弹性系数平均为 0.8 计算（即 GDP 增长 1%，能源消费增长 0.8%），在延续目前能源生产与消费结构、能源使用效率水平的情况下，到二〇二〇年，中国可能将消费 55.7 亿吨标准煤，比二〇一〇年的32.5 亿吨增长 70%以上。届时可能将占世界能源消费量的 30%以上。中国自己与世界他国能为我们提供这样巨大的资源供给吗？中国的水、铁矿、原油、有色金属矿资源能够支撑这样巨大的需求吗？如果提供，世界资源价格还不在过去翻几番的基础之上再翻上几番？再有，如果按当前中国能源消耗与二氧化碳排放比例计算，二〇二〇年中国二氧化碳排放量将可能超过 120 亿吨，占世界排放总量的约 40%和排放增量的约 70%，人均排放超过 9 吨；即使按二〇二〇年单位 GDP 排放量比二〇〇五年降低 40%计算，届时也将超过 110 亿吨，占世界总排放总量的 35%以上和增量的 60%以上。这样的排放，中国能够承受吗？世界能够承受吗？

（作者为中国国际经济交流中心副秘书长）

补 白

宋庆龄和宋美龄的姐妹情

据《百年潮》披露：一九八一年四五月间宋庆龄病重时，她对一直陪伴在身边的沈粹缜表示，她想念宋美龄。说："美龄假使能来，住在我这儿不方便，可以住到钓鱼台去。你们是认识的，可以帮我接待她；早上接她来，晚上送她回去。"同时，宋庆龄的亲属发电报到纽约，将宋庆龄的病情告知宋美龄。几天后，宋美龄复电："把姐姐送到纽约治病。"并表示：由于身体有病不能远行回来探亲。听到这个消息，宋庆龄叹了口气说："太迟了！"又有一次，宋庆龄对沈粹缜说："国内认识美龄的人不多了，如果她来你一定要好好接待她。"

一九八一年五月二十九日宋庆龄病逝，治丧委员会向在台湾和海外的包括宋美龄在内的亲属发出邀请，欢迎他们前来北京参加葬礼。台湾电报局拒收这封电报。宋美龄为了维护台湾当局所定海峡两岸"三不政策"，受到多方面的限制和压力，回应无声。但她对二姐的去世，心中并不平静。据接近宋美龄的人士透露，宋美龄得知二姐逝世消息时，曾多次流泪，宋美龄家居的柜子上长年摆放着宋庆龄的照片。

舌尖上的毒从何而来

◎曹永胜

孙焕平是位普普通通的农民，因为曾经误入制售“黑心菜”的迷途而不堪忍受道德与良心的自我拷问。他带上有关食品安全的展板，拿上锅碗瓢盆，载着被子与帐篷，自费行程两万五千公里，“唤起良心、唤起道德、唤起责任”。期望出现一个食品安全新中国。如果我们一些主管食品的官员，也有这点精神，那今天人们在餐桌边就不用如此担忧了！

中国人民大学出版社出版的《舌尖上的毒》记叙了孙焕平的不平凡经历。以下是此书一个片断的摘录——

二〇〇八年五月的一天，孙焕平在村子里遇见了一个很久不见的朋友。

这位朋友以前卖化工原料，没想到现在却早已通过转行发家致富了。一阵寒暄后，孙焕平得知朋友参加了一个专门教人加工食品的培训班后，迅速致了富。

朋友问他，想不想赚钱。孙焕平点着头。然后，朋友神秘地告诉孙焕平，山东某地有一个“食品加工培训班”，专门向人传授食品加工的新技术，而且，办得很红火，很多商贩都去那里听课，“学成归来”后，实现了“发家致富”。孙焕平“心动”了。几经周折，孙焕平终于找到了朋友所说的那个“食品加工培训班”。

交了三百元，第二天，孙焕平就开始参加培训了。听了半天的课，孙焕平就明白了：所谓的食品加工培训，不过是教人怎么往食品里添加东西。

一连培训了三天，孙焕平还真学到了不少生意“诀窍”，有些“诀窍”孙焕平更是闻所未闻。比如“死鱼回生法”，有些鱼半死不活，有些鱼不能游动，就往鱼的身上或水里滴一些柴油。鱼一沾到柴油就会活蹦乱跳起来，这样的鱼更好卖。比如“豆腐生成法”，使用大豆分离蛋白、变性淀粉、白色素等合成豆腐。还有，“3911 韭菜法”，为了让韭菜看上去叶宽、色深、肥厚，防止虫咬，可用农药 3911 灌溉其根部。

“培训班”上满满地坐着不同年龄段的“学生”。他们来自全国各地，认真地记着笔记。孙焕平心里很不是滋味。他不知道在全国各地还有多少这样的培训班，有多少这样的学生。这些学生走向社会、占据菜市场里的一个又一个摊位后，老百姓的菜篮子里还会有干净的菜吗？

近几年，孙焕平从媒体的报道中得知，所谓的“食品加工培训班”越来越多了。这不能不让人担忧。这类“学校”光在北京就有四五家。黑心食品速成班标榜“随到随学一至两天包教包会”。这类黑心食品培训学校通过网络招生，有的一个可培训两万人，来自全国各地的学生到此“取经”后，再回家开店。全国还有多少没有被揭发的黑心食品培训学校。它们一年可以“培训”出数以万计的奸商，其祸害遍布神州，让人触目惊心。

造假也可以堂而皇之地“培训”。略举几例：

人造鸡蛋

二〇一〇年十二月二十八日，央视《焦点访谈》曝光了人造鸡蛋的黑幕。“事实上，人造鸡蛋不是什么新鲜事物，已经有十多年历史了。”孙焕平说，“但是，在造假者不断的‘钻研’下，据说技术已经从第一代无壳熟蛋技术发展到现在第五代有壳生蛋技术。而且，全国各地都有‘培训基地’，这些人造蛋遍地开花，甚至在香港也能见到它们的身影，到底是怎么制造出来的？”孙焕平发出了一连串的疑问。

所谓人造假鸡蛋，完全由化学物品合成，从外观上看跟真鸡蛋区别不大，确实能够轻易地以假乱真。人造鸡蛋没有真鸡蛋的营养价值。更严重的是，由于它是由化学物品制成的，长期食用会造成大脑记忆力衰退，令人痴呆。

几经联系，孙焕平通过朋友在南京找到了一家专门从事人造鸡蛋技术培训的机构。

在仔细询问并确认了孙焕平的身份后，这家公司的业务经理马某便开始介绍起来：“人造鸡蛋是我们公司很简单的一个项目，不难学，我们的项目多着呢。”他一边说一边给孙焕平递过来一本小册子，上面除了一些作物养殖方法，还有很多奇怪的技术转让，比如麻醉养猪、一斤黄豆产七斤豆腐、特效醉鱼王……

孙焕平交了九百八十元的技术培训费后，马经理就开始准备造鸡蛋所需的各种原料了。他顺手打印出一份人造鸡蛋的技术资料，递给孙焕平，让孙焕平先熟悉一下“理论知识”。

从这份材料中，孙焕平看到，用来制作蛋黄和蛋清的原料有：海藻酸钠、氯化钙等；用来制作蛋壳的原料有：石蜡、石膏、氢粉等。

在孙焕平看这份材料的时候，马经理已经用电炉把小铁盆中的水烧开了，他取了一些海藻酸钠放到沸水中，把配兑的比例告诉孙焕平。他说，这个比例很重要，如果放入的海藻酸钠太少，做出来的鸡蛋就很稀，反之就很黏稠，都不像真鸡蛋。

接着，他拿一根筷子在盆中搅拌起来。过了大概一个小时，白色麦乳精样颗粒状的海藻酸钠开始慢慢溶解，原本清澈的白开水也慢慢变得浑浊，而不到一会儿工夫，这盆清水竟变成了黏稠、半透明的"鸡蛋清"，用筷子一捞黏糊糊的，用手摸滑溜溜的。

"如果想提高工艺，可以放入少量明胶，而且盆子最好用干净的不锈钢盆，避免杂质混入。"说罢，他把盆子从电炉上取下，反复叮嘱孙焕平要放在地上冷却到常温，如果想节省时间的话，最好提前一天把海藻酸钠溶解好。

"鸡蛋清"和"鸡蛋黄"都是同一种物质，把晾好的"鸡蛋清"分成两份，其中四分之三做"蛋清"，四分之一做"蛋黄"。为了让"鸡蛋"更加逼真，可以在"蛋清"中放入少许食盐，因为真鸡蛋的蛋清有些咸；"蛋黄"中放入一些橘黄色素，再放入一些奶粉，这样"蛋黄"看起来就会有些黄中带白。

马经理在一大盆水中按照一定比例放入了一些氯化钙，他把这个比例重复了几遍。

之后，他在桌子下面掏出了一个黑塑料袋，拿出了一个石膏做的模具。上面有两个凹槽，一个大些的椭圆形和一个小一点的圆形。他一边说一边做，用圆形的凹槽做"蛋黄"，将氯化钙水溶液倒入模具之后，再将"蛋黄"放入其中，前后摇晃，很快，"蛋黄"表面就有了一层薄膜。

说着说着，只见他手腕轻轻一抖，凹槽中的"蛋黄"顺着他的手腕倏地漂浮在了水里。他开始把"蛋清"倒入椭圆形凹槽中，开始倒一半，然后用手在盆里小心地拿起一个做好的"蛋黄"放进去，又倒一半"蛋清"盖住"蛋黄"。用同样的手法在氯化钙溶液中摇晃，"蛋清"外侧很快就出现了凝固的薄膜，然后手腕娴熟地一抖，一个没有蛋壳的"鸡蛋"就"孵化"出来了。

马经理取了一些石蜡，加入了适当比例的硬质酸、氢粉等三四种物质之后，又放入了少许色素，他把这些东西放到小锅里加热。

说话间，他用筷子开始搅拌，充分溶解之后，停止加热，然后冷却。

经过了一个小时的冷却，无壳鸡蛋和蛋壳材料都差不多达到了"工艺"要求之后，就到了最后也是最关键的"包蛋壳"阶段。

马经理在桌上铺了一块湿布，上面放了一层干净的塑料薄膜，用铁勺在盆中捞起一个无壳蛋，完全浸入冷却好的石蜡溶液中。

一上一下，一上一下……随着一进一出，"鸡蛋"慢慢地就裹上了一层壳，四五下之后，他轻轻取出"鸡蛋"，放到塑料薄膜上，一个裹了"蛋壳"的"鸡蛋"就成型了。

经过冷却风干二十四小时之后，从外表上看，人造鸡蛋就和真鸡蛋一模一样了。

他说，最后还可以在做好的鸡蛋外面稍微涂抹上一些鸡屎，就更没有人怀疑了。

孙焕平向马经理请教如何把这些人造鸡蛋卖出去的经验。马经理点拨道："你和养鸡场、饭店、小吃摊说好，这些需要大量鸡蛋的地方，让他们把假鸡蛋掺到真鸡蛋里，谁会发现呢？"

据其介绍，大规模加工人造鸡蛋的成本每个仅有五至八分钱，而混到真鸡蛋里能卖到四角钱左右，这样一本万利的买卖，谁不乐意做呢？

孙焕平说，他在暗访人造鸡蛋培训的过程中，看到的不仅仅是"人造鸡蛋"造假者手艺的娴熟，还看到了这些足以害人的廉价化工原料竟然唾手可得；不仅看到了造假者的明目张胆，还看到了造假培训生意的兴隆……

有机食品也造假

层出不穷的食品安全事件，让人们开始努力寻找更安全的食品，于是，有机食品走进了大众的视野，成为食品领域的新宠。

二十世纪九十年代末，中国开始发展有机食品。然而不少获得有机认证的机构出品的食材原来是"假有机"。

有"中国有机蔬菜第一县"之称的山东肥城，公开资料显示，目前全市有机蔬菜种植面积已达到十七万八千亩，是全国发展有机蔬菜最早、面积规模最大、编制规划最先、加工出口最多的县市。但有媒体调查显示，以当地乡乐园有机蔬菜为例，其种植面积只有三十亩，却被吹到六千亩，种植环境也远远达不到有机标准。

有报道称，在山东济南市银座超市马鞍山人防店中，一款"农圣庄园"牌扁芸豆包装上原本没有"有机"字样，但在超市价签上，这款扁芸豆的商品名称却变成了"农圣庄园有机扁芸豆"。还有的食品包装上只贴了有机产品认证标志，但没有认证机构的标志。广西南宁市青秀区利客隆超市发现，"德伟有机八宝米"的包装上就没有认证单位。不仅如此，还有的"有机食品"认证已过期或撤销。山东多家超市均有销售的山东荣丰食用菌有限公司生产的多种有机食用菌，各种认证标注齐全，并标明了有机认证证书编号，记者据此上中国食品农产品认证信息系统网查询发现，证书状态显示"撤销"。

种植有七十亩有机蔬菜的上海某公司总经理戚某对媒体直言："按照严格的有机食品标准与规范，中国百分之九十九点八的有机食品生产厂商根本达不到要求。"

"在广东，如果说在东莞、南海搞有机，那一听就不可能是真有机了。"华南农业大学教授、广东省蔬菜产业协会副会长陈日远说，真正的有机产品对环境的要求非常高，跟城市没有一定的距离，是种不出有机蔬菜的。

制假笔记

二〇一一年六月，沈阳市东山派出所捣毁了一家日销售千余斤有毒、有害水发制品的黑加工点。警方发现了工人张强的一本“制假笔记”，记录了他一年零两个月制假生涯的“技术要领”和“心得体会”。

张强说：“我的工作就是用煮、晾、泡等工艺制作百叶、茄参、毛肚等水发食品。制作过程中，会加入起增重作用的工业碱以及漂白、防腐作用的双氧水与起中和酸碱作用的盐酸。货好了会有专人运到市场。”据黑加工点业主供认，他们每天生产一千斤左右的水发制品，都发往沈阳北大营海鲜市场。

张强“制假笔记”详细记录着他每天发制各种产品所用原料的数量。没有这些记录，消费者根本不知道吃到嘴里的那么好看诱人的百叶、毛肚还经过如此复杂的“深加工”，是如此之毒。

张强说，二十斤茄参加不到四两工业碱，经过煮、晾、泡等流程，两天时间就可以发制出一百八十斤茄参送到市场上卖，也就是一斤茄参原料可以出九斤货。一斤茄参原料的进货价七十元，而由它发制出九斤假茄参的市场批发价格共计一百零八元。二〇一一年一月，黑加工点销售茄参金额三十余万元，去掉原料的成本价二十万元，黑心老板仅茄参一种产品的毛利润就达到十万元。

补白

“我们共享一切！”

吴国桢与周恩来在南开中学时同窗，一九三八年两人在汉口重逢。当时任汉口市长的吴国桢为了不让共产党人误以为自己贪污，就在自己家外叫了一桌十六元的普通酒席，宴请周恩来。周恩来回请时则是汉口最好的酒席。也是毕业于南开、当时担任外交部秘书的段观海问周恩来：“你这酒席是汉口最好的，我知道它是三十六元一桌。加上这样好的花雕，今夜你破费约在五十元，那么你的薪金是多少呢？”周回答说：“五块钱。”大家都很吃惊：“那么，你怎么付得起这顿昂贵的饭钱呢？”周笑着说：“这顿饭钱由组织出，是组织允许我可以用这笔钱请你们的。”段观海因为坐在周恩来身旁，看到他穿的是缎子狐皮袍：“这难道也是组织供给你的？”周回答：“是的。”后来周恩来解释道：“你们知道，我们是共产党人，我们共享一切，我什么也不占有，组织提供我所需要的一切。”坐在旁边的段观海再也忍不住了，哈哈大笑：“这样我也可以做共产党员了！”（摘自《国家人文历史》）

从乡村走到城市的一个女孩

◎[美] 张彤禾

《打工女孩》是一部非虚构类作品,曾被美国《时代周刊》、《华尔街日报》评为"年度十大好书"。这部作品是作者通过两年多在广东东莞进行调查后写成的。中译本最近由上海译文出版社出版。

中国经济的飞速发展,展现在人们面前的是一幅灿烂的图景,然而,很少人真正了解为这幅灿烂图景添色增彩的千千万万农民工付出了什么代价。如今,在许许多多中外企业中,这些人在拉动国家出口经济的的流水线上日夜苦干。他们代表了人类历史上最大规模的人口迁移,这些农民工,特别是来自农村的女孩他们为什么要背井离乡,如今的处境如何?《打工女孩》一书作了较真实的叙述,现摘录一节,以飨读者。

吕清敏很长时间都是一个人。她姐姐在深圳的工厂打工,去那儿坐公车要一个小时。

她打工的厂子叫佳荣电子制品厂,这家香港公司生产闹钟、计算器,以及显示世界各个城市时间的电子日历表。二〇〇三年三月,敏去面试的时候觉得厂子看起来挺体面的,大楼贴着瓷砖,庭院里铺着水泥,金属的伸缩式大门紧紧关闭。这种好印象直到她被录用并进到厂里面才有所改变。十二个工人挤一间睡房,上下铺紧挨着厕所;屋里又脏又臭。食堂的伙食也不好:一顿只有一荤或一素,米饭和一碗寡淡得跟水似的汤。

流水线上的工人从早上八点连续工作到半夜——工作十三个小时,另加两顿饭的休息时间——而工人们连续很多星期每天连轴转。有时候周六下午不用加班,那就是他们唯一的休息时间了。工人一个月挣四百块,算上加班费接近八百,但工钱总是拖欠。工厂雇了一千人,大部分是女的,要么是十几岁刚出来干活的,要么是三十岁以上的已婚妇女。二十几岁的年轻姑娘才是打工世界的精英,工厂雇不到这些人,从这点你能看出这家厂的档次。敏一想到未来十年每天都要坐在流水线上就充满恐惧。她才十六岁。

一进厂她就想走，但是她发誓要撑半年。吃点苦对她而言是好的，眼下的选择余地也很有限。合法的打工年龄是十八岁，虽然十六七岁也能干点儿工时不那么长的活儿。通常那些毫无顾忌违反劳动法的工厂，就是敏说的“最黑的工厂”，才会用她这样年纪的孩子。

敏上班的第一个星期里过了十七岁生日。她请了半天假，一个人逛街，买了些糖果，然后自己一个人吃了。她不知道别人都玩些什么。进城前，她对到底什么是工厂没什么概念。她模糊地将工厂想像为一个社交场所。“我还以为在流水线上班会好玩，”她后来说。“我以为会是很多人一起做事，大家一边忙，一边聊天，一起玩。我以为会很自由，但根本就不是那么回事。”

上班不许说话，说话罚款五元。上一趟厕所限制在十分钟以内，还得填表签字。敏在质检车间，电子产品在流水线上传递到她面前，敏要确定按钮正常工作，塑料零件咬合紧密，电池扣牢。她不是模范工人。她不停聊天，和流水线上的其他女工一起唱歌。坐着不动让她觉得像鸟入牢笼，所以她经常跑去厕所，就为了看一眼窗外的青山。青翠的山让她想到家。因为她，工厂加了一条规定，工人每四小时才能去一趟厕所，违者罚款五元。

东莞的一间女工宿舍，就是在这样艰苦的生活环境中，外来工撑起了东莞的经济。

六个月后，敏去见老板，他是一个二十几岁的男人。她说她要走，老板不同意。第二天她翘班以示抗议，结果被罚了一百块。第三天她又去见老板，再次要求辞职。他的反应让敏有些意外：老板要求她留下来干活直到春节放假，也就是再干半年，她可以拿回工厂欠她的头两个月工钱。敏的老板认准了她会留下来。春节之后打工者像潮水一样涌进东莞这样的地方，那时候找工作竞争最激烈。

她打电话跟家里说想辞职。她的父母在农村种着一小块地，还有三个更小的孩子在读书。父母反对她跳槽。“你总是想东跳西跳，”她爸爸说。女孩子不应该心思这么活络。他要敏安生待在一个地方，存点钱。

她在工厂里交到了两个真心朋友，梁容和黄娇娥。她们都比敏大一岁。一旦你有了朋友，打工的日子就能开心一些。好不容易晚上不用上班，三个姑娘不吃晚饭就直接去玩滚轴溜冰，然后回工厂看一部夜场电影。入冬之后，没有暖气的宿舍里姑娘们冻得睡不着。敏会拉着朋友们去院子里打羽毛球，直到身体热起来再回去睡。

二〇〇四年的春节在一月下旬。工人只放四天假，时间不够他们返乡再出来。敏几天都待在宿舍里，两天内给家里打了四次电话。假期结束之后她又去见老板，这次老板放她走了。敏跟梁容和黄娇娥说她要走的时候，她们俩都哭了。她们求她留下来。她们认为别的厂子条件不会更好，走不走最后都一样。敏不这么想。

她答应两个姑娘找到新工作拿到薪水之后就回来看她们。敏那天走的时候，背包里塞了衣服，还有厂里还她的头两个月工资。她没带走毛巾和铺盖；那些东西虽然是花钱买的，但是哪怕再多看一眼，她都觉得无法忍受。

流水线上的十个月里，敏寄回家三千块钱，交了两个真心朋友。

她本应该感到害怕。但她只知道她自由了。

在吕清敏的老家，村子里住了九十户人家，每户有一小块地，种水稻，油菜和棉花。清敏家种了三亩地，大部分的收成供自家吃。敏的妈妈先生了四个女儿，第五胎终于才得了个儿子。政府推行独生子女政策的最初几年，大多数农村都执行得很潦草。但五个孩子终究是不小的经济负担，随着二十世纪八十年代改革开放，生活的花销上去了。作为老二，敏得承担很大一部分经济负担。

她不喜欢上学，成绩也不好。她记得自己惹的麻烦不断。敏很会玩。她学游泳，学开卡车，特别喜欢滚轴溜冰，受伤也不让妈妈知道。敏是爸爸最喜欢的孩子。有一年夏天，爸爸租了一辆卡车，敏和他开着车在乡下卖自家种的西瓜。他们白天开车，晚上就睡在车里。这是她最美好的记忆。大多数农民工会把自己的老家和贫困、落后联系起来。有些人甚至不愿意告诉别人老家的村名。但是敏进城这么久了，还是会谈到她的老家，似乎老家是个美好的地方。

二十世纪九十年代末期，敏的父母都出去打工给孩子挣学费。她爸爸在沿海一家鞋厂打工，但因为身体太差不得不打道回府。她妈妈也出去过一年。敏在附近县城的中学住读，周末回家给爸爸和弟弟妹妹们洗衣服做饭。

村里的年轻人差不多都出去了。敏还在上中学的时候，她的姐姐桂敏到东莞的工厂打工。不久，敏中考落榜，父母也想把她送出去打工。桂敏给家里打电话，竭力说服他们让敏继续上学。桂敏说，自己打工挣的钱能帮着付学费。爸妈同意了，敏上了两年中专，也由此成为村里学历最高的人——比姐姐还高，多亏了桂敏牺牲自己的学业，帮衬家里的结果。

二〇〇三年的春节桂敏回了老家，走的时候带着敏一起出去。敏还有一个学期才能毕业，但是她想省了学费，直接去找工作。离开家乡让她很兴奋，敏从来没有坐过火车，也没见过工厂。“我想早点出来，学点东西，见见世面。”她说。

在东莞，桂敏给敏租了一个便宜的旅馆房间，帮她在一个做液晶显示器的日本工厂找了一份工作。敏在那儿做了一个月就离开了。她从来没有在一个谁都不认识的地方待过，寂寞得受不了。她回到旅馆，在另一个工厂找到了工作，但是没去上班。姐姐愿意继续帮她付房钱，但敏觉得自己变成了姐姐的负担。在公交车站，她看到一张招工传单，有一家电子产品工厂要招流水线工人。她打了广告上面的电话——有不少骗民工钱的假广告——接电话的人告诉敏怎么到工厂。她坐了三个小时的巴士，来到了东莞的东南角，就是佳荣电子厂。敏在这里一个人艰难地度过了一年。

敏踏进工厂的那一刻，就意识到这地方还不如她甩掉的那个日本工厂。但是现在想回去已经来不及了，而且她也不想再要姐姐帮忙。她已经习惯了自己处理事情——这样更好。

这个城市并不让农民工轻松过日子。出力气的活工资很低，往往低于官方规定的最低收入标准，每月四百五十到六百元。工作时间常常超过每周四十九小时的法定上限。受伤，生病，或者怀孕，都没人管你。地方政府对于保护工人兴趣不大；他们的工作就是让工厂老板开心，带来更多的投资和税收。但是农民工并不认为自己在忍气吞声。走出家乡并留在外面——就是改变命运。

农民工是农村里的精英。他们年轻，受过较好的教育，比留在村里的那些人更上进。城里人叫他们“流动人口”，仿佛在说一群漫无目的的乌合之众，但是大多数农民工离家的时候心里都有一个工作目标，也有已经摸着门道的亲戚或者老乡陪伴。而且，如今大多数年轻的农民工不再是种地出身，而是从学校出来。种地其实只是他们看见自己父母做的事。

如今中国已经有一亿五千万农民工。他们在工厂打工，在餐馆里服务，在工地上干活，开电梯、送快递、当保姆、带孩子、收垃圾，美容理发，站街接客，几乎所有活都是农民工在干。在北京和上海这样的大城市，农民工人数占到城市人口的四分之一；在南部工厂林立的城市，农民工在拉动国家出口经济的流水线上全力以赴。他们代表了人类历史上最大规模的人口迁徙，相当于一百年间欧洲向美国移民总数的三倍。

外出打工正在抽空农村的年轻劳力。在农村，耕地收粮食的都是年迈的男女，他们一边种地，一边还要照顾年纪尚小还在读书的小孩。在农村，外出务工人员寄回家的汇款已经成为财富积累的最大来源。但是挣钱不是出去打工的唯一目的。调查显示，农民工将“见世面”，“自我发展”，“学习新技能”与增加收入置于同样重要的地位。在许多案例里，驱使农民出去打工的动因并非是极端贫困，而是无所事事。责任田很小一片，父母很容易就能打理好；附近的县市则鲜有工作机会。家里没事做，所以我出去了。

许久以后，敏还记得她第一次去人才市场的情形，有些细节像梦一样让她难以解释。二〇〇四年二月的一个周日上午，敏已经从佳荣电子厂辞职了，她去了人才市场，在那儿待了四个小时。敏很紧张，她什么都没带。她找工作的全部策略可以浓缩为四个字：放低目标。她参加了五六个招聘文员的公司面试。文员要会打字，接听电话，填写表格，发送文件，接待来客，倒茶；文员是办公室阶级体系里等级最低的人。“你不能想找规格太高的公司，”敏后来说，“那样会被拒绝，很快就失去信心。”

在奕东电子公司的摊位上，一个招聘员要看敏的简历。她从没想过要准备一份简历。招聘的人让她在一张申请表上填写工作经历。她连笔都没带，于是那女人借给她一支笔。在奕东电子总部，一个叫李朋杰的经理在翻看报名表，他的目光停在敏的那份表格上。李朋杰注意到敏的字写得很好。

按中国传统看法，书法是一个人教养的标志。好的字迹体现出一个人良好的修养和文学造诣。书法也能暴露出一个人性格中的弱点。但是李朋杰心里想的比较实际：他需要一个文员管理厂里设备的文件，而文件都是手写的。在这个制造手机接口和背光灯的工厂里，书法这门古老的手艺最顶事。

李朋杰让敏来参加一个三小时的面试。

首先，电脑考试就弄砸了。“别的姑娘电脑懂的比你多，”李朋杰跟敏说。

他问敏都有哪些工作经验。

“我没干过这个，”她说，“我没有经验。”

然后他给她一份笔试卷子，她写得不错。李朋杰告诉敏，她被录取了，他是敏的新上司。李朋杰让敏把东西收拾一下，当天搬到厂里来。

这份工作来得太突然，敏根本不知道要说什么。但是当她离开李朋杰办公室的时候，她忽然冲口而出：“那么多人都想这份工，”她对新上司说，“为什么你选了我？我什么都不懂。”

“你很直，”他说，“而且你比其他人都诚实。”

第二天敏成了设备部门的一名文员。她的部门负责追踪管理冲床、磨床、轧床这些做手机零件的机器。一本厚厚的文件夹记录着每一台机器的状况和历史，就像一个哑巴病人庞大的病历。敏的工作就是把这些文件按顺序整理好。八个工人一间房；一餐伙食包括米饭，三菜一汤，有荤有素。办公时间一天十个小时，有时候周六或周日休息。敏一个月赚八百块，是她过去那个工厂基本工资的两倍。

她已经“从车间里出来了”，就像打工族说的，跨过了干脑力活和干体力活之间的阶级界线。“上帝还是公平的，”她说。“他让我辛苦了一年，但是给了我一个新的开始。”她刚满十八岁，却已经是开创新生活的专家了。

信息荟萃

为了增加《悦读》的容量，让读者在有限的篇幅中，享受更多的阅读乐趣。我们开设“信息荟萃”这个栏目。

大千世界无奇不有，我们设想尽可能搜集读者感兴趣的各类信息，力求短小精悍，以满足读者的需要。

政审张明敏

现在许多人可能会觉得不可思议，文艺与政治竟会如此紧密地绑在一起，但这确确实实都是经历过的，政审张明敏就是一例，当年如果政审不得通过，《我的中国心》这首这些年在大江南北广泛传唱的歌曲，或许就会销声匿迹。

一九八三年的“五一”刚过，中央电视台导演黄一鹤就开始研究一九八四年春节晚会怎么办了。当时，邓丽君的歌开始流传，年轻人热衷穿瘦腿的裤子，可街道大妈拿着剪刀上来就给剪开。突然刮来的保守之风，这让一心想要超越一九八三年春晚的黄一鹤压力特别大：“一九八三年的茶座形式，用到了极致了，形式上的突破不可能了，只能是内容上的突破，可类似《乡恋》那样的歌不能唱了。”

一天，苦闷的黄一鹤在《光明日报》上看到一个豆腐块似的消息，说是一九八四年年底时，英国首相撒切尔夫人要到北京来，和邓小平谈《中英联合声明》，其中一条与香港回归有关。

“香港回归，游子回归，把真正的香港人、台湾人，请到春晚舞台多好啊！”黄一鹤说自己当时真的是“眼前一亮”，为这个念头兴奋不已。

黄一鹤立即向时任台长王枫和副台长洪民生汇报，台领导听了很高兴，可是涉及到港台演员，他们也无权决定，便让黄一鹤回去写一份申请报告。

黄一鹤带着团队连夜写申请报告。台长王枫答应把申请报告向上级呈递，强调

香港歌手张明敏

说没有把握获得批准。他问了黄一鹤一个问题:你们说要请港台演员,具体请谁呢?

黄一鹤一时语塞。王枫说,你们先带个剧组,往广东去,去找人。

黄一鹤在深圳的中巴车上听到了后来风靡一时的《我的中国心》,可寻找歌手张明敏以及让他最终登上春晚舞台的过程,可是煞费苦心,甚至差点断送了黄一鹤的职业生涯。

黄一鹤拿着中巴司机写给他的纸条,去买《我的中国心》的磁带。纸条上写的是"沙头角,中英街"。

拿着深圳公安部门特批的"前往边防禁区特许通行证",黄一鹤来到了宽不足七米的中英街,可边防武警还是不让他到对面去。趁着武警不注意,黄一鹤溜了过去,用港币买到了《我的中国心》的磁带。

凭借多年的导演经验,黄一鹤自己先对《我的中国心》进行了审查,他觉得无论是歌词内容还是主题,都没有问题。如何找到张明敏的难题,摆在了黄一鹤面前。领导出主意给他,说可以通过新华社香港分社找人,黄一鹤找到了香港分社文艺处一位林姓工作人员,向其说明意图,对方帮忙联系上了张明敏。张明敏同意到北京参加春晚演出。

相关方面看了黄一鹤递交的报告后表示,看了张明敏的照片,听了《我的中国心》,都没有问题,可一个关键的问题是:你们对张明敏进行政审了吗?

黄一鹤不解:他是香港人,我怎么政审他?

实际上,别说政审,黄一鹤对于张明敏的了解几乎是一片空白。当时,整个大陆对于流行音乐都不熟悉,黄一鹤从声音中判断张明敏应该有四十岁,其实张只有二十六岁。因为判断失误,黄一鹤后来去机场接张明敏的时候都没有接着。

对方回答,很简单,你只要了解一下,他有没有给国民党军队慰问演出过,如果慰问演出过,那肯定不能来了,邓丽君就演出过,是肯定不能来的。

黄一鹤的心悬了起来。他打电话给新华社香港分社,让其帮忙对张明敏进行政审。政审结果是:张是一个业余歌手,是香港九龙做电子表的一个工人,没有参加过相关慰问演出的活动。得知政审结果后,相关方面放了心:"张明敏,可以来。"

(作者 李佳蔚 摘自《中国周刊》)

解密邓小平留学莫斯科档案

海峡两岸的两位举足轻重的人物——邓小平、蒋经国，原来在青年时代便相识相知。可惜，一条海峡使他们老死不相往来。

一九二六年初，二十二岁的邓小平（当时叫做邓希贤）受中共旅欧支部派遣，从法国抵达莫斯科，在苏联居住和学习了一年。留学莫斯科期间，邓小平和蒋经国是同窗好友。

俄罗斯国家社会政治史档案馆保存有一批记述邓小平这一时期生活和思想轨迹的档案，表明他愿意接受“铁的纪律训练”和“共产主义洗礼”。

一九二六年一月二十九日，邓小平收到了莫斯科中山大学的学生证，邓小平被分到共青团第七小组。这是一个很特殊的班组。班上有黄埔军校校长蒋介石之子蒋经国、中央执行委员会成员于右任的女婿屈武，以及后来担任国民党中央组织部部长的谷正鼎、担任中华民国国防部政工局局长的邓文义等蒋介石心腹亲信。

蒋经国和邓小平个儿都不高，站队时老站在一起，肩挨着肩。邓小平后来回忆说，蒋经国“学得不错”。当邓小平与国民党右派同学谷正鼎、谷正纲、邓文仪辩论时，蒋经国往往站在他这一边，国民党右派同学为此十分恼怒，常常责问蒋经国，“经国，你是吃国民党的饭，还是吃共产党的饭？”蒋经国毫不犹豫地说：“我是吃苏联的饭！”

邓小平是第七小组的组长，他爱上一个俄文名叫多加多娃的漂亮女组员。她的中文名叫张锡瑷，出生于一个铁路工人家庭，小邓小平三岁，比他早两个月来到莫斯科。

张锡瑷不算个好学生，党内工作也不够完美，有一次她甚至因为“没有完成党交给的任务”而受到了训斥。但是张锡瑷性格开朗、活泼，这一点跟邓小平一样。体型纤瘦的张锡瑷有着淡黑的眉毛，常常梳着短发，长相很漂亮。当时，中山大学每几百个男生中只有二三十个女生，相对于那些整日纠缠女生的男同学，邓小平要保守得多，他并没有把对张锡瑷的爱意过早地表达出来，两人的恋情在回国后才明朗化。

一九二七年初，中共中央迁往上海，张锡瑷就在邓小平下属的秘书处工作，一九二八年初两人结婚。

（作者 汪东亚　摘自《凤凰周刊》）

有六十四个领导的书法家协会

如今是一个“大师”辈出的时代！这些“大师”是如何诞生？在一些专业的协会里夺得“主席”“副主席”“理事”之类的头衔，是一个捷径。既有“名”，又有“利”，陕西省书法家协会给人们开了眼界。

因为今年换届时非常夸张地弄了六十四位“领导”(两人为兼职)，很多还是官员，陕西省书法家协会一下子就火了。

“领导”是这样分配的：主席一名，常务副主席十六名，副主席十八名，名誉主席十一名，顾问六名，秘书长一名，驻会秘书长一名，副秘书长十名。

上届省书协理事逄高亮，被选为排名最末的副秘书长。但就在“换届选举”后的第三天，即二〇一三年一月二十四日下午，逄高亮在微博发布消息：“本人才疏学浅，一介书生，只会写字，陕西书协坑深水脏，无法忍受，特郑重宣布辞去陕西省书协副秘书长一职。”

逄高亮说，本届陕西书协领导，一是在职官员多，二是“书法票友”多。“我的学生都弄成副主席了！在书院门前摆地摊的、造假的，都当副主席了！但有些官员副主席还不如摆地摊的写得好呢。那些底层人是靠书法吃饭，还有一定基础。”

“这么多官员跑到书协来，是来推动书法艺术发展的？都是来捞一个帽子，是冲着钱来的！当了主席或副主席，他的字就可以涨价。”

逄高亮认为，陕西省书协这次换届选举的主要问题，一是没了规矩，什么人能当主席、副主席，年龄、专业性要求是什么？二是没有人数限制，特别是副职。“没考察，没公示，直接拿出个名单，现场让大家画，不同意的画一圈，同意的把票一交就行了，不是瞎闹吗？黑灯瞎火的，口袋里卖猫，不让你看，一摸就定下了。”

这次当选的省书协三十四位副主席，有九位的作品一次也没入选过全国三大展(兰亭展、全国展、中青展)，也不是中国书协会员，连主席的书法都没入选过三大展。

陕西省书法家协会成立于一九七九年十月，是全国最早成立的书法家协会。正是在陕西省书协的带动和鼓舞下，中国书协及全国各省市区书协于一九八〇年代初陆续成立。

但陕西书协自成立起，就陷于内斗。用书协创办人之一，第一届书协常务副主席兼秘书长薛铸的话说:“陕西这个地方实在是太邪了，只要是好事就有人插杠子……”各种人都上来了,内部人士“争名争利争席位,争到之后只是为了抬高自己作品的价位”。会员反映说省书协成立以后,反倒使陕西的书法落后了。

声明辞去书协副秘书长一职后,逄高亮还通过微博,公布了陕西作协主席贾平凹发给他的短信:“刚听到消息,不解和气愤书协怎么能那么多副主席？为什么没逄高亮?这不成笑话吗?不进也好,也不影响你什么。吴振锋、马河声等等,走自己路吧,公道自在民间。”

逄高亮短信回复:“真心感谢先生！”

逄高亮辞职事件持续发酵一段时间后,省有关部门先后向贾平凹和逄高亮打了招呼,两人不再就此事对外发言了。

贾平凹现在一幅字能卖到四至五万元,甚至高达八万元。上门求字者络绎不绝。陈忠实一幅字也能卖到万元以上。两人在书画市场的走红,引无数陕籍作家竞折腰。山东作家莫言有一次在西安南郊某书城签售时,发现书城休息室挂了二十余幅书法作品,一一细看后,莫言感叹:“陕西作家都是些书法家！”

（作者 石破 摘自《南风窗》）

被“容忍”的话剧

作为庆祝南京大学一百一十周年校庆活动,一个由“九〇后”的学生写的话剧《蒋公的面子》,居然连演了三十四场,并进行全国展演。究竟是什么吸引了观众?

倘若政府最高领导人做了自己的校长,又邀请自己去吃年夜饭,去还是不去?

今天看来,这似乎不是个问题。可对一九四三年南京大学的三个教授来说,这个问题确实需要好好纠结一番。

话剧《蒋公的面子》就讲述了三位政治立场不同的教授在面对蒋介石的邀请时,长达一下午的争执和“忸怩”。“左倾”教授时任道反对“独裁者”蒋介石,但他挂念自己落在桂林的一箱书,想让蒋公帮忙运回;拥护政府的卞从周想去赴宴,但仍顾虑别人将他列为“官方走狗”;美食家夏小山对政治不感兴趣,他的纠结只来于饭局上的一盘火腿烧豆腐。

有观众这样总结三位教授“公知、五毛和打酱油的”。剧中政见不同的三人却拥有着共同的价值观——知识分子在面对权力时的人格独立。

该剧自二〇一二年五月在南京大学首演后,口碑极好,迄今已演出三十四场,并将展开全国巡演。难以想像的是,这出讨论民国知识分子风骨的戏剧只是一个

2012 年 10 月,《蒋公的面子》话剧剧照。

学生作业,剧本出自南京大学一个"九〇后"女生之手。

在南京大学,一些关于蒋介石的传说一直在口口相传。它们都发生在一九四〇年代蒋介石出任南京大学(当时的中央大学)校长期间。蒋介石作为世界上第一个兼任大学校长的在职最高军事统帅,很多知识分子对他并不买账。流转最广的一则传说是,一九四三年,蒋介石曾请中文系的三位教授吃饭,包括对美食感兴趣的胡小石与陈独秀颇有交情的陈中凡和另一位姓名不详的教授。给不给蒋介石这个面子?三位老师吵了一天,结局不得而知。

南京大学戏剧影视艺术系主任吕效平从他的老师、老中文系主任董健处听来了这个故事,并产生了强烈兴趣。二〇一一年九月,他找来对历史题材感兴趣的大三女生温方伊,给她的"学年论文"布置了一个作业剧本:就此故事和"给不给蒋公面子"表现一九四三年三位中文系教授的一番争执。

温方伊拜访了七十六岁的董健,又去查史料,最后发现,这个绝大多数人信以为真的段子不一定是事实。但吕效平觉得,至少有两个原因决定了这是个值得做成话剧的题材:"一是蒋介石当年'搞不定'(老师和大学),而且是整个蒋介石政府都'搞不定'。"他说,"二是,我们非常怀念大学不被权力搞定的时代。"

温方伊期望通过《蒋公的面子》写出"知识分子的永久困境",而吕效平说自己更希望能够表达"当代知识分子的困境"。吕的老师董健看过戏后,更在评论文章里指出"对比性还是不够",因为"文革"已经过去了,而"我们可以看到,今天的知识分子精神已经退化到怎样的程度",最好能够"将一九四三年这段戏与今天知识分子的面貌做一个对比。"但这个愿望没能实现。

《蒋公的面子》在校庆期间连演四场,大大出乎了温方伊的预料。她本以为就演一场、自娱自乐而已,不想到了第四场,南京大学礼堂还坐得满满当当。

在形容南京大学官方与《蒋公的面子》的关系时,吕效平使用了三个词:鼓励、帮助,还有"容忍"——在排练和演出过程中,学校宣传部门没有任何人提出需要进行剧本和演出审查。

三月初,与《蒋公的面子》进行全国巡演合作的剧场网向北京大学百年讲堂提出演出申请。百年讲堂方面提出,该剧需要审查剧本和录影资料。

(作者:万佳欢 摘自《中国新闻周刊》)

台军“文工团”走入倒计时

六十余年前，国民党军队向大陆的部队学习，在军队中建立“艺工队”，以此来承担军中“思想净化”的作用。台湾军队文工团虽然没有出现有将军之类官衔的显赫人物，但费玉清、张菲、林志颖等等倒是闻名两岸。如今台湾当局已决定把军中“文工团”全部裁撤。

艺工队，全称为艺术工作总队，相当于大陆的“文工团”，各军种都有，在台湾成立至今已有近六十三年的历史。

国民党在大陆时期并没有“政治作战”的概念，对军中的文艺工作并不太重视。一九四九年撤台后，才在军中建立一套政战体系，以便掌握各级官兵的政治思想。其中，艺工队的建立，最早便是想通过文艺表演对官兵进行“思想净化”。

一九五〇年，国民党军方将迁徙来台的艺术工作团队整编为“康乐总队”，由台“国防部”直接管辖，另整编各军种艺工团队，一九六五年，“康乐总队”改成“艺术工作总队”。除了“思想净化”，久而久之，艺工队也担负起娱乐战士的重大责任。

上世纪七十年代，刘文正、张菲和费玉清都在这个阶段于艺工队服兵役，艺工队逐渐成为“台湾艺人的摇篮”，许多怀揣演艺事业梦想的年轻人纷纷通过各种关系寻得一份艺工队的兵书。

新世纪的第一个十年过后，台军承继“精实案”和“精进案”又推出了第三个裁军计划“精粹案”。“精粹案”预计进一步裁军六万人，将台军降至二十一万五千人，以达成防卫作战的最低需求。为最大程度在裁军计划中保存战力，在“作战部队尽量少裁”的前提下，艺宣大队自然成了最优先考虑裁撤的对象。原定二〇一二年十一月裁撤的台湾艺宣大队，今年十二月底将全部裁撤。

艺工队在台成立至今六十余年，两岸关系逐渐破冰、交好，两岸演艺界之间的交流越来越频繁。二〇一三年，费玉清、林志颖这两位“艺工队的孩子”分别登上了北京卫视及安徽卫视晚会的舞台。而曾经教导他们要通过“精神净化”达到“政治作战反攻大陆”的艺工队，在培养了一代又一代广为两岸所知的璀璨艺人后，也终于走入了倒计时。

（作者 蔡逸枫　摘自《博客天下》）

发掘汉王陵

◎李则斌

二〇〇九年初，安徽省天长县境内发生了一起离奇的命案，在一辆被丢弃的私家车里，惊现两具男尸，死者未见任何伤痕，身上却满是黄土。人们没想到的是，这两具男尸引发出江苏汉代考古迄今为止最为重要的发现——一个汉王陵被发掘。《中华遗产》刊登的《发掘汉王陵》一文介绍了全过程。现摘录如下——

二〇〇九年一月十二日晚，安徽天长县铜城镇的公交司机陆善德，又看见了那辆停放在轧花厂大院里的灰色本田轿车。车是江苏牌照，停在这里已经好些天了，却始终不见有人走出来。陆善德下意识地往车窗里瞧了一眼，只见后排座上躺着一个人，陆善德只觉得他手指甲的颜色看上去有些异样。来不及多想，他赶紧报了警。

执勤民警火速赶到现场，发现轿车后座的男子已经死亡，后备箱里，还藏着另一具男尸。蹊跷的是，这两人未见任何伤痕，身上却满是黄土。一时间，这个案件在天长县传得玄而又玄。

根据车牌、道路收费记录等线索顺藤摸瓜，警方最终证实，这是一起在盗墓过程中因缺氧、坠落致死的抛尸案。案件很快告破，抓获的嫌疑人却吱吱唔唔，死活不肯交待事情的前因后果。又过了好一段时间，公安部门才知道，这起盗墓案的第一现场并不在天长县，而在与天长相邻的江苏省盱眙县大云山。

案件被转交江苏省公安厅与江苏省文物局查办。我也接到任务，去现场实地勘探。

大云山是一座死火山，海拔八十多米。山顶有一处水塘，当地人称为“龙塘”，水深一米左右。案发的盗洞位于龙塘北侧的塘边，盗墓者用茅草将洞口做了伪装，揭开茅草后，长方形盗洞赫然显现出来。我们在盗洞周围的草丛、泥土里，找到了一些瓦当、板瓦的碎片。凭经验，觉得应该是汉代的遗物。可是在两汉时期，生人所居与亡人所葬往往不会在同一个地方，假如有建筑遗存，就不该有墓葬才对。

正要下山，山崖剖面上的土打消了我们的疑虑。那土是一层一层的，明显不像自然生成，倒像人力所为。我抠下几块来，搁在手心里仔细打量，这质感更像是夯土，拿去给邹原本先生一瞧，他激动地说："没错，是夯土，肯定有大墓！要是有大墓，那些瓦片就可能是墓上祠堂的。"

我们当即返回南京汇报。随后，南京博物院决定对大云山进行全方面的考古调查与勘探，力图系统掌握这一地区的文物埋藏信息。三月初，我便带领五名工作人员住进了大云山脚下的一户农家，考古勘探工作正式开始。二十天后，随着野外勘探工作基本结束，悬在我心口的那块大石头总算落了地——大云山现代盗洞周边确实有大墓。二〇〇九年九月，经国家文物局批准，南京博物院与盱眙县博物馆组成联合考古队，对大云山汉墓进行考古发掘。而我，再一次有幸担任了这支队伍的领队。

随后的发现可以用"惊世"二字来形容，但在发掘工作刚开始时，谁也不敢有这样的预期。

发掘的最初切入点是现代盗洞所在的龙塘的北塘岸边，几天后，探沟发掘的最深处已到达地表下四米，探沟壁面上密密麻麻的层位线透露出一个惊人的讯息：整个山顶包括龙塘在内的区域，大致直径一百五十米的范围内，全部属于一个封土！这该是多大的墓啊。汉墓的规模与上部封土的范围、高度呈正比，封土越大，墓主人身份越高，随葬品越丰富。可以想像墓葬的规模已达到超大型，是江苏迄今为止发掘规模最大的汉代墓葬。自此可以

大云山一号汉墓外回廊下层西南部，考古人员在数件铜灯之中发现了这件错银铜虎，虽然历经两千年的埋藏，重见天日时，它的璀璨还是吸引了在场的所有人。

下结论了：大云山墓葬应该是王侯级别的墓葬。

如果这个判断是正确的，那它是孤零零的只有封土、零星的祭祀建筑，还是和汉代帝王陵墓一样，有陵园，有墙，甚至有陵邑？这个问题让我不能不慎重挖掘。

就我所知，建国之后，经科学发掘或因建筑施工偶然发现的汉代诸侯王墓已达五十六座，但只有河南永城保安山的一组西汉梁王墓葬（梁孝王）有陵园，有墙，还因为保存状况不佳，墙只有将近三边，不能称为围墙。假如这次能在大云山找到陵园的迹象，即便只是找到围墙，也是对汉代诸侯王墓葬制度研究的巨大推进。几天后，我们就在大云山大墓的北侧断崖边，找到了成排的陪葬墓。后来发现有一道真正的围墙将大云山上所有墓葬封闭包围。

围墙围起来的面积很大，已经发现的

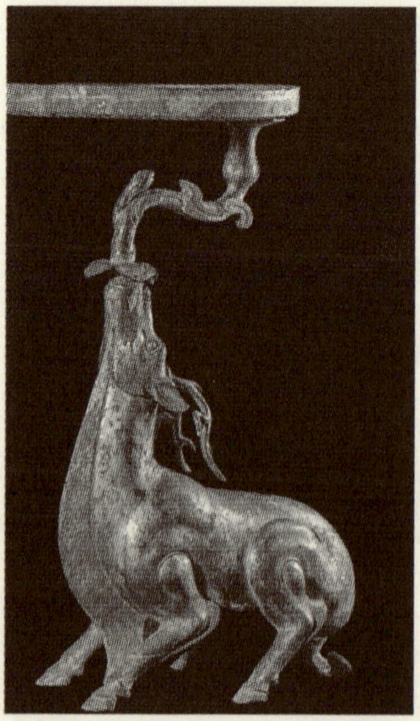

大云山一号汉墓出土的鎏金鹿灯。造型灵动的鹿形底座和可拆卸的灯盘、支架组成了高45厘米的鎏金鹿灯。整件鹿灯造型独特，工艺精良，是实用性与艺术性完美结合的汉代灯具典范。

三座大墓、陪葬墓、疑似器物坑的遗存全部被包裹在围墙之中。这无疑将是中国考古学史上第一座有陵园包围的汉代诸侯王墓。建国以后发现的汉代诸侯王陵中，陵园的完整面貌究竟如何，一直未曾揭晓。大云山王陵的发掘，第一次向我们全面展示了一座诸侯王陵的整体情况。

常言道，十墓九空，大云山汉墓能幸免吗？

一号墓南北两条墓道上最先露出两个长方形现代盗洞，中间因为“龙潭”的存在，一开始并没有盗墓贼光顾过的迹象。大伙暗自庆幸，也许一号墓保存状况比预料中要好？谁曾想，将龙潭清理到底后，水池底部竟骤然被“撒开”了一个大口——那是一个面积与墓坑相当的古代巨型盗墓坑！现代盗洞到墓坑底部后逐渐消失，而古代盗坑却丝毫未见缩小的迹象。此时我们才明白，所谓的“龙潭”，不过是雨水淤积于古代盗洞而成，它的出现客观上保护了一号墓，使后来的盗墓贼无法在龙潭周围开掘，只能在较远的墓道上下手。接近墓坑底部时，大量凌乱堆弃的木椁板与盗墓工具证实了我们的猜测，甚至在部分木板的缝隙中，还能零星找到被人扯断的金缕玉衣的残片……

这个屡遭盗掘的大墓属于何人？

迹象显示，这组汉墓其实早在东汉末年就被盗墓贼光顾过，三国时的一次浩劫更加触目惊心，那个盗洞看起来非常小，但是沉重的棺盖都被拖了出来，可见当时起码动用了上百人。

难道墓葬被盗得丁点不剩了？果真如此，大墓主人的身份岂非永远是个谜？大家情绪沮丧起来。幸好，情况很快出现了转机。一种属于皇帝、诸侯王陵寝专用的黄肠题凑——用黄色柏木垒砌框形的墙，赫然显现。更令人意想不到的是，这一黄肠题凑不是常见的用木料垒筑的方形椁室，而是带有外回廊，并分作多间。从现有迹象看来，似乎题凑的外回廊和部分房室并未遭到盗扰。

所有人的激情被一下子点燃，因为在诸侯王墓葬中，外回廊内通常放置各种随葬品。不出意外的话，这将是我们遭遇的第一批宝藏，也将帮助我们确定墓主的确切身份和年代。大云山一号墓的黄肠题凑结构之复杂，超出了此前的所有认知。建国以来发掘的二十多座带有黄肠题凑的汉代诸侯王墓，竟没有一座与它的外回廊系统完全相同。能拥有如此庞大的外回廊，主人会是谁？我们根据盱眙县在西汉时期的地域辖属，曾一度将墓主人的“考察对象”锁定在汉初荆国刘贾、吴国刘濞、江都国刘非、刘建等几个人身上，但究竟是其中的哪一位，却一直不敢下定论。

后来发掘出一组漆器，漆器下覆了一个铜器，有“江都宦者沐盘十七年授邸”的字样。断代问题解决了——这应该是西汉江都国君的墓葬！而且肯定是江都王刘非的墓葬！江都国只有两代国君。按照《汉书·景十三王传》的记载，“（刘非）二十七年薨，子建嗣”，但由于刘建在位仅六年，刘非在位二十七年，所以出现江都国十七年纪年器物的大云山一号汉墓，只能是刘非的墓。

陕西省考古研究院的焦南峰先生，是国内秦汉帝陵研究的大家。这些年他在秦陵、汉景帝阳陵、武帝茂陵都进行过细致的发掘与勘探工作。他说，大云山汉墓这批材料，对研究帝陵制度意义重大。因为国家暂时不允许发掘帝陵，而汉代诸侯王“制同京师”，所以诸侯王墓的研究往往可以推动汉代帝陵的研究。比如过去我们对帝陵陵园内陪葬墓的属性存有疑虑，通过发掘江都王陵园，可以确定王陵内的陪葬墓全是嫔妃墓，从而间接证明了帝陵陪葬墓的性质。

考古的魅力，就在于在已知中等待未知。大云山汉墓，是有史以来第一个被全面揭开王陵神秘面纱的大墓。

补 白

丰子恺画画不要脸

上世纪三十年代，上海《新闻报》发表了一篇题为《丰子恺画画不要脸》的文章，令丰子恺大吃一惊，心想自己素来与人无冤无仇，何以有人要在报上发表文章对自己这样破口大骂？待看完全文，却发出会心的微笑。原来是有人在针对丰子恺的《乡村学校的音乐课》一画进行评论，这幅画中的孩子们一个个张大了嘴巴，跟着拉二胡的先生唱歌。虽然画面上的人物没有眼睛和鼻子，但读者从他们扬着头，张着嘴的神态中，仍能体会到这群活泼可爱的孩子正沉浸于全身心地投入唱歌而带来的欢乐之中。后来，亚洲第一位诺贝尔文学奖获得者、印度大诗人泰戈尔也称赞丰子恺这种画法：“用寥寥几笔，写出人物个性。脸上没有眼睛，我们可以看出他在看什么。没有耳朵，可以看出他在听什么，高度艺术所表现的境地，就是这样。”

雅科夫列夫说：勃列日涅夫时代的腐败也并不逊色

亚历山大·尼古拉耶维奇·雅科夫列夫系俄罗斯和苏联政论家，俄罗斯科学院院士，俄罗斯和苏联社会活动家和政治活动家，一九八五至一九九一年改革期间的主要思想家和设计师之一。曾任苏共中央委员、中央书记、中央政治局委员，一九九五至二〇〇〇年任俄罗斯社会民主党主席。雅科夫列夫素有“改革设计师”、“公开性之父”的美称，曾多年主持俄罗斯政治清洗受害者平反委员会工作，亲自接触到大量本属绝密的档案文件。这属于社会工作，没有报酬，雅科夫列夫却乐此不疲，一干就是十几年。委员会已为四百五十万人平反昭雪。《雾霭》一书堪称雅科夫列夫的“绝唱”：该书于二〇〇三年面世，作者则在两年之后的二〇〇五年十月病故。他虽年届耄耋，仍壮心不已。这是一位智者关于百年俄国历史的回忆和思考。

《雾霭——俄罗斯百年忧思录》一书中译本刚由社会科学文献出版社出版。现摘录其中关于苏联严重腐败现象的片段，以飨读者。

如今都说叶利钦时代国家腐败透顶，然而这也不算新鲜。勃列日涅夫时代的腐败也并不逊色，只不过知情者不那么多罢了，当时这可是国家机密。盗窃国库，经营不善，靠吃掉国家资源来匆匆弥补无数的漏洞，这些都愈来愈清楚地说明体制正陷入日益加剧的危机。还有普遍的欺骗行为，专给人看的信息。大家都争着写巧妙的关于成绩的报告：啊，干得真棒，硕果累累！每篇报告都是哀求：请关注党的忠诚战士吧。假话愈多，仕途的基础就愈牢固。

我也签署过由宣传部工作人员起草的此类报告。关于宣传鼓动工作的报告显得特别可笑。我们报告说，每个地区或者全国有多少宣传工作者和鼓动工作者在日夜工作，还谈到他们对人们的巨大影响。而在实际生活中，党的工作人员当中，没有人真正见过活生生的鼓动工作者。有时候我们这些党中央工作人员在出差期间，会指给我们看某个图书馆馆长或者共青团干部，说他们就是鼓动工作者。人人都知道这是假话。却装出一副这是真话的样子。

假话浸透了整个体制。说什么劳动生产率和产品质量都提高了。这话谁都不信，也无法相信，因为商店的柜台让人联想起恐龙的骨骼。人们到莫斯科来买香肠买肉。我的两个妹妹定期从雅罗斯拉夫尔到首都来买食品，当天就往回返。成立了看戏的小组，戏票由工会买好。来看戏的人成天跑商店，晚上去剧院，在那儿睡足了，然后上汽车回家。

整个一出荒诞剧。有时是悲剧，有时则是喜剧。比方说，我谁也不问，就亲手在呈请奖励的报告里写上各大报主编、其他媒体负责人的名字，而且这是由于要奖励比方说在种植马铃薯、蔬菜、小麦方面，在生产肉类和挤奶领域做出成绩的人。有一次我为了开玩笑，把我的副手格奥尔基·斯米尔诺夫的名字也写进受奖者的名单，说他种植啤酒花有功。他喜欢酒。获得了劳动红旗勋章。就是这么胡闹的。没有一位中央书记删掉过这些名单上的任何一个人，因为不知道哪个人是谁写上去的。政治局委员都起劲地把自己最宠爱的奴才加上。

苏维埃政权从成立之初，就已经全面腐败——政治腐败，思想腐败，经济腐败，道德腐败。

这里讲讲勃列日涅夫时期我亲眼所见的事情。

首先讲讲在国外购买谷物和其他农产品的事情。为此目的耗费巨资，与此同时苏联农业眼看着日益凋敝。一半收成在收割、运输、储存中损失殆尽。领导层仿佛对此视而不见，花费成吨的黄金去购买农产品。仅一九八四年，即改革前一年，苏联就到西方采购了四百五十万吨粮食和粮食制品、四十八万四千吨肉类和肉制品、一百多万吨动植物油和其他食品。出售天然气、石油和木材赚取的巨额外汇流向国外。

我出任驻加拿大大使期间，目睹了这些采购行动。其中都少不了贿赂，贵重礼品和对于苏联代表团团长的特别讨好。众所周知，一九七九年阿富汗冒险行动开始之后，国外拒绝向我国出售粮食。国内形势异常严峻。驻各国大使纷纷得到指示，要求设法劝说各国领导人哪怕售给一定数量的粮食。我同加拿大外交部进行了谈判，却遭到有礼貌的拒绝。然而有一个星期天，一辆汽车向我的官邸驶来，驾驶汽车的是特鲁多总理。我们开始喝着咖啡，天南海北地闲聊。随后特鲁多说道："看来，贵国粮食比较紧张？"

"当然啦。"我答道。

"知道吗，如果不事声张，我们可以卖给贵国两百万吨，不过无需进行任何谈判，让贵国管粮食的官员同我们的小麦统销社通电话商谈就可以了。我给他们打个招呼。然后再办手续。"

我立即给莫斯科发电报。莫斯科那边很快作出反应。各项事宜均已商定。港口里停靠着早在阿富汗事件开始之前即已抵达的我国干货船。然而，粮食都已经运走后，不知为什么从莫斯科来了一个大型代表团(30来人)进行谈判，尽管一切问题均已解决。我国至今喜欢搞公款旅游。代表团受到热情接待，因为出售粮食是个很挣钱的买卖。代表团团长下榻的套房占了整整一层楼，而且带有桑拿浴室，并乘坐政府的专用飞机周游全国。我出席了欢送代表团团长的告别宴会。我不记得还有哪一次宴会提供过如此丰富的美味佳肴。甚至对国家领导人的接待也相形见绌。

宴会是由农业部长尤金·韦兰举办的。他在讲话中喜欢开玩笑。他提议为我干杯，讲了一大堆恭维话，然后说："大使在发展双边关系中劳苦功高，我们准备同意他取得加拿大国籍。"

"我同意，" 我答道，"不过有个条件。你们得任命我为加拿大驻美国大使。"

一时哄堂大笑，掌声四起。

次日晚上，我国驻加拿大的特工首脑飞快地跑进我的办公室，说代表团带走了好几个集装箱的礼品。

"我怎么办？"他问道。

"就按照你们部门的规定去做吧。"

他给莫斯科发了一封电报。次日即收到回电：别管闲事。不过最有趣的事情还在后头呢。我从旁听说，代表团全体团员和外贸部一部分同采购粮食毫不相干的人，都获得了最高级的勋章，代表团团长则获得了苏联劳动英雄的称号。至于大使馆，根本就没人想起。外贸部把一切功劳都记到自己的名下。我看过关于此事的呈文，说什么该部官员利用自己的老关系与加方达成了协议。

我回国休假时询问：怎么会这样？外交部的人笑着解释说，外贸部的人直接找到政治局，连问都不问外交部一声。因为采购到了粮食，勃列日涅夫高兴之余，大笔一挥，就签发了给这些无所事事者授勋的命令。此外，撇开一切不说，勃列日涅夫同外贸部长帕利托切夫的特殊关系也起了作用。早在斯大林时代，《真理报》就刊登过一篇尖锐批评勃列日涅夫的文章，勃氏时任第聂伯罗彼得罗夫斯克州委书记。帕利托切夫系中央书记，主管人事。当时面临以州里工作一塌糊涂为由撤销勃列日涅夫职务的问题。帕利托切夫救了勃列日涅夫。此后两人一直很要好。这件事情，官员们都知道。

粮食和其他食品的采购变成了大笔的黑手党交易。比方说，粮食运到我国港口后，干货船一停数月，无人卸货。为什么呢？因为粮食运到时，正值粮食收割季节，全国交通繁忙，车船爆满。粮食霉烂。后来，中央书记和政府领导人将这些粮食分发给各州作饲料。但不是人人有份，只给那些公认为最取信于中央、对勃列日涅夫和政治局歌功颂德的地方"领袖"。这是用霉烂的粮食来进行政治贿赂。这是夺走国家的黄金并将其运往西方、本国人民却得不到任何好处的黑手党。

再举一个例子。比方说，当时有一支备受宠爱、屡屡获奖的"光荣"捕鲸队。队长为船长、社会主义劳动英雄索利扬尼科夫。然而有一天，《共青团真理报》发表了阿尔卡季·萨赫宁的一篇文章。其中讲到捕鲸队党组织所在的敖德萨某区党委的书记福明，提出了关于一艘捕鲸船上存在种种无法无天现象的问题。船上有个非法的骨雕工人合作社。他们用鲸的触须做成小摆设、美不胜收的工艺纪念品。在澳大利亚、新西兰等海外诸国出售。用赚来的钱购买地毯和其他贵重物品，再运往乌克兰和莫斯科，事后这一切均不知去向。此外，报纸还报道说，骨雕工人从事着过于繁重的劳动。而且一位骨雕工人寻了短见。

爆出了丑闻。乌克兰第一书记谢列斯特指责报纸搞诽谤，要求进行正式调查。米哈伊尔·苏斯洛夫责成我（我已在代行宣传部部长的职务）组织检查。最后查明，报纸做得对，所有严重的事实均确凿无误，此事上报中央。将呈文提交书记处审议。令大家惊诧莫名的是，勃列日涅夫亲自到会，这在他担任总书记以来尚属首次。他坐到正在继续主持会议的苏斯洛夫的右手边。讨论是非公开的。当即出现了某种难堪的局面。中央书记个个面色阴沉，避免朝我和《共青团真理报》主编这边看。这是个上好的场面，它展现了最高权力机构中政治阴谋的种种秘密。

苏斯洛夫说，现在不必再听取《共青团真理报》主编和部长的意见了，他们已经在文章和呈文中阐述了自己的观点。他请索利扬尼克讲一讲捕鲸队的工作情况。船长讲到成绩，讲到给国家创造了多少利润，团队如何在极其艰苦的条件下忘我地工作。讨论开始了。实际上所有的发言者都在替索利扬尼克辩护，批评《共青团真理报》。谴责宣传部，说它“纵容”报纸，降低了要求等等。提到同此案毫无关系的一些文章。这是司空见惯的做法。我试图说点什么，但苏斯洛夫不让我发言。简而言之，讨论就归结为：那篇文章败坏了党和国家著名人物的名声，绝不是索利扬尼克有错，而是那些发表文章和支持这篇文章的人有错。

在莫斯科的杜马大楼“白宫”，叶利钦总统调来坦克炮轰大楼，迫使楼内的反对者屈服。轰击使得一些窗口冒出滚滚浓烟。

我和《共青团真理报》主编尤里·沃罗诺夫互递眼色，显然，我们的情况很糟糕，我们恰似两条掉进热锅里的鲫鱼。我们明白，勃列日涅夫不是来夸奖报纸的。索利扬尼克喜笑颜开，开始抱怨说这样的文章起了削弱纪律、降低领导威信的作用。整个一套当时信口开河的话语。

勃列日涅夫阴沉着脸，低头听着。而发言者一直在试图摸清他的情绪。可这时亚历山大·谢列平发言了。他的大致意思是：“我们在说什么呢？是在诽谤和侮辱索利扬尼克吗？可是进行了检查啊。我们要想明白了。如果事实有误，那就惩罚主编和那些支持报纸的人。如果事实确凿，那还有什么可谈的？”谢列平的发言坚决有力，其中显然可以听出对其他中央书记的挑战，事后才知道，那也是对勃列日涅夫的挑战。

大家都屏息静气。看来,无法弄清这里究竟发生了什么事情。后来才搞明白,这里的博弈比不知情者所想像的要严重得多。勃列日涅夫一言不发,眼下所有人的目光都集中在苏斯洛夫身上:他会说些什么呢?开头苏斯洛夫说了一些关于客观性啊、必须爱护干部啊之类老生常谈的话。看来,他马上就要同其他所有人一样对报纸和宣传部大张挞伐了。这样的事情却没有发生。末了,他说了一番令我终生难忘的话。

“刚才大家说的很对,不能让索利扬尼克继续担任这个工作了(尽管没有人这样说过)。捕鲸队的情况很糟糕,有个人寻了短见。当然啦,报纸可以在文章发表之前商量商量,不过从检查的结果来看,报纸上说的都对。”

他就这样结束了自己的发言。一篇心平静气、单调乏味的发言。看来,他比其他所有人都更加了解问题的实质。我同沃罗诺夫喜笑颜开,知道苏斯洛夫是不会说话不算数的。中央书记个个面面相觑,试图弄清楚究竟发生了什么事情。是什么弹簧起了作用,让事情出现这样的转变呢?他们显然是上当了。勃列日涅夫却自始至终一言不发。直到最后,大家都开始散去,他拦住我和《共青团真理报》的主编,抬起头来,恶狠狠地嘟哝道:

“你们就别再凑热闹了!”

说完又不做声了。后来才真相大白,索利扬尼克给中央领导人、乌克兰政府领导人和莫斯科其他人、包括勃列日涅夫本人都分别送了贵重的礼品,至于有关的部长,就更不在话下。

补白

中国共产党反腐败的第一个文件

中国共产党成立后,发过多少反腐败的文件,尚无人作过统计。但据一些党史研究者说,其数量是非常多的。中共成立伊始,党内就出现了腐败现象。一九二六年八月四日,中共中央向全党发出的《关于坚决清洗贪污腐化分子的通告》,可说是党内第一份反腐败文件。

这份文件并不长,仅四百字左右。文件指出:“一些人个人生活上表现极坏的倾向,给党以很恶劣的影响,最显著的事实,就是贪污的行为,往往在经济问题上发生吞款、揩油的情弊。这不仅丧失革命者的道德,且亦为普通社会道德所不容。此种分子近来各地均有发现,大会为此决议特别训令各级党部,迅速审查所属同志,如有此类行为者,务须不容情的洗刷出党,不可令留存党中,使党腐化,且败坏党在群众中的威望。望各级党部于接此信后,立即执行。”

苏共末日仅有一人抗争

◎秦　晖

一九九一年，执政了七十四年，领导着一个超级大国和世界上数一数二强大军队、拥有一千九百万党员的苏联共产党，瞬间垮台，居然没有什么人出来抗争。

其实，抗争的人还是有的，是一个刚刚恢复了苏共党籍的“民主派共产主义者”。《经济观察报》刊登的《苏共末日：尚有一人是“男儿”》对此作了介绍，现摘录如下——

一九九一年，执政七十四年、领导着一个超级大国和世界最强大之一的军队、拥有一千九百万名党员的苏联共产党，一下子轰然垮掉，竟没什么人出来抗争！

人们记忆犹新：当年苏共若干高层领导认为改革将危及苏共统治，密谋发动政变，推翻苏共总书记、苏联总统戈尔巴乔夫。结果虽然成功地在黑海之滨把戈氏扣押了几天，但全国一片反对声浪，没加入反抗的苏联人大都也冷眼旁观，而支持政变者寥寥无几。甚至原先参与密谋、说好“紧急状态委员会”发难后会在苏联人大和苏共书记处出头呼应的卢基扬诺夫等一批领导人见势不妙，也做了缩头乌龟。政变者孤家寡人形影相吊，在千夫所指中彻底崩溃。

政变失败使形势急转直下，戈尔巴乔夫恢复自由后辞去苏共总书记，并“建议”苏共解散。对此，苏共的书记处、政治局和中央委员会等所有机构及其领导人，乃至从中央到地方的各级党组织和领导人均没有表示任何异议。第二天即一九九一年八月二十五日，苏共中央书记处便发表声明，“自动解散”苏共中央。四天后苏联人民代表大会和最高苏维埃通过决议，“暂停苏共在苏联全境的活动”，俗称“禁共令”。

我们后面提到的麦德韦杰夫后来曾痛心疾首地回忆道：当苏共人员离开苏共中央办公大楼时，有成千上万苏联公民包括原苏共党员汇集到大楼前，把大楼围得水泄不通。“但他们不是来保卫党的，相反，他们兴高采烈，并争相向撤离的苏共干部吐唾沫、发嘘声，如果不是警察严密保护，撤离者受到伤害也不是不可能的”。苏共就这样在几乎是“过街老鼠，人人喊打”的境况下不光彩地瓦解了。

其实，在那一片土崩瓦解中还是有人站出来捍卫苏共的。基层有无未见报道的

"无名英雄"我们不得而知,在中央层面,当时倒是广泛报道了有一个人挺身而出捍卫苏共,可惜的是:只有这一个。

这人就是当时刚刚恢复了党籍一年多的"民主派共产主义者"罗伊·亚历山大罗维奇·麦德维杰夫。八月二十九日,苏联最高苏维埃通过决议"暂停苏共活动"时,只有他一人起来发言,对"禁共令"表示坚决反对,指出这违反了公民思想自由、结社自由的宪法原则,将成为历史之耻。在当时对苏共"墙倒众人推"的形势下,罗伊·麦德韦杰夫的这一独力抗争引人瞩目,因而也获得了"红色的罗伊"之称。

当时的苏联最高苏维埃与苏联人大,百分之八十以上的代表是苏共党员,其中包括大量的官员,他们过去是旧体制下主要的既得利益者,后来有的在新体制下如鱼得水发了大财,成为叶利钦的支持者。有的则在后来的"转型危机"和"左派复兴"年代又开始以左派自居,大骂叶利钦和戈尔巴乔夫。但是在此时,在苏共生死存亡之际,在俄国已废除"专政"转向民主、像"红色的罗伊"那样表态其实也没多大风险的情况下,他们却没有为"党"说一句话,而是选择了随大流,用自己的一票参与了对"党"的死刑判决。

所以数来数去,当时还真就只有"红色的罗伊"麦德韦杰夫出来抗议"暂停苏共活动"。

苏联人大那个"暂停苏共活动"的决议虽然被我们称为"禁共令",实际上无论是政变夭折后的苏联末期,还是苏联解体后的俄罗斯,都没有宣布过禁止共产主义政党。

当时俄罗斯当局拒绝"苏联共产党"登记的理由是:政党制度下合法的党具有法人资格,而苏共与前苏联党国一体,党产即国产,现在苏联已不存在,各共和国分别继承了它的遗产,如果作为法人的苏共重现,将造成严重的遗产问题。所以"作为国家结构而非作为政党的苏共"已不可能存在。严格地讲,苏联并没有"亡国"而只是"亡了制"(或者用过去常说的:"改变了颜色")——社会主义的苏俄变成了资本主义的俄罗斯,当然它的版图也变小了。苏共也并没有"亡党",它只是失去了一党专政的地位并且不再党国一体。

当然,苏联这一"亡制"造成的震荡是非常大的。这个大国虽然没有"亡",但国家实力明显下降,前苏联各国人民为此付出了高昂的代价。这也就是普京那句话"谁不为苏联解体难过,谁就是没有良心"的由来。说实在的,苏联比西方民主国家黑暗,至少我们是在"文革"时代就知道了。那时我们都听说过一段虽非正式发表,但却传播甚广的毛主席语录:"现在的苏联是资产阶级专政,大资产阶级专政,德国法西斯专政,希特勒式的专政,是一帮流氓,比戴高乐还坏。"(毛泽东:《在计委领导小组汇报时的一些插话》)

所以当"禁共令"下,只有麦德韦杰夫这位"男儿"出来维护苏共,确实非常难得。

而这个唯一站出来捍卫党的"红色的

罗伊”，在旧体制下却一直是党不喜欢的人，一九六九年他因出版批判斯大林主义的著作并参与抗议苏联入侵捷克斯洛伐克而被开除了党籍，从此成为著名的“持不同政见者”。两年后他又被剥夺公职，成为靠写作为生的“自由作者”，实际上就是体制外的社会边缘人。当时苏联还是计划经济一统天下，“党”垄断一切生存资源，实行“不听话者不得食”，体制外谋生是极为艰难的。与他持相同观点的孪生兄弟若列斯·麦德韦杰夫作为著名生物学家，为事业不得不迁居国外。很多非左派的持不同政见者也走上了流亡之路。但罗伊认为他不像科学家弟弟需要在国外搞研究，作为“真正的马列主义者”，他也不认同西方的资本主义，所以他还是留在苏联为“社会主义民主”而奋斗。

在将近二十年间，麦德韦杰夫受到了“党”的严厉迫害。他被禁止居住在莫斯科，流放外省，言论被封杀，行动被盯梢。他的著述只能在国外出版，而在苏联国内以“萨米兹达特”（俄语“非法出版物”）方式流传。这些著述包括：《让历史来审判》《谁是疯子？》《赫鲁晓夫的执政年代》《论社会主义民主》《政治日记》《布哈林的最后岁月》《论苏联的持不同政见者》《斯大林周围的人——六位苏联政治领导人的政治传记》《菲利浦·库兹米奇·米罗诺夫的生与死》等等。

直到戈尔巴乔夫开始改革、尤其是开始政治体制改革后，麦德韦杰夫的处境才发生变化。在倡导“新思维”、“公开性”的那几年，他过去的“异端”言论越来越获得苏共改革派的宽容和认可。一九八九年，他被获准回到莫斯科恢复了公职，并在戈尔巴乔夫的亲信、后来也被俄共骂为“判徒”的党内改革派代表人物之一雅可夫列夫的过问下最终得到彻底平反，恢复了党籍。次年他批判斯大林的新书《斯大林和斯大林主义》由莫斯科进步出版社出版，成为他多年来第一部在国内公开出版然后流传到国外、而不是在国外出版后秘密在国内流传的著作。此后他更是进入了出版高峰期，一年之内在国内出版了五部著作——包括新著和过去只能在国外出版的旧著。很快他又作为苏共籍代表被选入苏联人民代表大会和最高苏维埃。

于是就有了我们前面提到的那个画面：苏共末日，尚有一人出来抗争。

而这个男儿曾经被党的正统派开除出党长达二十年之久。如果不是戈尔巴乔夫改革恢复了他的党籍，那苏共可就真的没人抗争了！

有一种说法，由于苏共出了“叛徒”，导致了“亡党”，然而，事实是：包括戈氏在内的所有“叛徒”都不是改革时期才入党的，他们都是正统体制下按正统的价值观被挑选出来的接班人。而那个苏共“亡党”之际唯一挺身而出的“男儿”，倒是被正统体制开除并排斥多年，恰恰是戈尔巴乔夫时代重新被党接纳的！到了一九九一年真正的考验来临之际，一千九百万成员呆若木鸡，只有一个被正统体制开除二十年、刚刚被“叛徒”平反归队的“男儿”却站出来了。

一九五二年伦敦烟雾事件

◎穆与轩

英国伦敦曾以雾都闻名于世，一九五二年因雾霾毒气，使八千人丧生。然而，英国政府痛下决心，采取坚决措施，终于厘清了伦敦的空气。看来，问题是能解决的，就看政府有没有决心。《看历史》刊登的《雾都毒气》一文，对此进行了介绍，现摘录如下——

一九五二年十二月四日夜，当二十四岁的芭蕾舞演员芭芭拉和她的未婚夫从一个宴会出来，刚推开门，就觉一股硫磺和煤烟的气味迎面扑来。他们的鼻子、咽喉受到刺激，没走几步就开始咳嗽，但怎么也咳不清口里难受的金属锈味。入目所见，伦敦城大雾弥漫，把大街上的电灯笼得只剩一点昏黄，就像在剥洋葱，他们的双眼随即被刺激得泪水直流。她未婚夫把车灯开到最亮，仍看不清前路。她只好下车，一边摸索步行，一边吆喝引导汽车小心寸行。芭芭拉穿着晚礼服和高跟鞋整整走了二十多公里路，凌晨五时才回到家。

十二月五日，伦敦城无一丝风的气息，整座城，团在黄色云雾间，各色建筑在浓雾中鬼影魅惑。正午时分，仍不见丝毫日光。马路上少数上路的车大开雾灯，也只能在昏暗中寸寸挪动；执勤的警察得手持火炬，以便在浓雾中看清别人和被人看到。走在路上的人们裹紧头巾，一边捂着简易口罩咳嗽，一边小心翼翼地摸索人行道边的栅栏前行。

直至十二月十日强劲的西风吹散笼罩在伦敦城上空的雾霾。

在此期间，因烟雾侵扰产生胸口窒闷、咳嗽、喉痛、呕吐等症状前往医院看病的人更是络绎不绝，伦敦大小医院人满为患。在大雾过去之后的两个月内又有八千多人相继死亡。

成千上万在这场灾难中幸存下来的人们，也患上了支气管炎、流感、心脏病、肺结核、肺炎、肺癌等各种疾病，致使灾后长时间内伦敦居民这些疾病的发病率和死亡率较灾前成倍增长。

这就是骇人听闻的“伦敦烟雾事件”，直到灾难过去，伦敦城八百二十五万居民才噩梦初醒，意识到自己亲历了二十世纪十大环境公害事件之一。酿成这次伦敦烟雾事件，表面上看是因为伦敦地区遭遇逆温现象，几乎处于零风速状态，以致地面冷雾阴霾不能逸散。但实质上，危险的并不是雾，而是毒雾，工业排放和冬季取暖燃煤的烟尘才是真正的罪魁祸首。

英国是工业革命的发祥地，采煤业和制造业的发展，使伦敦很快成为工厂林立的工业重镇。工业生产及近千万的居民取暖都大量烧煤，伦敦城成千上万的烟囱浓烟滚滚，“雾都”、“阴霾” 等词在十九世纪的英国名著中就常常出现。查尔斯·狄更斯《荒凉山庄》开篇就将伦敦的雾描述为“一种沁入人心深处的黑暗，是一种铺天盖地的氛围”。据史料记载，伦敦早在一八三七年二月就遭受过有毒烟雾事件，当时至少造成两百名市民死亡。可以说，伦敦这一毫无节制地排放燃煤废气的工业城市，一九五二年的这场“雾都劫难”，是在劫难逃的自然报复。

劫难之后，英国民众和政府痛定思痛，下定决心改变这种局面。英国议会经过四年的研究，于一九五六年颁布了世界上第一部空气污染防治法案《清洁空气法》。这部法案划定“烟尘控制区”，制定了区内只准烧无烟燃料、大规模改造城市居民的传统炉灶、推行集中供暖等规定。但由于当时没有弄清烟雾致害的真正原因，无法采取有力的应对措施，致使伦敦在一九五六、一九五七和一九六二年又连续发生严重的烟雾事件。

一九六八年，英国基于对烟雾粉尘危害性的科学认识，又出台了一系列空气污染防控法案。这些法案要求工业企业建造高大烟囱，加强疏散大气污染物，严格制定各种废气排放标准和明确的处罚措施。此后，伦敦市内改用煤气和电力，并把火电站和重工业设施迁出城外，才显著降低了大气污染程度，避免了骇人的烟雾事件再度发生。到一九七五年，伦敦的雾日由先前每年九十天左右减到十五天，一九八〇年则进一步降至五天。

一九七四年，针对各种频繁的环境公害事件，英国政府颁布实施了《控制公害法》，全面系统地规定了对空气、土地、河流、湖泊、海洋、噪音等环境保护条款。二十世纪八十年代后，数量持续增加的汽车取代燃煤逐渐成为伦敦空气质量的主要污染源。汽车燃油排放物质在阳光中的紫外线作用下发生复杂的光化学反应，产生以臭氧为主的多种二次污染物，形成危害性更大的“光化学烟雾”。英国政府逐渐认识到，城市大气污染问题与产业结构决定的燃料结构有关，也与人口、交通、工业、建筑高度等诸多因素相关。为摘掉“雾都”的帽子，政府在实施从依赖制造业到发展服务业和高科技产业的产业转型基础上，又出台了一系列铁腕治污防雾政策。

此后，政府先后颁布关于控制大气污

染的法令，包括《公共卫生法》《放射性物质法》《汽车使用条例》和《各种能源法》等等。一九九五年，欧盟要求成员国二〇一二年空气不达标的天数不能超过三十五天，否则将面临四亿五千万美元巨额罚款，英国为此又通过了《环境法》，制定治理污染的全国战略，要求工业部门、交通管理部门和地方政府共同努力，实现各种污染控制定量目标。这些法规、法令、通告的颁布，为成功控制大气污染、保护城市环境奠定了长治久安的制度基础。

英国政府还科学规划公共交通，尽量减少道路上行驶的车辆。政府投入巨资优先建立密如蛛网的地铁线路和四通八达的城市火车、港区轻轨和公交线路。同时，采取多种措施高压限制非公交系统用车。在伦敦，政府公务用车几近绝迹。按规定，只有首相和内阁主要大臣才配有公务专车。实际上，在伦敦地铁上，常常可以看到副首相、伦敦市长等高级政府官员。伦敦市一直尽力控制市区汽车数量，二〇〇三年起开始收取进入市区的交通堵塞费，二〇〇八年又公布了更为严厉的《交通2025》方案，限制私家车进入市区，计划今后二十年伦敦私车流量再减少百分之九。这些措施有效解决了市区交通堵塞问题，让公众更愿意选择公共交通，进一步改善了空气质量。

英国政府针对汽车尾气污染，还制定了严格的汽车和燃料的环保管制指标和严格的违法处罚措施。一九九三年，英国要求所有出售的新车必须加装催化器，以减少氮氧化物污染。近年来，又大力推广使用无铅汽油，提高清洁燃料的使用率；在车辆年检中严格检测尾气排放是否达标，平常警察也可以拦截车辆在污染检测点检测并对未通过测试的车主实施罚款。长期内，计划进一步推广交通“零排放”模式，大力推广使用氢气燃料电池和电动车，将伦敦打造为欧洲电动汽车之都。

除这些限制性的防污防雾强制性措施外，二十世纪八十年代后民间环保组织的发达和大众环保意识的提高，形成了轰轰烈烈经久不衰的环保运动趋势，涌现了众多软性的正向环保激励措施，推动了环保技术的应用和绿色生产生活模式的形成。英国政府在全世界最早颁布可持续发展规划，各国政府都非常重视城市绿化带和生态园林的建设。伦敦市自二〇〇〇年起，还不断投资建立自行车专有线路，提供自行车出租服务，鼓励市民采用以自行车为标志的“绿色交通”。英国政府还提供了网络等多种空气质量发布方式，为民众查询、监督空气质量和反馈防治空气污染意见和建议提供通畅的渠道。

经过五十多年的治理，如今的伦敦每年的雾天基本已减少至不到十天，只有偶尔在冬季或初春的早晨才能看到一层薄薄的白色雾霭。伦敦的居民再难感受到艾略特《窗前晨景》中“一阵阵黄色的雾从街的尽头向我抛上一张张扭曲的脸”的昏暗和压抑，更多时候感受到的是蓝天白云的明朗和景色优美、空气清新的舒畅。

相关链接

发达国家把高污染产业转移到他国

从一九六〇年代开始到上世纪末，日本对外转移了60%以上的高污染产业，美国转移出去的高污染产业占40%左右。与产业转移相伴的，是发达国家的产业结构调整，以美国为例，二十世纪初其工业占GDP的比重为53%，到了世纪末则下降为22.5%，第三产业在美国占了绝对性的主导地位，比重达到76.5%。欧洲国家也呈现类同的趋势。

污染是工业化的伴生物，当工业生产大量离开，发达国家的环境治理自然就容易了。但这是以承接污染转移的发展中国家的环境恶化为代价的。在过去的数十年里，中国一直是吸引外来投资最多的发展中国家，据统计，中国引进的投资中至少有20%属于高污染行业。在当前的国际产业和贸易格局下，中国不仅在为满足中国人的需求而生产，也在为西方人而生产，消耗的是中国的资源，又把污染留在了国内。

（作者 李北方，摘自《南风窗》）

中国空气质量达到标准的城市不足五个

二〇〇三年春，亚洲开发银行和清华大学发布《中华人民共和国国家环境分析》报告，数据显示世界上污染最严重的十个城市有七个在中国，全国五百个城市中，空气质量达到世卫组织推荐标准的不足五个。

在中国，大城市的空气污染比中小城市严重得多。报告称，中国空气污染最严重的城市人口在一百万至两百万之间。此外，在中国局部地区，污染物相互作用，并且与来自附近城市和工业区的污染叠加，形成空气污染比较严重的区域。

（作者 闵云霄，原载《中国新闻周刊》）

你不知道的中国航天幕后故事

◎梁东元

我国的航天事业取得了举世瞩目的成绩，然而，航天员上天并非一帆风顺，有着许许多多曲折和艰辛。当代中国出版社出版的《通天秘旅——中国载人航天第一系统传奇》一书，作者通过采访上百名专家和当事人，查阅了数以千计的文献资料，披露了为上天而发生的众多台前幕后的鲜为人知的故事，现摘录若干片断，以飨读者。

凑钱向俄罗斯买航天服

航天员在飞行期间，舱内航天服是保障其生命安全的一个重要手段。

一九九二年三月九日，应俄罗斯方面邀请，由航医所科技委主任带领一个代表团，前往莫斯科访问。到了莫斯科之后，正赶上苏联刚刚解体不久，一夜之间，俄罗斯航天全部下马，非常混乱。苏联全垮了，天下大乱，我们像无头苍蝇一样到处跑，但也给了我们很大机遇，通过加加林中心等打听到了其他的部门单位。星星公司是保密的单位，都在郊外。我们去了一看吓一跳，围墙上全是电网，但一进去，看到的是一片凄惨。他们工资都发不出了，见到我们倒是很亲切。

在一些相关设备引进的谈判中，双方一拍即合，非常顺利。但我们心里有些不踏实，光谈协议恐怕没把握。这么个单位，这么个状态，万一哪天没了就完了。不能光是嘴上谈，要弄点实在的，看看能不能想点办法，提溜一套航天服回去。

购买舱内航天服并不在原先的计划之中，但跟星星公司一谈，竟然没费什么劲就谈妥了，俄方要价五万美元。上世纪九十年代初的时候，不光是在俄罗斯，就是在中国，这五万美元都不是一笔小钱，代表团只好省吃俭用，硬是挤出两万美元来。还缺三万，等国内汇款已经来不及了，他们只好找使馆借钱。

俄罗斯这段时期物价飞涨，卢布大幅贬值，驻俄使馆也非常拮据。最后还是从生活费中挤出三万美元，才把买航天服的钱给凑足了。

平时，这里的中国大使馆都被时刻严密监控着，很多监视设备都不分昼夜对准了使馆。那天上午，使馆去取钱，车一走动，克格勃就悄悄跟上了。

一手交钱，一手交货，我们对这套航天服进行了简单的物理性能测试，然后随团带回北京。过海关，出安检，很顺利就上了自己的飞机。可飞机飞了十来个小时之后，在北京自家门口一落地，麻烦却来了。在首都机场出关时，人家一照，看出一个怪东西。这是什么东西？开箱、检查，安检人员非常严肃，我们倒是很坦然，给他解释说，这是航天服，将来上天要穿的。安检员似乎听明白了一些，不禁又多看了几眼。

对于我们而言，俄罗斯舱内航天服的引进，从技术借鉴和总体设计思路方面都产生了一定的重要作用，使我们少走弯路。

一个电子元件造成一次大事故

一九九六年二月十五日凌晨。新研制的中国“长征三号乙”运载火箭在西昌卫星发射中心进行首次飞行，火箭上装有一颗国际七〇八通信卫星，这也是中国首次为美国发射通信卫星。

越到最后时刻，大厅里越是安静，所有的人都在默默等待着发射时刻的到来。大屏幕上，电子钟不停闪动，时间以一种可以看见的红色数字不断向前递进。三十分钟准备，十分钟准备，五分钟准备，当指挥员刚刚报出一分钟准备的时候，大屏幕上的红色数字突然停止了跳动。

时间定在倒数五十九秒上头。

神舟飞船空投试验

一个突发故障，使得发射向后推迟了五分钟。

事后想起来，如果这次推迟不是五分钟，而是五个小时，甚至五天，也许会彻底查明故障，避免一场大难。

但在当时，故障现象只是一闪而过，并无其他异常，也再没有任何迹象表明应该终止发射。而此时已是真正的箭在弦上，不得不发。

程序仍然往前进行。

最后十秒倒计时结束，随着指挥员点火命令的发出，从大屏幕上看去，只见火箭底部烟云喷吐，火光四泄，火箭开始缓缓上升。

大厅里的人们情不自禁地鼓起掌来。

恰就在这时，意外发生了。火箭刚刚起飞才二十二秒，还没升到一定高度就开始转向，几乎是横着飞了出去，大厅内所有鼓掌的手顿时僵在了半空中。现场的人们一时反应不过来，全都惊呆了。

骤然间，一道强光闪过，火箭一头撞

在离发射台一点八五公里的山坡上，发生剧烈爆炸。

顿时，指挥大厅内一片漆黑，供电线路在爆炸中受到破坏，“轰隆”一声，火箭异常沉闷的巨响在过了好几秒钟之后才传了过来，接踵而至的是地动山摇，指挥大厅也随之猛烈颤动，并发出一阵令人备感恐怖的声响来。

“长征三号乙”运载火箭高五十多米，直径三米多，箭体内装有四百多吨的液氢液氧燃料，其威力相当于一颗小型原子弹，在西昌发射场四面环山如此狭窄的地方发生爆炸，后果是灾难性的。

过了几分钟，指挥大厅里的照明得到了应急恢复，有人急匆匆冲进大厅，给在场的人们分发着湿毛巾，因为火箭爆炸后生成的有毒气体在山谷中一时不能散去，正向指挥大厅这边飘过来。根据命令，大厅内所有的人都严禁出去，以免发生更大的危险。外面天还未亮，到处是一片漆黑。过了一会儿，基地副司令手里拿着一块湿毛巾匆匆走了进来，向大厅内的首长报告前面的事故情况。

“神舟七号”返回舱落地后，搜救人员打开舱门。

他报告说，火箭爆炸地点就在基地发射场大门右侧的那个小山坡上，爆炸后形成了一股巨大的蘑菇云，冲击波将当地的一些民房冲倒，周围的一些建筑已经全部被夷为平地。清查结果发现砸死了几个人，其中有一位是航天部试验队的技术人员，他没有按照规定撤离现场，结果死于这次爆炸。

临到点火前几分钟，一些人拥到了外面平台上观看。火箭刚起来的时候大家还在鼓掌欢呼，可往上飞了一截就看出有些不对劲，接着就掉头向我们这个方向飞过来了。就那么一眨眼的工夫，火箭轰一下子爆炸了。这时候几个美国专家早已经趴在地上了，一手拿了瓶矿泉水，一手拿着块毛巾。他们很懂这个，因为燃料是有毒的，万一飘过来了不得了。后来我们的人也都发毛巾发水。说来也怪，这次发射前，我们和以前一样，都要准备好新华社的通稿，可那天宣传部长突然说，不能光准备一个成功的稿子，也得准备一个失败的稿子啊。

事后查明：由于一个电子元器件的失效，使得惯性基准倾斜，火箭陀螺按错误的姿态信号进行姿态矫正，导致火箭在飞行二十二秒以后，触地爆炸，星箭俱毁，发射失败。

秘密安放录音笔

“神舟四号”发射时，遭遇到了一个最严峻的问题，就是在预定的发射时间内，正好经历了几十年来从未有过的低温天气。指挥部讨论时，有许多专家和领导都建议推迟一天，但航天员系统的刘新民却坚决反对。

刘新民不赞成发射推迟的根本原因，其实是因为他在录音笔上做了负八小时开机的提前设置。假如发射一推迟，录音笔却不管不顾地提前工作了，后面就可能会电池耗尽，根本不可能录下上天的声音。

让刘新民沮丧的是，指挥部最终讨论的结果，还是推迟发射。

刘新民急了，一夜没睡好。第二天，他赶紧去找尚志，说到这个录音笔的事，尚志很是为难，连连摇头说，舱内的所有产品进出都有录像，你这么折腾，是会惹出乱子来的。

刘新民好说歹说，终于把尚志磨通了。尚志又何尝不想把天上的真实声音录回来呢。但是，要把录音笔再放到航天服上，也费了一番口舌。朱光晨是负责产品装船操作的，他清楚这个项目事先并不在计划之列，也不合乎程序，就表示他不同意。装船产品每一项都要仔细登记，未经允许，谁敢随便往舱里放什么东西？万一查下来，这个责任可就不是一般的大了。

对其他系统的人，刘新民只能是好言协商，但朱光晨是自己单位的人，这就有办法了。刘新民连哄带劝，施加压力，逼着朱光晨答应了下来。

“神四”顺利上天，又顺利返回，偷偷装上去的录音笔也如期完成了任务。刘新民他们把五院的尚志、杨宏请到所里关起门来听录音。

录音播放了半天，众人越听，心里越发毛。这支录音笔非常忠于使命，把整个飞行过程全都实打实地录了回来，但是，也如实录下了“神四”许多的误报警。当火箭载着飞船上升还没入轨的时候，舱里头就一个劲地报警。报警报得范围很大，涉及很多方面的问题，最可怕的是轨道舱着火。刘新民说，如果这些问题不解决，利伟上去，别的不说，吓也吓死了，轨道舱他连进都进不去。

几年后“神七”上天，正当翟志刚出舱时，就发生了轨道舱火警误报，给天上地下都造成了一阵紧张。

而类似这方面的许多问题，是他们原先根本不可预料的。

违规带到天上的录音笔，起到了一种意想不到的作用。

尚志和杨宏听了几个小时，表情凝重地对刘新民说，老刘，这个录音笔要严加控制，所有的人都不能复制。

随后，这支录音笔从天上带回来的声音都用在了飞船模拟器上。但纸终归是包不住火的，专家和领导审查验收模拟器时，一听这声音，就非常惊讶地追问起来，是从哪弄来的？刘新民他们只好都说了实话。也幸亏有了这次的私自录音。

从那时起，飞船系统和航天员系统一起订立了新的模拟器报警策略，解决眼下比较混乱的报警问题。

不时收到读者来电来信，反映无法购得《悦读》，经联系，以下书店为《悦读》的部分代销点，读者可就近选购。

1	北京三联韬奋图书中心	北京市东城区美术馆东街 22 号
2	长春联合图书城	长春市芙蓉路 1 号
3	哈尔滨市学府书店	哈尔滨市南岗区学府路 74 号
4	南昌市青苑书店	南昌市金域名都 1-21 号
5	成都市求知书店	成都市商业街 50 号
6	大连市图书城博林书社	大连市沙河口区路西安路 107 号图书城 A 区 2 号
7	山东东营万叶书城	东营区济南路供销商场对面
8	上海季风书园	地铁上海图书馆站站厅
9	江苏大众书局	南京市热河路 50 号阅江广场四楼
10	辽宁文史书店	沈阳市和平区文化路 44 号书刊市场 2-91 号
11	青岛现代青少年书店	青岛市峄县路 3 号(文化市场 520 号)
12	厦门对外图书交流中心	厦门市湖滨南路 809 号外图厦门书城
13	漳州博文书店	漳州市水仙大道华港花园 2225 号
14	济南东方学林书店	济南市马鞍山路 46 号文化市场 305 号-248 号
15	福建省越洋图书文化城	福州市古田路 22 号(五一广场西北侧)
16	无锡三联书店	无锡市向阳路 32 号南禅寺书城 A1-1
17	珠海市文华书城	珠海市拱北粤华西路中珠大厦一楼
18	长沙市叶洋书社	长沙市定王台书市 1-16 号
19	深圳友谊书城	深圳市龙华人民北路 338 号
20	重庆夏山书店	重庆市莱园坎书刊市场 A 区 58 号
21	杭州翰香图书有限公司晓风书屋	杭州登云路文化商城 325 号
22	山东京广传媒股份有限公司	山东省潍坊市潍州路 616 甲号

告读者

《悦读》要办好，关键在于作者和读者的关爱与支持，竭诚欢迎各位踊跃提供稿件与信息。来稿来信可寄：江西省南昌市子安路 75 号 二十一世纪出版社《悦读》编辑部 （邮编：330025）。

Email: yuedumook@126.com Blog: http://blog.sina.com.cn/yuedumook

《悦读》创办以来，不时有读者来电来信询问何处能购到此书。读者如在当地书店无法购到，可与本社邮购部联系，电话：0791-86512056，地址：江西省南昌市子安路 75 号 二十一世纪出版社图书发行公司邮购部。（邮编：330025）